历代千国重臣系列

赵普

给宋太祖披黄袍的人

孟天运 著

辽宁人民出版社

© 孟天运　　2025

图书在版编目（CIP）数据

给宋太祖披黄袍的人：赵普 / 孟天运著. -- 沈阳：辽宁人民出版社，2025．4．--（历代开国重臣系列 / 赵毅主编）．-- ISBN 978-7-205-11304-9

Ⅰ．K827=441

中国国家版本馆 CIP 数据核字第 2024UE1387 号

出版发行：辽宁人民出版社

　　　　　地址：沈阳市和平区十一纬路 25 号　邮编：110003

　　　　　电话：024-23284191（发行部）　024-23284304（办公室）

　　　　　http://www.lnpph.com.cn

印　　刷：嘉业印刷（天津）有限公司

幅面尺寸：165mm×235mm

印　　张：18.25

字　　数：206 千字

出版时间：2025 年 4 月第 1 版

印刷时间：2025 年 4 月第 1 次印刷

责任编辑：刘　明

封面设计：乐　翁

版式设计：一诺设计

责任校对：郑　佳

书　　号：ISBN 978-7-205-11304-9

定　　价：58.00 元

"历代开国重臣系列"序

展示在读者面前的这套"历代开国重臣系列",共收录了中国帝制时代由秦至清辅佐开国皇帝创立基业的重臣李斯、萧何、张良、王导、高颎、魏徵、赵普、耶律楚材、李善长、刘基、多尔衮、范文程12人的传记,除东晋王导外,其余11位传主均为统一型王朝之开国重臣。共计10册,由10余位史学工作者分别撰写完成。

自秦灭六国,一统天下,至清军入关,定鼎中原,2000余年的帝制时代,王朝更迭反复无常,国运盛衰纷纭不定,形形色色的人物轮番登上历史舞台,演出了一幕幕人间悲喜剧。

时代造就了这些历史人物,历史就在这幕起幕落中悄然前行。没人怀疑人民是创造历史的动力这一至理名言,中华民族勤劳、勇敢、睿智绝非虚语,杰出人物只有在顺应历史潮流和民众意愿的前提下,才能在时代变革中运筹于帷幄之中,决胜于千里之外。

但是，历史不可能将每个人的活动都详尽地加以记载，翻检正史、政书、实录，唯帝王将相、英雄豪杰之履历和业绩而已。因此，当今天的人们追溯历史、探究历史，只能披阅典籍，循着那些杰出人物的足迹去把握历史发展的脉动。

不仅如此，杰出人物的活动并非只是历史潮流、人民意愿的被动反映。他们是历史的灵魂、人民的代言，当关键时刻来临，他们敢于挺身而出，拔剑而起，建立不朽的功勋和皇皇伟业。

倘若没有这些杰出人物，历史将黯然失色，民众将无所适从。从这层意义来说，书写、研究杰出人物的活动虽然是我们认识历史的被动选择，但也是必然选择。

本套书所收录的 12 位开国重臣，是这类人物中的典型。他们或来自旧王朝的世家豪族，或出身旧王朝的基层属吏，或属于旧王朝的达官显宦，或是旧王朝失意的知识分子。他们所面临的形势正值新旧王朝交替。当是之时，沧海横流，匹夫兴志，群龙无首，兆庶失归，社会需要新的理念，群黎需要新的代言。

这些人物起于山泽草莽、陇亩幽隐之间，得逢明主，风云际会，展布平生大志。有人挟聪睿之资，经天纬地，一言兴邦；有人荷新主眷顾，克己尽忠，死而后已；有人以持重著称，审时度势，力挽狂澜；有人以刚正名世，规谏君主，勇揭逆鳞，以诤臣流芳后世；有人以博通经史为本，申明典章，恢宏治道；有人以勇略见长，深谋远虑，克敌制胜。

他们佐开国之君于基业草创，拯倒悬之民于水火，成就大业，建立奇勋，垂名当世，贻范后昆。从这一视角观察，他们是成功人物，是时代骄子。但是，从另一视角观察分析，他们中的许多人又是失败人物，难以逃脱悲剧结局。他们所生活的时代，正值专制皇权日渐强化，尊君卑臣日益泛滥。

当大业未就的创业阶段，历史与社会的局限使他们不可能完全按照理想模式重建公平与正义，如此局面之中，委曲求全，已是不可避免；当新朝既立，新皇位加九五之后，这些人虽身处国家权力核心，但地位往往微妙，甚至尴尬。功高震主，兔死狗烹者不乏其人；在权位角逐中，为佞臣诬谄，落职除爵，被赶回"高老庄"者大有人在；而因亲故失检、子孙败德受到牵连，身败名裂者更为常见。像西汉开国重臣张良佐高帝创大业，功成名就，急流勇退，保持令名者并不多见。

本套书作者探微索幽，铺排史实，目的并非仅仅在于重现12位传主的一生主要经历和功过是非，还在于透过这些人的升降浮沉，展示由秦至清2000余年间中国历史发展演变的大体脉络和基本规律；不仅使读者了解上述杰出人物对社会发展带来的推进和影响，也要使读者了解社会现实和文化环境印在这些杰出人物思想与行为上的烙印，从而获得对中国帝制时代历史较为深刻而具体的认识。该书若能在全民普及历史教育的活动中发挥作用，则是作者和编辑最大的心愿。

本套书曾在多年前刊印行世。此次，由辽宁人民出版社再度修订出版。书中所叙述的内容，基本依据典籍所载史实并参酌部分民间传说。对问题的看法及对传主的评价，或基于作者个人的研究探索，或吸纳学界同行的成果，力求科学、实事求是，反映本领域的最新学术认知。

为了使传主形象生动、丰满，使文本富有可读性，在修订过程中，尽力搜求文献资料、披阅同行论著，对传主政治、经济、军事和文化方面的建树乃至生活细节都进行了尽可能详尽的研究。在语言文字方面，力求清新流畅、简洁明快，融学术性和通识性于一体，雅俗共赏是我们期待的社会效果。

本套书规模较大，成于众手，风格互异，在所难免。本套书编撰之初，有的作者已是名满学界的教授，有的还是史学新兵，功力不同，水平必有参差，亦可预料。在本套书修订再版之际，我们诚恳欢迎广大读者批评指正。

辽宁师范大学　赵毅

2023 年 5 月 12 日

目　录

第一章　佐命功臣

一、乱世英雄

唐自安禄山之乱以来，战乱频仍，藩镇割据，形成了一种外重内轻、尾大不掉的局面。后来虽有德宗、宪宗等朝与藩镇进行了激烈的斗争，藩镇们有时也伪服一时，但终不能彻底削平。唐末黄巢农民大起义一起，天下四分五裂，藩镇们乘机逐鹿中原，你争我霸，在 10 世纪前半期就出现了五代十国的分裂局面。中原一带，以开封、洛阳为都，先后建立了后梁、后唐、后晋、后汉、后周五个政权，而在此期间，南方也先后建立了吴、南唐、前蜀、后蜀、楚、闽、南平、南汉九个政权，加上北方的北汉，共是十个小国。

五代之时，凡藩镇节度使，几乎全用勋臣武将。这些人恃功骄恣，专横跋扈，酷刑暴敛，荼毒生民，专制一方，威势无比。朝廷命令，往往置之不理，民生无奈，真是水深火热。上行下效，刺史也由军功武夫担任，暴虐残民，竟成风气。当时藩帅劫财成风，甚于盗贼，强夺枉杀，无复人理。如后唐李匡俦为晋军所败，带大批辎重姬妾逃往沧州，沧州镇帅卢彦威于景州劫杀，尽取资财姬妾而去；成德节度使董温其被契丹擒捉，其牙将秘琼杀其家而取其资财。及至秘琼为齐州防御使，又被范延光伏兵杀获；后范延光举家归河阳，杨光远使其子杨承勋将范延光推到水里淹死，占有了这些宝货。而杨光远后也被人所杀。

五代乱世，藩镇擅作威福，生杀予夺，根本没有法律可言，视人命如草芥，动以族诛为事，连罪人之父兄、妻妾、子孙和出嫁的女儿都不放过。郓州捕贼使张令柔一次就杀光了平阴县十七个村子的人。周太祖郭威初到滑州时，其部将王峻对军士说，我已得到允许，待入京之后，准你们抢掠十天。于是进汴京之时，军士从迎春门入，全城大掠，烟火四起。第二天，王峻、郭崇说，如不禁止，恐怕到晚上这汴京就成为一座空城了。于是又派人杀死抢掠最凶的军士。等到控制了局面之后，除了有两个里因有壮士死命抵抗未遭难之外，其他自公卿之下无一幸免，有些公卿也被逼死。如此中央威令不行，下凌上替，祸乱连绵，藩镇蔑视朝廷，而军士也挟制主帅，这时的生民百姓，真是难以活命。赵翼在《廿二史札记》中说："而民之生于是时，不知如何措手足也。"

乱久思治，天下大势，分久必合，合久必分的历史规律，再一次显示出它的存在。

五代的最后一个朝代是后周。周太祖郭威原是后汉枢密使，总兵权。郭威于951年登基，三年之后死。在位前后已显示出他的英风伟量，《旧五代史》赞说他"有统御之劳，显英伟之量。旋属汉道斯季，天命有归。总虎旅以荡神京，不无惭德；揽龙图而登帝位，遂阐皇风"①。954年，郭威死。他没有儿子，他的柴皇后有一个侄儿柴荣，是他的养子，在郭威生前，已是检校太傅、同平章事，授开封尹兼功德使，封晋王，驻澶渊。郭威死后，柴荣继位，这就是周世宗。

————————————

① 《旧五代史·周书·太祖纪四》。

周世宗继位后，以天下为己任，以唐太宗为榜样，展开了统一天下，结束割据局面的战争。

当时周世宗手下有这样几员大将：天雄军节度使符彦卿、澶州节度使郭崇、河中节度使王彦超、陕府节度使韩通、马军都指挥使樊爱能、侍卫马步军都虞候李重进、步军指挥使何徽、滑州节度使白重赞、殿前都指挥使张永德、郑州防御使史彦超、耀州团练使符彦能、宣徽使向训、散员都指挥使李继勋、殿前都虞候韩令坤、散员都指挥使慕容延钊、铁骑第一军都指挥使赵弘殷等。

其中铁骑第一军都指挥使赵弘殷，是涿州（今河北涿州）人。其父赵敬，曾历任营、蓟、涿三州刺史。赵弘殷少年骁勇，精于骑射，以军功曾为后唐庄宗典禁军。后汉时，又以军功升任护圣都指挥使。周世宗时，为铁骑第一军都指挥使。为什么我们要单单详细地介绍赵弘殷？因为他就是后来大名鼎鼎的宋太祖赵匡胤的父亲。赵弘殷娶妻杜氏，生有五子三女，二子早死，其次分别是赵匡胤、赵匡义、赵匡美。周世宗于显德元年（954）即位时，赵匡胤年方二十七岁，正是血气方刚的青年。赵匡胤生于洛阳夹马营内，长成后容貌雄伟，气度非凡，弓马熟娴，勇猛无比。周太祖郭威为后汉枢密使征李守真时，赵匡胤离家漫游，投到郭威麾下，广顺初年，补东西班行首，拜为滑州副指挥。后转到晋王柴荣部下，任开封府马直军使。世宗即位，又典禁兵。当时典禁兵是一条升迁的捷径，如果有能力，就可以顺利地得到升迁。

周世宗即位时，已是壮年，晓畅兵机，胸怀大略。本欲调集军马，征讨四方，不想北汉主刘崇趁着世宗初立，乘丧来攻。显德元年三月，周世宗下诏亲征，命枢密使郑仁诲为东京留守。农历三月十九日，与北汉兵遇于高平县（今山西高平）之南的高原。刘崇自率铁骑三万，并以契丹骑兵万余为援军，列阵以待。周世宗以李重进、白重赞居左（西面），以樊爱能、何徽居右（东面），自率向训、史彦超以精骑居中，殿前都指挥使张永德以禁兵护卫。两军交战后，以马军都指挥使樊爱能、步军都指挥使何徽率领的右翼一触即溃，步军纷纷解甲降敌。世宗见势不妙，就派人阻止溃兵，樊爱能等不顾而逃，形势顿时变得十分危急。赵匡胤时在中军，见状对同列说："主辱臣死。"即突阵而前，杀入敌中，后边石守信等精兵猛将，随之跟上，杀声震天，北汉兵渐渐抵敌不住，纷纷溃败。周世宗乘机麾兵大进，斩杀北汉大将张晖和枢密使王延嗣，北汉兵丢盔弃甲，填满山谷，后周兵获辎重、军器、驼马、乘舆服器等不可胜计。

战胜后，周世宗为严肃军纪，将临阵溃逃的樊爱能、何徽等将佐七十余人及降兵数千人全部斩首，诸军股栗。五代以来姑息兵将，从未有过这样严厉的惩处，从此骄将惰兵，无不知惧。高平之战，不仅稳定了周世宗的后周统治，打出了军威国威，也使得军律整肃，战斗力大大增强。此战之前，许多人觉得刘崇来势汹汹，应回避为上。周世宗锐意亲征，冯道等大臣力劝阻止，周世宗说："昔唐太宗之创业，靡不亲征，朕何惮焉。"冯道说："陛下未可便学太宗。"周世宗说："刘崇乌合之众，苟遇王师，必如山压卵耳。"冯道语带讽刺地说：

"不知陛下作得山否？"[①] 刘崇军力，确实不弱，但正是周世宗战略上蔑视敌人，亲自坐镇，临危不乱，所以终破大敌。事实证明，周世宗的确是个有雄才大略的君主。

高平之战后，赵弘殷由铁骑第一军指挥使升任龙捷右厢都指挥使，赵匡胤拜为殿前都虞候，领严州刺史，其他将佐，都论功各有升赏。

随后，世宗乘战胜之威，继续北向，北汉守土臣僚，纷纷归降，大军直到太原（北汉都城）城下，世宗大集兵赋，并力攻城，旦夕之间，期于必取。不想此时大雨连绵，军士困苦，只好撤军。回军后，以符彦卿晋位太傅，封魏王；郭从义兼中书令；河阳刘词为永兴军节度使，加兼侍中；潞州李筠加兼侍中；河中王彦超加兼侍中；许州节度使、侍卫都虞候李重进加同平章事兼侍卫亲军都指挥使；以武信军节度使兼殿前都指挥使张永德为滑州节度使，加检校太傅；邠州白重赞加检校太尉；陕州韩通加检校太傅。文官方面：以左仆射兼门下侍郎、平章事、监修国史范质为守司徒兼门下侍郎、平章事、弘文馆大学士；以左仆射兼中书侍郎、平章事、集贤殿大学士、判三司李谷为守司徒兼门下侍郎、平章事、监修国史；以中书侍郎、平章事王溥为中书侍郎兼礼部尚书、平章事、集贤殿大学士，还有许多其他文臣武将，也有升迁。

世宗不光在军事上富有韬略，在政事方面也很有建树，首先他下诏鼓励文武臣僚，凡有朝政阙失，并许上章论谏，凡事关民间利病，官吏优劣，当兴当革，都要上章敷奏。而台谏官职司谏诤，更要知无不言。其次，南北朝以

①《旧五代史·后周·世宗纪一》。

来，佛教大兴，佛寺道观，遍布全国，人民困苦，往往遁入空门，而释道之流中，往往也是坏人肆恶之地，因此他下诏废寺院三万零三百三十六所，仅存两千六百九十四所；僧尼系籍者保留六万一千二百人，其余全部勒令还俗。这就大大减少了吃闲饭的人，增加了劳动力和国家财政收入。另外，又整顿科举，崇儒兴学，消弭暴戾之气，培养儒雅之风。同时，整顿纲纪礼仪，发展经济，使周朝呈现出一派生气勃勃的景象。

二、风云际会

显德三年（956）春正月，周世宗下诏南征。

淮南是南唐的属地。南唐是"十国"之一，在937年由李昪建立。其地盘有今江苏、江西、湖北以及浙江和湖南一部分地区。当时守境自保，不求有功，但求无祸。这个既富裕又软弱的小国，自然就是周世宗首先用兵的对象了。

周世宗以宣徽南院使向训为权东京留守，端明殿学士王朴为副留守，御驾亲征。当时南唐主是李璟，派大将刘彦贞，偏将武彦晖、张廷翰、咸师朗等率大军去抵抗。

周世宗的前军将领李谷先攻寿春城，这时刘彦贞率南唐大军也到了，李谷看地形不利，就对将佐说道："贼军舟棹将及正阳，我师没有水战之备，万一桥梁不守，则大军隔绝矣。不如全师退守正阳浮桥，以俟銮辂。"诸将觉得有理，于是焚烧粮草而退。不想大军一动，便有些混乱，有些随军的役夫就被南唐军裹了去。周世宗闻讯，立即命令侍卫都指挥使李重进率师赴援。而南唐军趁李谷退兵混乱之际，发战船数百艘，沿淮河溯流而上，欲断浮桥。同时刘彦贞大军列阵而进。李重进到了正阳，闻南唐军在近，率大军渡桥而过，正遇上南唐军，两军对阵。

那南唐的刘彦贞是个纨绔子弟，根本不懂军事。其手下的武彦晖、张廷翰、咸师朗都是一勇之夫，没有什么韬略。当李谷退军时，唐军将领大都认为周军怯阵，裨将咸师朗说："追之可获大捷。"唐寿州守将刘仁瞻使人来劝告说："君来赴援，未交战而敌人退，不可测也，慎勿追逐。君为大将，安危以之，脱有不利，大事去矣。"前军张全约也说不可追。刘彦贞却傲慢地说："军容在我，汝辈何知？沮吾事者斩！"[1]及至与周援兵李重进军对阵于正阳之东，正是中午，军队还没有吃饭。刘彦贞排兵布阵，在阵前横列拒马，连贯利刃，以铁绳穿结，如铁丝网一般。又刻木牌如猛兽张牙舞爪状，花花绿绿的，画得狰狞猛恶，立在阵前，称为揵马牌。再前命军士用皮革兜子装了铁蒺藜撒在地上，未做进攻，先图防守。战斗经验丰富的周兵不但没有被吓住，反而都笑南军胆小，于是勇气倍增，一鼓作气，大败南唐军，杀得唐军伏尸三十里，血流成河，斩首两万余级，获戎甲三十万副，马五百匹，阵斩唐军统帅刘彦贞，生擒咸师朗。唐军降兵三千多人，也被周军赵晁所杀。[2]

---

① 宋·马令《南唐书》。
② 据《旧五代史·后周·世宗纪第三》。

周军南征，赵弘殷和赵匡胤都随在军中。唐军败，赵匡胤麾数千军进击，杀败唐军万余人，斩南唐兵马都监何延锡，获战船五十艘。之后，赵匡胤奉周世宗命率所部攻滁州（今安徽滁州），在这里，他遇到了南唐的另一支援军。原来，南唐李璟闻世宗亲征，即命江州节度使、充行营应援使皇甫晖和常州团练使、充应援都监姚凤率军一万五千人赴援，进据滁州。滁州是淮河以南、金陵以北的军事要地，周围都是大山，中间夹着通往金陵的要道，滁州诸山之南便是平原，所以滁州是金陵屏障。如果丢失了滁州，不仅寿州成为孤城，淮南也难以防守了。所以，南唐对此极为重视，派出重兵名将把守。那皇甫晖原是李嗣源部下勇将，历事二朝，位兼将相，大小数十战未尝败过，因而名冠南北，此次相遇，可谓是将遇良才。

赵匡胤军在滁州以北的清流关与皇甫晖狭路相逢。这清流关是滁州外的险峻关隘，两边是山，中间清流关当道而建。两军相遇，一场恶战，赵匡胤虽然英勇，终抵挡不过唐军之众，败了一阵。皇甫晖留足兵力把关，收兵回滁州休息，准备来日再出。赵匡胤收兵关下，与诸将计议，怕皇甫晖明日再至，无计可施。打听村人，有人说这里有一个幽州人赵学究，在村中教学，学问渊博，多有奇计高见，村中有争讼的，都请他判断是非曲直。

这天傍晚，赵匡胤带了几个人往访赵学究，这时的学究，是一种学官名，并没有后来的讽刺意味。见面之后，赵匡胤打量对方，觉得此人三十五六岁，举止沉稳，不卑不亢，目光犀利，丰姿伟度，看来城府很深，不像是山僻无知人物。赵学究见来人方面大耳，红脸膛，约莫三十岁，气概非凡，豪气逼人，也知是后周大将赵匡胤到了，因此迎见加礼。赵匡胤再三询问破敌之策，赵学究说："皇甫晖威名冠南北，太尉以其与己如何？"赵匡胤说："非其敌也。"学究又问："然彼之兵势与己如何？"匡胤说："非其比也。"学究又问："然两军之胜负如何？"匡胤说："彼方胜，我已败，畏其出兵，所以问计于君也。"学究点点头说："然且使彼来日整军再来出战，师绝归路，不复有噍类矣。"匡胤点头称是，再问计策，赵学究说："我有奇计，所谓因败为胜、转祸为福。今关下有径路，人无行者，虽晖军亦不知之，乃山之背也，可以直抵城下。方阻西涧水大涨之时，彼必谓我既败之后，无敢蹑其后者，诚能由山背小路，率兵浮西涧水至城下，斩关而入，彼方战胜而骄，解甲休众，必不为备，可以得志。所谓兵贵神速，出其不意。若彼来日整军而出，不可为矣。"一番话说得赵匡胤喜出望外，遂请学究引路，赵学究也慨然不辞。

各位读者，你说这赵学究是谁？原来就是赵普。赵普，幽州（今天津蓟州）人，字则平，生于后梁龙德二年（922）。赵普随其父赵回迁到镇州（今河北正定），为避后唐赵德均兵乱，后来又迁到洛阳。显德元年（954）做永兴军节度使刘词的从事，刘词于显德二年（955）病逝，病逝前曾荐赵普为军事判官。赵普觉得自己游历不足，于是涉足江淮，查看地理，一个偶然的情况，使他在清流关留下来教书，也是机缘凑巧，与赵匡胤在这里遇见。他见赵匡胤相貌堂堂，觉得此人前途无量，既是同乡，又是同姓，所以一见如故，倾心结交。清流关是二人第一次见面，又是第一次合作，二人定交，君臣风云际会，就是在这里开始的。这一年赵匡胤三十岁，赵普三十五岁。时间是 956 年春。[①]

当晚，赵匡胤命军士绝食严装，人衔枚，马去铃，以赵普为向导，从小径夜行，三军跨马浮涧直逼城下，城中果然没有防备。于是周兵夺门杀入。皇甫晖闻报大惊，慌乱中披挂上马，方出营门，正遇上赵匡胤旋风般杀来，皇甫晖措手不及，被一棍打中头盔，倒撞下马，军士们一拥而上，捆绑起来。姚凤也遭到了同样的命运，两个拴做一处。南唐兵大溃败。战事结束，滁州为赵匡胤所得，一面出榜安民，一面命人押送皇甫晖、姚凤到行在（皇帝驻驾之所的称呼）报捷。同时修书，表荐赵普之功。世宗闻捷大喜，兵士押上俘虏，皇甫晖看着世宗说："我自贝州卒伍起兵佐李嗣源，遂成唐庄宗之祸。后率众投江南，位兼将相，前后南北二朝，大小数十战未尝败，而今见擒于赵某者，乃天赞赵某，岂臣所能及？"遂不食而死。

通过这一役，赵匡胤了解了赵普的谋略，深相敬爱，请他收拾东西，留在军中做幕僚。赵普也深敬赵匡胤的勇决，觉得此人前途无量，加意结纳。当晚，二人抵足而眠，纵论天下大事。赵普开阔的眼界、对时势的精辟分析，使赵匡胤越加尊敬，况赵匡胤也是英雄，远见卓识，所见略同，越相亲信，越觉相见恨晚。正在这时，军士报关下有人叫关，称是老将军亲到。赵匡胤与赵普来到城楼，细辨声音，果然是自己的父亲赵弘殷到了。但赵匡胤说，父子至亲，自然应该开门，而受命守城，乃国家事耳，不敢以私废公。请老将军委屈一下吧。最后到底是在外边露坐了半夜，天明方得以入城。不料由于当时春寒

①据宋·王铚《默记·卷上》。

尚未退去，老将军于奔波之余劳累、出汗，又于冷风之中露坐，竟得了风寒，生起病来。匡胤延医调治，亲奉汤药。赵普也殷勤问安，更加亲近。

三、代尽子职

下滁州的第二天，匡胤部兵搜城清乡，搜得一百多人，统统当作匪盗抓了起来。五代时刑罚严酷，凡盗匪，例当弃市。匡胤方命执行，赵普则认为，一日之内，捕得这么多人，未曾审问明白，便一律杀死，难免有所草率，如果是诬良为盗，岂非误伤人命？赵匡胤笑道："书生之见，未免太迂。须知此地人民，本是俘虏，即便屠城，也不算我罪，我今一律赦免，不扰百姓，已是格外施恩。今又作强盗，如不立正典刑，何以儆众？"赵普争辩道："百姓处今之世，动辄得罪，杀人如草芥，若果欲一统天下，当以德政招徕人民，收揽民心，古人云，得人心者得天下。况南唐虽系敌国，百姓何罪？明公既负大志，欲混一海内，奈何秦越相视，自分畛域？生道不外行仁，还望明公三思。"匡胤遂不与争辩，就请赵普审查此案。赵普唤集众人，一一详加讯问，见有在街上见了兵马害怕躲藏不及的，有藏匿于林中田间被搜获的，也有不服兵士豪横而得罪的，多是无知百姓，并无几个真赃铁证的盗贼。遂回明匡胤，除犯赃定罪外，一律释放。乡民大悦，争颂匡胤慈明。赵匡胤也佩服赵普先见，凡有疑义，都与赵普商议，赵普也格外用心，知无不言，从此匡胤得一有力臂助。

显德三年（956）春二月，南唐主派王知朗来求和，周世宗不答。三月，李璟又派其司空孙晟、礼部尚书王崇质等奉表求和，献上黄金一千两，银十万两，罗绮两千匹，又进赏给将士茶绢金银罗帛等。周世宗答书，指定要"必若尽淮甸之土地，为大国之堤封，犹是远图，岂同迷复？如此则江南吏卒，悉遣放还，江北军民，并当留住，免违物类之性，俾安乡土之情"，"俟诸郡之悉来，即大军之立罢"①。意即要江南划江为界，尽割淮南江北土地。江南李璟则只想献寿、濠、泗、楚、光、海六州之地，因此和议不成，战争继续进行。

这时的扬州成了一个焦点。扬州本南唐所居，与六合相距百余里，都是江北重镇。本由赵弘殷奉周世宗命夺得，后弘殷奉命还于滁州，留韩令坤留守。及至江南李璟听说求和不允，遂挑选精兵六万，由其弟李景达率兵进发，直抵扬州。这时，奉周世宗命进攻常州的两浙吴国的钱俶被唐军大将陆孟俊打得大败亏输，李璟乘常州之捷，又派陆孟俊率兵迫泰州，扬州危急。周世宗闻报，一面急遣殿前都指挥使张永德率亲兵往援，一面急令赵匡胤率步骑两千人赴六合。匡胤不光接到了周世宗的诏命，还接到了韩令坤的求援信，韩令坤是赵匡胤的好友，此时内奉君命，外迫友情，不得不发。然而父病正重，一时进退两难，只得请赵普商议。赵普道："君命不可违，请公即日前行。至于尊翁榻前，普愿代子职。"匡胤说："这事如何敢烦君？"赵普慨然道："公姓赵，普亦姓赵，不仅同乡，且又同宗，若不以名位为嫌，公父即普父，一切视寒问暖，及进奉汤药等事，明公不必挂怀，统由我来尽职，您只管放心！"赵匡胤连忙拜

①《旧五代史·周书·世宗纪三》。

谢道："既蒙顾全宗谊，此后当视同手足，誓不相负。"于是把公私各事全交付赵普，自己率兵，星夜赴援。赵普果然在滁州把公事处理得井井有条，而于赵弘殷床前延医买药，亲奉汤饵，朝夕无倦，平时与弘殷讲古道今，弘殷深为器重，待以宗分。[①]也就是说，当作自家人看了。

由后来的赵匡胤与赵普的关系发展看，赵普的床前侍病这一经历对二人的关系非常重要，对赵普的未来也关系重大。正是由于这段经历，赵弘殷夫妻才对赵普非常有感情，视同家人，甚至把赵普视为一个虑事周全的赵氏兄弟的兄长看待。

赵匡胤率两千人进屯六合，张永德又率军来援，使韩令坤军受到鼓舞，待陆孟俊兵抵扬州，令坤誓师迎击，大败唐军，生擒陆孟俊。李景达率南唐大军由瓜步渡江，在距六合不远处设下寨栅，以为取得六合，断扬州归路，大事可定。数日后，整军来战，直逼赵匡胤营垒，周军以逸待劳，赵匡胤挥兵奋击，以一当百，唐军抵敌不住，周军斩首五千级，赶入江中淹死者不可计数。李景达率残兵败将逃回江南，经此大败，南唐精锐略尽，全国夺气。

此时周世宗攻寿州，围攻数月，唐兵抵死据守，周世宗无计可施，想放弃寿州，改从扬州进兵。宰相范质等奏道："陛下自孟春出师，至今已入盛夏，兵力已疲，饷运未继，再出师征唐，恐非万全之策。"周世宗不听，范质泣谏，周世宗方留李重进率兵万人留攻寿州，自己班师北返。并因赵匡胤等在外久劳，也命还朝，另派人驻守滁、扬。

---

① 据宋·王称《东都事略·赵普传》。

赵匡胤闻命，即引军还滁州。此时赵弘殷已完全复原，极力夸赞赵普，说内外全靠赵普一人，病床前备著辛劳。匡胤亦拜谢赵普。及至还朝之后，周世宗慰劳有加，加赵弘殷为检校司徒兼天水县男；加赵匡胤为同州节度使兼殿前都指挥使，赏从征之功。二人上表谢恩，从此匡胤父子分典禁兵，荣耀无比。赵普既攀龙附凤，又参与机要，成了赵家的灵魂人物。这时是显德三年（956）十月。

四、身在幕府

赵普任军事判官，除一度曾调渭州之外，一直在赵匡胤幕府。赵匡胤的军事行动，亦有赵普的功劳。

显德四年（957）春二月，周世宗又大举兴师，亲征淮南。

自世宗上年班师之后，李重进攻城无功，江淮之间，盗贼充斥。淮南节度使向训自扬州撤往寿春，扬州、舒州、蕲州、和州、泰州等地又被南唐军夺回。

三月初二，大军和车驾进驻紫金山下。赵匡胤奉命上山进攻，连破数寨，斩首数千，敌军首尾不能相顾。是夜，唐将朱元、朱仁裕、孙磷等举寨来降。翌日，各寨均破，擒唐军大将建州节度使许文慎、前湖南节度使边镐。唐溃兵沿江东逃，周世宗自率精骑沿淮北岸追敌，一夜驰二百余里，至镇淮军。杀获几千人，获战舰粮船几百艘，钱帛器仗不可计数。三月二十日，寿州城中军心动摇，副将孙羽等人胁迫守军主帅、正在重病中的南唐节度使刘仁赡出降。虽周世宗一再慰勉，任刘仁赡为特进、检校太保兼中书令、郓州节度使，但他总觉得愧对南唐，拜职的当日，他就死了。攻下寿州后，周世宗返京城，以滑州节度使兼殿前都点检、驸马都尉张永德为澶州节度使，而以赵匡胤为滑州节度使，加检校太保，兼殿前都指挥使如故。①

显德四年（957）十一月，世宗再次南征，到濠州（今安徽凤阳东）。初五日，兵至濠州东北的十八里滩。唐军寨就在前面，四面环水，世宗命军士准备橐驼渡水，而前锋主帅赵匡胤却跃马入水，截流先渡，众骑兵紧随其后，纷纷登岸，唐军不及防备，寨破兵溃，战船都被赵匡胤俘获。世宗乘胜进兵，攻濠州、夺关城、破水寨，大败唐军，焚战船七十余艘，斩首两千多级，进围羊马城。十九日，周世宗亲督大军水陆齐进，顺淮而下，以赵匡胤为前锋。二十一日，大破唐军于涡口，斩首五千级，夺战船三百艘。于是鼓行而东，昼夜不息，势如破竹，所过皆下，直到泗州（今江苏盱眙东北）。赵匡胤麾军直上，焚烧郭门，夺月城，周世宗随后赶到，亲冒矢石进攻敌营，泗州守将范再遇抵挡不住，只好投降。之后，周世宗命赵匡胤在淮水南，自己由淮水以北夹江东下，至清口，追上唐兵。周兵一路连胜，势不可挡，鼓噪之声，几十里外都能听到。唐军望风披靡，水陆俱逃，赵匡胤率骁骑穷追不舍，擒获南唐大将保义军节度使、江北都应援使陈承昭，收获焚毁之外的战船三百余艘，除杀死淹死

---

① 据《旧五代史·周书·世宗纪四》。

之外又俘将士七千余人。以前，周军没有水军战船，所以凡遇水战，往往无计可施。之后发奋造船，又得南人教习水战之事，故这次出兵以来，水陆俱战俱胜，南唐水军优势似乎在一夜之间崩溃，因此江南大震，人心惶惶。

显德五年（958）的春节，周世宗是在楚州城（今江苏淮安）下度过的。正月二十三日攻城，赵匡胤在城北，昼夜不解甲胄，亲冒矢石，麾兵登城。第二天即打破楚州。战斗打得很惨烈，守将张彦卿是条硬汉子，因为周兵攻势很猛，李璟命张彦卿焚城中官寺，携民弃城渡江。当时世宗亲御旗鼓攻城，自城外都已属周，周兵又派州民清挖老鹳河，浮巨舰数百艘，自淮入江，势如排山倒海，张彦卿不为所动。周兵烧塌城楼，打进城去，张彦卿又组织巷战，天近傍晚，转战到州廨，长短兵器都用尽，彦卿还在用绳床搏战。将佐有的劝他不如投降，连他儿子也认为再打已没有意义，他一剑砍下自己儿子的头，慷慨与诸将说："这是彦卿子，劝彦卿降周，彦卿受李家厚恩，谊不降，此城吾死所也。诸军欲降任降，第勿劝我，劝我者同此子矣。"[1] 故将佐千余人都战死，无一生降。世宗因攻城不顺，伤亡惨重，因此下令屠城，军士大掠烧杀，城中焚荡一空，军民死者一万多人。

攻下楚州后，淮河两岸再无坚城，周军如摧枯拉朽一般横扫江北。三月十七日，吴钱俶发战船四百艘，水军一万七千人来助攻。第二天，赵匡胤又率水军破南军水军百余艘于瓜步。同日，南唐主李璟差刘承遇奉表以庐、舒、蕲、黄四州来献，于是淮南属周，长江成为后周、南唐的分界线。此次兴师，

---

① 据《旧五代史·周书·世宗纪五注》。

周得十四州、六十县、二十二万六千五百七十四户。

南唐既服，周兵班师。南唐主因赵匡胤在周朝廷上地位日隆，于是派人暗中送他白金三千两，并附书信。匡胤拿给赵普看，都认为是南唐的反间之计，于是一并献于朝廷。赵匡胤此役中又多立大功，转任忠武军（今河南商丘）节度使，仍兼殿前都指挥使，基本上不算什么提升，当时舆论认为赏功太轻。

此时赵弘殷旧病复发，医治无效逝世。相传唐朝李淳风曾作推背图，其中关于五代时有一图附一诗说："此子生身在冀州，开口张弓立左猷，自然穆穆乾坤上，敢将火镜向心头。"意即这个人名字中左边有"弓"字，右边开口，穆穆乾坤，就是得有天下。因此不少人为了应这个谶语，生的孩子起名字就用什么"弘"，比如吴越钱俶的儿子，名中都用"弘"字。及至赵匡胤做了皇帝，封赠其父赵弘殷为宣祖，谥号武昭皇帝。众人方悟赵弘殷的"弘"字正应图谶。匡胤原籍涿郡，属于冀州，开口张弓，正是弘字，宋开国，阴阳家们论证说是应属火运，这虽属预言迷信，然而在当时确有影响。

五、世宗之死

周世宗胸怀大志，欲扫平天下，直追盛唐。既已平定淮南，又因辽于石晋时占据燕云十六州之地，屡为边患，于是于显德六年（959）下诏亲征。三月，以宣徽南院使吴延祚为权东京留守，判开封府，大军出京师。以赵匡胤为水路都部署、韩通为陆路都部署先行出发，自乘龙舟作为后应，首尾数十里。到乾宁军，辽宁州刺史王洪无兵可战，开门出降。大军继进益津关（今河北霸州北），辽守将终廷晖也望风投降。自此以西，水路渐隘，舟师难行，于是舍舟登陆。不几日，大军进至瓦桥关（今河北雄县北），敌守将姚内斌开关出降。此后，侍卫亲军都指挥使李重进及诸将相继都到，敌瀛州（今河北河间）刺史高彦晖归顺，于是关南顺利平定，共得三州、十七县、一万八千三百六十户。史书记载："是役也，王师数万，不亡一矢，边界城邑皆望风而下。"①

周世宗看战事顺利，聚众将议攻幽州（今北京），诸将皆认为没做充分准备，兵力太少，不可攻，世宗不听。为壮军威，改益津关为霸州，瓦桥关为雄州。只此两名，已可以看出周世宗的志向。随后，世宗派李重进率兵入河东，于百井大破河东刘崇军，又使先锋使张藏英出兵雄州北，攻下固安县。正要渡安阳水，大规模进兵，不料夜间得了寒疾。

周世宗的病，起于偶然，但来势很凶。迁延几天，还不见好，只得返回澶渊（今河南濮阳西），又在澶渊迟留不行。外间传言纷纷，中外汹惧。于是大臣们请张永德（时为澶州节度使兼殿前都点检）向世宗进言，说车驾在外久不归，人心不稳，四方诸侯唯恐天下不乱，如果真有不测，事情难以预料。于是车驾回京师，这时是五月。

当周世宗返京路上，"忽于地中得一木，长二三尺，如人之揭物者，其上

①《旧五代史·周书·世宗纪六》。

卦全题云'点检做（天子）'。观者莫测何物也"①。周世宗沉思良久，没有作声，回京之后，遂将澶州节度使、殿前都点检张永德罢去军权，改任检校太尉、同平章事；以赵匡胤为殿前都点检、检校太傅兼忠武军节度使。究竟是周世宗出此一策，想破败这个谶语呢，还是他认为既然天命不可违，不如叫更有能力的人来做更好一些，世宗没有说。有些人猜测，周世宗怕张永德这个点检真做天子，因此把他调开。但为什么不废除这个官职呢？调开张永德，并不是没有点检，这个点检也可以做天子，怎么周世宗就没料到这一点呢？这个谜，只有周世宗自己知道了。

显德六年（959）六月十九，周世宗崩于万岁殿，享年三十九岁。谥号为睿武孝文皇帝，庙号世宗。

薛居正作《旧五代史》，论世宗说："世宗顷在仄微，尤务韬晦，及天命有属，嗣守鸿业，不日破高平之阵，逾年复秦、凤之封，江北、燕南，取之如拾芥，神武雄略，乃一代之英主也。加以留心政事，朝夕不倦，摘伏辩奸，多得其理……而享年不永，美志不就，悲夫！"②

世宗壮志未酬，英年早逝，令人痛惜。但是，一场好戏还在后头，一场阴谋正在酝酿，马上就要开场了。

---

① 《旧五代史·周书·世宗纪六》。
② 同上。

六、陈桥兵变

世宗病重期间，宰相范质等人请立太子以正国本，世宗就立宗训为梁王。宗训于广顺三年（953）八月初四生于澶州，这时才七岁。世宗死，遗命宗训于枢前即皇帝位。这就是恭帝。

恭帝即位，由于岁数太小，只知嬉戏，诸事都由宰相范质等与符太后商议决定。世宗的原配皇后符氏已于这一年去世，后来册立她的妹妹为继后，入宫没有几天，所以也不懂宫中事，更不懂处理国家大事。

根据范质等的建议，新皇帝登基，应该给大臣们加官晋爵，以示恩德。于是以右羽林统军、权知邢州事、检校太保李继勋为邢州节度使，加检校太傅；以侍卫马军都指挥使、陈州节度使、检校太傅韩令坤为侍卫马步都虞候，依前陈州节度使，加检校太尉；以虎捷左厢都指挥使、常州防御使、检校司徒高怀德为襄州节度使、充侍卫马军都指挥使、检校太保；以郓州节度使、充侍卫马步军都指挥使、检校太傅兼侍中李重进为淮南节度使、检校太尉兼侍中，仍为侍卫马步军都指挥使；以宋州节度使、充侍卫马步军副都指挥、检校太尉、同平章事韩通为郓州节度使，仍兼侍卫亲军马步军副都指挥使；以澶州节度使、检校太尉、同平章事、驸马都尉张永德为许州节度使，晋封开国公；以赵匡胤为宋州节度使兼检校太尉、殿前副都点检，晋封开国侯；以淮南节度使兼殿前副都点检、检校太保慕容延钊为澶州节度使、检校太傅，仍兼殿前副都点检，晋封开国伯；以殿前都指挥使、江州防御使、检校司空石守信为滑州节度使、检校太保，仍兼殿前都指挥使；天雄军节度使、检校太师、守太傅兼中书令、魏王符彦卿加守太尉；潞州节度使、检校太傅兼侍中李筠加检校太尉；又以守司徒、同平章事、弘文馆大学士、参知枢密院事范质加开府仪同三司，晋封肖国公；门下侍郎兼礼部尚书、同平章事、监修国史、参知枢密院事王溥加右仆射，晋封开国公；其余文武官员，各有升赏。

赵匡胤移镇宋州，荐赵普为掌书记。掌书记掌管帅府的一切文书，近似于现在的秘书长之职。由于赵普办事非常干练，思虑周密深远，所以赵匡胤非常器重他，视为心腹。赵匡胤与副都点检慕容延钊，夙称莫逆之交。至此又同殿执掌禁兵，格外亲近。与石守信、杨光义、李继勋、刘庆义、王审琦、刘守忠、刘廷让、韩重赟、王政忠等结成义社"十兄弟"，经常往来议事，甚为秘密。

显德七年（960）春正月，春节刚过，文武百官方进表称贺。忽然镇、定二州派人飞报，说是北汉主刘钧，约联辽兵入寇，边防告急。一时太后慌了手脚，急召范质等大臣商议。范质等荐都点检赵匡胤忠勇绝伦，慕容延钊素称骁勇，可以退敌兵。于是下诏命赵匡胤调集军马，准备北征。赵匡胤调平日交往密切的石守信、高怀德、王审琦、张令铎等，令慕容延钊简选精锐，择日兴师。正在调兵遣将之际，都下却盛传着一种消息，说是出军之日将册立点检为天子，市民惊恐，交头接耳，都估计京城将乱，打算逃走之计。军队中也流传甚盛，只有宫中晏然不知。

就当时情况来看，赵匡胤自殿前都虞候迁升殿前都点检，已掌军政六年，多立大功，士卒都服其恩威，已有了很深的基础。再加上有人在背后密谋策划，散布谣言，因此一时传遍都下。

大年初二，以慕容延钊为先锋，率前军先发。年初三，大军出爱景门，队伍纪律严整，百姓心才稍稍安定。这时李处耘、赵匡义、赵普都在军中。

这天傍晚，大军行到陈桥驿（今开封市北陈桥镇），赵匡胤命军士安营扎寨，宿歇一宵，明天再进。这时，据说有个河中籍的军校苗训号称知天文，指着落日向赵匡胤的亲吏宋城籍的楚昭辅说："你看，这就是天命啊。"楚昭辅问什么天命，苗训说："你不见太阳下面又有一个太阳吗？"昭辅仔细观看，果然见日下又有一日，黑光磨荡。昭辅问主何吉凶，苗训说："这天象显示，周的气数已尽，第二个太阳，就应在点检身上。"楚昭辅大为惊疑，免不得告诉别人，一传十，十传百，交头接耳，人心大惑。于是就有些将士凑在一起议论道："主上幼弱，未能亲政。今我辈出死力，为国家破贼，谁则知之，不如先立点检为天子，然后北征，未晚也。"都押衙李处耘听到议论，急忙密报赵匡义，赵匡义正在与赵普密谈。李处耘话还没说完，就有将士突入，吵吵嚷嚷，李处耘一看，赶紧就去找王彦升、马仁瑀、李汉超等商议。赵普与赵匡义一本正经地对诸将说："太尉（指赵匡胤）忠心赤胆，你们这样做，他不会饶了你们。"有人听了此话，悄悄地溜出去了，过了一会儿，又集合起来，不知哪里来的勇气和信心，一齐刀剑出鞘说："按军令来说，军中交头接耳，都要受到族诛，今日既然定议，则是有进无退。若太尉不从，难道我们肯乖乖地甘受诛戮吗？"赵普与赵匡义一看事情已成定局，于是假意大声叱责道："策立是国家大事，应该谨慎从事，从长计议，哪容你们随便胡来！"于是众将才安静下来。赵普又说："现在外寇压境，此去还不知谁胜谁负，应该先退敌兵，归来再议册立。"诸将说："方今政出多门，若等寇退师还，将来事情的变化还不知是什么样子。只有马上返京，策立太尉，再整兵向敌，破敌不难。如果太尉不受策立，那军队也决不会向前了。"赵普回顾赵匡义说："事既无可奈何，就应该当机立断。"于是对众将说："兴王易姓，虽云天命，实系人心。前军昨已过河，节度使各据方面，京城若乱，不惟外寇愈深，四方必转生变。若能严敕军士，勿令剽劫，都城人心不摇，则四方自然宁谧，诸将亦可长保富贵矣。"各位将领都答应了，于是共同部署。夜间赵普派衙队军使郭延赟回京驰告石守信、王审琦等人，这些人都是赵匡胤的心腹，于是将士环列等待天亮。

妙的是这天赵匡胤喝醉了，叫也叫不醒，直到初四日早晨，四面已呼叫而起，声震原野。赵普与匡义进帐报告昨晚发生的事情，还未说完，诸将已披甲执兵直叩寝门，大呼道："诸将无主，愿早策太尉为天子。"赵匡胤披衣坐起，好像非常惊讶，还没来得及说话，便被扶出听事。早有人把不知何时准备好的黄袍披到他的身上，大家一齐退拜庭下称呼万岁。赵匡胤一再推拒，众人不依。于是一起扶赵匡胤上马，逼拥南行。赵匡胤看看大局已定，于是勒住马对诸将说道："你们自贪富贵，立我为天子，能从我命则可，不然，我不能为若主矣。"众皆下马，表示"惟命是听"。赵匡胤说："少帝及太后，我皆北面事之。公卿大臣，皆我比肩之人也，汝等毋得辄加凌暴。近世帝王，初入京城，皆纵兵大掠，擅劫府库，汝等毋得复然，事定，当厚赏汝。不然，当族诛汝。"众人皆服。于是整军自仁和门入，秋毫无犯。先遣客省使大名潘美见执政告诉事情原委，又遣楚昭辅慰安家人。殿前都点检府正关闭着，昭辅到了，石守信开门放入。

朝廷上听说此信时，宰相早朝尚未退。范质下殿，一把抓住王溥的手，跺着脚说道："仓促遣将，吾辈之罪也。"指甲抓入王溥的肉里，几乎挖出血来。王溥目瞪口呆，一句话也说不出来。

在周世宗死后，军政大权主要由天平节度使、同平章事、侍卫马步军副都指挥使、东京巡检太原人韩通掌管。韩通性格刚愎，作威作福，众人不附，称为"韩瞠眼"。他的儿子韩微，有点驼背，人称"韩橐驼"，见赵匡胤到处收揽人心，常劝韩通早做提防，韩通不听。这时听到事变，韩通匆忙跑回家里，准备集众抵抗，结果被散员都指挥使王彦升追到家里，破门而入，连他妻子一并杀死。

诸将护卫赵匡胤登明德门，赵匡胤令军士解甲还营，他自己也回到点检府，脱下黄袍。不一会儿将士拥推着范质等人到来，赵匡胤还呜咽流涕说："我受世宗厚恩，为六军所迫，一旦至此，惭负天地，将若之何？"范质刚直，责备赵匡胤不该如此，还没等范质说完，散指挥都虞候罗彦环拔剑大喝道："我辈无主，今日必得天子。"范质等不知所措，王溥降阶先拜，范质等人不得已而从之，遂称万岁。

赵匡胤到崇元殿行禅代礼。召文武百官就列，到傍晚时，排班已定，只是还缺少禅位制书，翰林学士陶谷从袖子里掏出一张早准备好的纸献上，说："制书有了！"于是宣读制书，制书文是：

天生蒸民，树之司牧，二帝推公而禅位，三王乘时以革命，其极一也。

予末小子，遭家不造，人心已去，国命有归。咨尔归德军节度使、殿前都点检赵□□，禀上圣之姿，有神武之略，佐我高祖，格于皇天，逮事业宗，功存纳麓，东征西怨，厥绩懋焉。天地鬼神，享于有德，讴谣狱讼，附于至仁，应天顺民，法尧禅舜，如释重负，予其作宾，呜呼钦哉，祗畏天命。①

于是，宣徽使扶新天子在龙墀北面拜受，宰相又扶新天子升殿更衣，群臣拜贺。奉周帝为郑王，太后为周太后，迁居西京。随之，改元建隆，国号因所领节度使州名定为"宋"，大赦天下，大赏将士，遣使布告天下。

以上叙述的史料，来源绝大部分是南宋李焘编的《续资治通鉴长编》，其他书籍略同，尽管史官们一再为尊者讳，为本朝讳，然而，他们的责任感还是使他们在字里行间露出许多的可疑之处来。

———————————

① 《宋史·太祖纪一》。

第一，"点检做天子""出军之日将册点检做天子"的谣言是从何处散布出来的？既然宫中不知，民间疑惧，不是从赵匡胤集团中散布出来的又是谁呢？

第二，这件事情想必是早已预谋好的，镇、定二州的边警报告，也是赵普与赵匡胤等安排谋划的，不然，何以赵匡胤一做皇帝两路大军就无影无踪了，据说是"遁去"，实际上是"莫须有"。

第三，人员也都是早打好招呼的，不然，正月初一闻到边报，何以在第二天慕容延钊就能出发，第三天就能调集大军出京。

第四，所调诸将中，没有一个提出异议，真是一呼百应，其造谣、首倡鼓动、组织之人，恐怕早有安插。

第五，为什么偏偏众将都来找赵普等，而不直接去找赵匡胤？为什么赵匡胤偏偏这一天晚上醉卧不醒？

第六，黄袍是皇家禁物，若不是早有预谋，军中哪有现成黄袍？

如果是按一件有预谋的事来看，就顺理成章，赵匡胤弟兄和赵普、慕容延钊等密谋了很长时间，策划了二州的边报，意在让赵匡胤带出精兵，握兵在手，掌握兵变的主动权。此后又有意逗留在陈桥驿，派人到军中散布谣言，搅动军心。利用这种手段树立领袖，并非由赵氏首创，陈胜、吴广起义时，就曾以夜火狐鸣的方式传出"大楚兴，陈胜王"的话来。

及至军士起来之后，赵普、赵匡义等又假意拦阻，以坚众心，以排除赵匡胤甚至赵匡义、赵普等人的嫌疑，不至于遗臭万年。暗中又使人鼓动有进无退，以使士兵们觉得除了拥立到底以外没有退路。

在陈桥兵变中，赵普担当了重要的角色。他把将士们挑动起来，又假意劝吓军士，把自己和赵家兄弟的嫌疑挡了个干净。难怪匡胤即位后即任命赵普为右谏议大夫、枢密直学士。在后来赵普三次拜相的制文中，都着重强调了他的拥戴缔造之功，几乎等于公开承认了他在陈桥兵变中所起的主谋作用。

后人查初白曾有诗说："千秋疑案陈桥驿，一著黄袍就罢兵。"这里的罢兵指的是所谓的辽、汉之兵。诗意又似乎认为陈桥驿兵变是一件独一无二的事。其实，宋太祖兄弟和赵普搞的这个黄袍加身的典故，并非是由他们首创，五代时由军士拥立皇帝，已经成了习惯，陈桥兵变只是沿袭故事而已。

五代时的皇帝多由将士拥立。李嗣源受命讨邺城赵在礼，刚下令攻城，军士张破败忽然纵火噪呼，对嗣源说，城中之人何罪，不过是因为回不了家而已，现在应与城中合兵，请天子在河南为帝，而请您在河北为帝。李嗣源涕泣劝谕，乱兵呼道："令公不欲做，也是别人做，我们都是虎狼一样的人，别怪我们不识尊卑！"于是李嗣源只好听从士兵，做了后唐皇帝。唐废帝李从珂也是由军士拥立的。后周太祖郭威，开始为北汉大将，杀死汉隐帝，立了一个小皇帝，赶上契丹兵入滑州（今河南滑县东），郭威率兵北伐，至澶州，军士何福进等与军士大呼，越屋而入，请郭威做皇帝，有的人裂黄旗披到他身上，拥郭威南返，终于做皇帝。还有一些人拥立没成功的，如石敬瑭、杨光远、符彦饶等，又有三四起。凡是自唐朝后期以来，军士拥立主帅，将士拥立皇帝，已不算新鲜事。赵匡胤陈桥兵变，不过是郭威事件的重演，利用了这种习惯，达到了目的。

军将拥立皇帝，都是贪图富贵。一则回兵进京时，都是大肆杀掠，成为惯例，所以有人听说要册点检做天子，就吓得想逃避。所以赵匡胤有言在先，严禁杀掠；二是拥立之后，在拥立中有功的都得到封赏，不用冲锋陷阵即可得到高官厚禄。

赵匡胤当了皇帝，少不得也得来一通封赏，大赏拥戴之功：以石守信为归德军（河南商丘，即宋州）节度使、侍卫马步军副都指挥使；高怀德为义成节度使、殿前副都点检；张令铎为镇安节度使、马步军都虞候；王审琦为宁泰节度使、殿前都指挥使；张光翰为江宁节度使、马军都指挥使；赵彦徽为武信节度使、步军都指挥使；慕容延钊为殿前都点检、昭化节度使、同中书门下二品；韩令坤为侍卫马步军都指挥使、天平节度使、同平章事；掌书记赵普为右谏议大夫、枢密直学士，其官爵勋阶并从超等，又赐文武大臣、禁军大校袭衣、犀带、鞍马，等等。

另外，为了倡导忠义，将为后周而死的韩通赠为中书令，以礼殡葬，以表彰他临难不苟的行为。

第二章 国初智囊

一、从征李筠

赵匡胤是宋的开国皇帝，一般开国的第一个皇帝都称高祖或太祖，所以赵匡胤就被后人拟定庙号"太祖"。赵匡胤做了皇帝之后，他的弟弟赵匡义也就不能在名字中有与他重的字，于是改名赵光义。

赵匡胤做皇帝，并不是普天同庆、齐呼万岁的，尤其是一些以前与他并肩事周、一殿为臣的将领，有些资格年龄比他还老。这些人中，许多还是握有重兵、占据险要的方镇重臣，赵匡胤登基的诏谕传来时，他们有的感到震惊，有的感到害怕，更有的就忍耐不住，造起反来。因为他们都认为这是赵匡胤玩的卑劣勾当，欺负孤儿寡妇。

最先起兵反抗的是昭义军（今山西长治）节度使兼中书令李筠。李筠是并州太原人，有勇力，善骑射。历事唐、晋、汉、周四朝，战功累累，到周世宗时，加检校太尉，领昭义军节度，驻节潞州（今山西长治）。他手下精兵悍将甚多，其中有个儋珪，最为骁勇，使一条铁枪，神出鬼没，骑一匹拨汗马，日行七百里。

宋太祖受禅的消息传来，李筠痛心疾首，一腔怒火，按捺不住。宋朝廷分遣使者，四出晓谕各处节镇，告知代周建宋的消息，李筠一见使者，便要发作，左右的幕僚急忙劝他，说是天命有归，历数当然，既然已是事实，不如顺从。李筠因没有准备，只好勉强低头下拜。之后请使者升阶上堂，摆酒奏乐，他到底咽不下这口气，心想："你赵匡胤算什么东西？做下这种不忠不义的卑鄙勾当，却让我这老资格的元臣老将向你下拜。"于是饮酒中间，突然命人找出周太祖郭威的画像挂在墙上，对着画像痛哭流涕。众宾佐一看非常惊惶，害怕使者回去告诉赵匡胤，惹来灭门之祸，赶紧对使者说："老令公醉了，失去了常性，请勿见怪。"使者回来，当然一五一十地禀告太祖，而北汉主听说李筠心怀不满，赶紧写了蜡丸密书劝说李筠造反，并约一同起兵。李筠的儿子李守节涕泣切谏，说潞州一个小地方，难当中原之兵，不可轻举妄动。李筠虽然把蜡丸书信报告了朝廷，但反叛的决心已定，儿子的话他并没有听进去。

赵匡胤一面下手诏安抚李筠，一面任命李守节为皇城使。皇城使当然要驻在京城，这也是当人质的意思。李筠将计就计，就派李守节入朝查看朝廷动静。赵匡胤一见守节就讽刺说："太子来干什么？"守节听其语气不善，用头磕地说："陛下怎么说这话？肯定是有人说臣父子的坏话了！"匡胤说："我也听说你几次劝说，老贼不听你的，也不顾惜你，故意派你来，是让我杀你罢了。你可以回去对你父亲说：我没做天子时，你做什么我管不着，我现在既做了天子，你就不能让一让我吗？"守节回来告诉李筠，李筠越发加紧了行动。

建隆元年（960）四月十三日，李筠正式发难，一面命幕府起草檄文，历数赵匡胤不忠不义篡逆等种种罪状，一面逮捕了亳州防御使周光逊、闲厩使李廷玉，派人送到北汉主刘钧那里，并请求援兵，同时派兵袭取泽州（今山西晋城），杀了刺史张福。其时从事闾丘仲卿献计说："您孤军举事，其势甚危，虽然有河北为援，恐怕借不上什么力。大梁（指开封）兵甲精锐，难以对敌，不如西下太行山，直抵怀（今河南沁阳）、孟（今河南孟州），据虎牢关，驻洛阳城，向东争天下，算是上计。"李筠不以为然，自信地说："我是周朝宿将，和周世宗兄弟一般，禁卫军的将士都是老部下，必然倒戈来降。何况我有儋珪枪、拨汗马，何必担心天下？"

李筠造反的消息传到汴京，枢密使吴延祚对赵匡胤说："潞州岩险，敌人要是固守，不是一年半载可破的。但李筠一贯骄傲，头脑简单，我们迅速出兵攻击，他一定恃勇出战，只要离开老窝，就会擒住他。"于是赵匡胤派侍卫副都指挥使石守信、殿前副都点检高怀德率军进讨。匡胤嘱咐道："不要放李筠下太行，领兵守险，一定会打败他的。"①五月初二，又派宣徽南院使昝居润赴澶州巡检，派殿前都点检、镇宁军节度使、心腹将领慕容延钊，彰德军留后王全斌率兵由东路与石守信等会合，以郭进为洺州团练使兼西山巡检防备北汉。

北汉主刘钧听到李筠起事，连忙率倾国之众出援。李筠去迎见，刘钧命李筠赞拜时不必自述姓名，位置列在北汉宰相卫融之前，封西平王，大赏李筠部下。李筠见刘钧人少势弱，心中有些瞧不起刘钧，屡屡提到自己受周主厚恩，不忍背叛周主，意思不愿做刘钧的臣下。由于刘钧与后周是世仇，刘钧听了当然也不太高兴。李筠回去时，刘钧命卢赞监军，李筠又瞧不起卢赞，凡事自作主张，刘钧听说二人不和，又派卫融去调解，李筠留儿子李守节守上党，自率三万人马南下。

---

① 据《宋史·李筠传》。

　　五月二十一日，赵匡胤下诏亲征。以枢密使吴廷祚为东京留守，知开封府吕余庆为副；皇弟殿前都虞候赵光义为大内都点检；侍卫马步军都指挥使韩令坤率兵屯河阳。命令一下，许多人都大惊议论："又是一个大内都点检，是不是又要有一个点检做天子了！"赵普也在留守之列，但他托赵光义向太祖说情，请求从征，太祖说："赵普能穿得动甲胄吗？"说归说，但还是答应了。赵普向赵匡胤建议说："贼意国家新造，未能出征。若倍道兼行，掩其不备，可一战而克。"赵匡胤认为很有道理，于是命大军火速前进。此后，赵普一直在赵匡胤身边出谋划策，帮助指挥平叛战争。[①]

　　按照赵普的建议，宋军日夜兼程，飞兵前进。遇到一个山路险峻石头多、人马难行之处，赵匡胤亲自下马背起几块石头，众军将见状，都不敢怠慢，当日平为大道。此时，石守信已和监军李崇矩、高怀德等人在长平之南击败李筠军，斩首三千级，又攻下大会寨。太祖亲征，更鼓舞了宋军士气，大军数路合击，在泽州南大败李筠三万多人，擒获了北汉的河阳节度使范守图，杀死了卢赞，李筠势穷力孤，退守泽州孤城。

　　潞州的守军情况也不妙，李守节手下守城将佐纷纷越城出降，最后终于没法支持，李守节也献城出降，赵匡胤赦免他的罪过，任命为单州团练使。

　　李筠坐守孤城，情况日见窘迫，李筠的爱妾刘氏说："现在孤城危迫，破在旦夕，如果有马几百匹，尚可以冲出包围走保上党。上党城池深固，并且靠

─────────────

① 据《宋史·太祖纪一》。

近河东，易于求援，不比坐以待毙强吗？"①李筠认为有理，检点马匹，还有一千多匹。可是左右有的将士说，现在帐前之人，都说和大王同心，如果一旦出城，也许就会有人劫持大王降敌，那时就后悔莫及了。李筠因而未敢突围，终于丧失了最后的机会。

此时宋军攻泽州十多天不下，赵匡胤也很着急，问计于蓟人控鹤左厢都指挥使马全义，马全义主张并力急攻，缓则生变。赵匡胤接受了他的建议，命兵士死命攻城，马全义率敢死队先登，敌箭射中他左臂，鲜血淋漓，马全义拔箭进战，士气大振。赵匡胤也亲率卫兵跟上，六月十三日，城破。当城将破之时，李筠举火要自焚，爱妾刘氏也要跟着一起自杀，李筠因为她有身孕，让她逃跑，说万一将来生子，或可报仇。后来果然生了一个男孩，被李守节收养，成了李筠的唯一后代（李守节无子，三十三岁就死了）。

李筠死，卫融降，战事以宋军全胜而告终。回来论功行赏，赵匡胤特别提出说，赵普应该列在优等。这是对赵普在军事决策中起了重要作用的充分肯定。赵普因为赞画军事之功，被提升为兵部侍郎、枢密副使②，随后又赐给一所大房子，以示褒奖。

---

① 据《宋史·李筠传》。
② 以上据《续资治通鉴长编》卷一。

二、从征李重进

李筠反叛失败，反对势力并没有完全烟消云散，而赵匡胤更没有对掌握兵权的节镇们放松警惕。

成德军（今河北正定）节度使郭崇，听到赵匡胤的通知性谕旨之后，经常哭泣，监军陈思诲发来密奏，请赵匡胤早做处分。赵匡胤一面表示郭崇这人靠得住，一面派使者考察。郭崇听得使者来到，吓得惊慌失措。最后接受判官辛仲甫的建议，既然心里无鬼，又没有违法之事，只管像平常一样，善待来使，迎送尽礼，必能辩明白。郭崇依议而行，果然赵匡胤放了心，但郭崇却还不放心，他又提议入朝，放弃节镇，赵匡胤乐得收回他的权力，派亲信昝居润去坐镇镇州（即成德军）。

保义军（今河北保定）节度使袁彦，性情凶悍，及至听到禅代的谕旨，害怕大难临头，立即日夜缮甲治兵。赵匡胤恐他叛乱，派潘美去做监军，授权他相机处理。潘美单骑入城，谕令他朝见太祖，袁彦考虑再三，只好束装上路，由于表现好，赵匡胤不再怀疑他了。

尽管谨慎提防，尽量消祸乱于未萌，但另一场叛乱终于又爆发了，这次是以前屡屡提到的，在周时举足轻重的大将李重进。

李重进祖籍沧州，周太祖郭威的外甥，福庆长公主的儿子。本人生于太原，自幼随周太祖南北转战，屡立战功，广顺二年（952）即被任为大内都点检兼侍卫马步都军头。李重进比世宗年长，周太祖郭威死时，让李重进做顾命大臣，拜世宗以定君臣之分。世宗继位后，担任侍卫亲军马步军都虞候之职，在高平之战中起了重要作用。攻太原时，为行营马步军都虞候，回军后，加同中书门下平章事，改归德军节度使兼侍卫马步军都指挥使。世宗亲征淮南时，就是他和韩令坤等大败刘彦贞军马。后又多立大功，扬威疆场，因为长得黑，被人称为"黑大王"。南唐人只要一听见"黑大王"三字，就吓得闻风丧胆。后周得淮南，周、唐划江而治，留李重进镇淮南。世宗北伐取关南，李重进又从淮南到军前效力。恭帝宗训即位，加检校太尉，改淮南道节度。赵匡胤做了皇帝，采取明升暗降的办法，加开府的同时，却让韩令坤取代了他的侍卫都指挥使，又命他移镇青州（今山东益都）。早在世宗时，李重进看到赵匡胤多立大功，威望日高，就很忌惮，后来听说果然通过兵变当了皇帝，这个昔日与周皇室关系密切的老同僚知道自己的日子不好过了。听到让他移镇的诏令，知道这是削弱他势力的重要一步，心中造反的念头渐渐坚定起来。赵匡胤早已在他身边安插了奸细，知道他有了造反的想法，也就处处提防他。李重进请求入朝，以便试探赵匡胤的意思。赵匡胤颇有点打怵这个昔日的老上级，就让翰林学士李昉起草诏书说："君为元首，臣作股肱，虽在远方，还同一体。保君臣之分，方契永图，修朝觐之仪，何须此日。"[1]不让他来。李重进得诏，更加害怕，于是暗招人马，修浚城池，准备万一。

---

[1]《续资治通鉴长编》卷一。

当李筠起兵造反时，李重进派他的心腹翟守珣去与李筠联络。谁知翟守珣是个卖主求荣的家伙，他以前认识赵匡胤，回到京师时，就暗中跑到枢密承旨李处耘处，一五一十地讲了情况。赵匡胤得报后立即召见翟，问道："我如果赐给李重进铁券（皇帝赐给的免死牌），他会相信我吗？"翟回答说："我看李重进最终还是要反的。"赵匡胤重赏翟守珣，许给他爵位，让他回去务必设法稳住李重进，别让他和李筠南北同时闹起来，形成两面夹攻的态势。翟守珣回去，就力劝李重进养威持重，不可轻易起兵，李重进被他说服，延误了时机。

待到李筠败亡后，赵匡胤又回过头来对付李重进，让李重进去平卢（今河北卢龙）为节度使。估计李重进必然更疑惧，又派六宅使陈思诲捧了铁券去，安慰李重进。李重进看到李筠那么快就败亡，也不敢轻举妄动，见到诏书，就想随朝使入京。左右幕僚都劝他三思而行，此去凶多吉少，李重进犹豫不决，又考虑到自己是周朝廷近亲，最终还是不能为赵匡胤所容，于是决心造反。他拘留了陈思诲，大治战具，同时派人到南唐求援，南唐被赵匡胤打怕了，不敢应承。扬州都监安友规见李重进要反，知道一定失败，因此越城逃回京师告密。李重进怀疑诸将都和自己存有二心，命把几十名将佐都抓起来。这些军校都对李重进说："我们都食周禄，你既然想恢复周室，为什么不让我们效命疆场？"李重进不听，把这些将佐统统杀死。

九月二十三日，李重进造反的消息传到汴京，赵匡胤急召赵普商量。赵普不慌不忙地说："李重进守薛公之下策，昧武侯之远图，凭恃长淮，缮修孤垒。无诸葛诞之恩信，士卒离心。有袁本初之强梁，计谋不用。外绝救援，内乏资粮，急攻亦取，缓攻亦取。兵法尚速，不如速取之。"①

赵普胸有成竹，说出了李重进必败的原因：第一，李重进没有深谋远虑，没有战略眼光，仅凭淮河和扬州作困兽之斗，而没有想到占据全国最重要的战略要地如关中、潼关等；第二是没有恩信，一杯酒、一碗肉也不舍得给士兵吃，部下离心（这里说的诸葛诞是三国后期诸葛亮的族弟，当时在魏总督两淮兵马，后来因为司马昭擅行废立，于是起兵讨司马氏，最后终于失败）；第三是刚愎自用，像袁绍一样只重勇力，不会用智谋；第四是没有外援，只困守孤城，任你有多大本事，也难持久。因为没有外援必然内乏资粮，败亡是必然的，只不过早晚的事而已。赵普的分析正对赵匡胤的心思，坚定了他迅速出兵平叛的决心。即命石守信为扬州行营都部署兼知扬州府事，殿前都指挥使王审琦为副；李处耘为都监，保信军节度使宋延渥为都排阵使，出兵平叛。同时削夺李重进一切官职。不久，又下诏御驾亲征。

十一月十一日，石守信派人到御营前奏报说破扬州城就在眼前，请赵匡胤去到现场观看。这一天晚上，下达攻城令后，军士见皇帝亲临阵前，个个奋勇，一拥而上，登时城破。李重进见大势已去，全家人赴火自焚，扬州就此荡平。从李重进起兵到失败，总计不过四十八天的时间。

这一次自接到反报，赵匡胤首先同赵普商议，愈见赵普在赵匡胤心中地位之重要，对赵普的战略眼光更为器重。征李重进，赵普也在军中，宋太祖凡决定什么事，均与之商议决策。

---

① 《续资治通鉴长编》卷二。

三、金匮秘书

宋开国立基，头绪纷繁，百事待兴。赵普殚精竭虑，处处留心，提出了许多建议，帮助赵匡胤决定并处理了许多事情。在赵匡胤的母亲杜太后的眼里，赵普就像她的儿子、像赵匡胤兄弟的长兄一样思虑周密，办事稳妥，值得信赖。

杜太后是赵弘殷的正妻，定州（今河北定县）人。她虽是女流，但颇有男子胸襟，史称她"聪明有智度"[①]，她在政治上也很有见解，经常与赵匡胤谈论国事，参决大政。当赵匡胤黄袍加身后派人报告她时，她并不意外，只是说："吾儿素有大志，今果然。"[②]赵匡胤即位后，拜太后，众人都祝贺，太后却说："我听说皇帝挺难做，天子置身于亿万百姓之上，如果治理得法，这个位置就可以尊崇，如果不得法，即使想当个一般老百姓也办不到。所以我还很担心呢。"[③]

由于赵普与赵匡胤的特殊关系，杜太后一直把赵普视为自家人，多次嘱咐他要对赵匡胤兄弟多关照、多负责任。她称赵普为掌书记称惯了，即使他做了枢密副使，杜太后也一直叫他"书记"，如她说："赵书记且为尽心，吾儿未更

① 《续资治通鉴长编》卷二。
② 《宋史·后妃传一》。
③ 同上。

事也。"①她最宠爱三儿子赵光义，尤其嘱赵普多加指教，赵光义每次办什么事或者出行，都嘱咐道："必与赵书记偕行乃可。"每次出去都规定时刻。那时没有表，定时间就在日影盘上刻上标记，赵光义总是不敢过时不归。②

这一段时间，赵普不是追随在赵匡胤左右，就是和赵光义在一起。比如有一次，赵匡胤到天清寺去。天清寺是周世宗的功德院，因为周世宗曾为天清军节度使，所以得名。赵匡胤登基后，周恭帝宗训就穿了白衣服，乘轿子和宫人们到天清寺居住。赵匡胤到来，六宫都出来迎拜，其中有两个小男孩，官人抱着也拜，问是什么人，回答说是世宗的两个小儿子。当时宰相范质、赵普和潘美都在身边，赵匡胤问赵普等有什么看法，怎么处置，赵普毫不犹豫地说："去之。"即除掉的意思，独有潘美在后边倚着一根门柱低头沉吟。赵匡胤问他，他支支吾吾不敢答话，赵匡胤于是说："即人之位，杀人之子，朕不忍为。"潘美说："臣与陛下北面事周世宗，劝陛下杀之，即负世宗；劝陛下不杀，则陛下必致疑。"赵匡胤让潘美领回去，认做侄子养着，后来赵匡胤不再过问此事。③

从这件事可见，赵普对赵宋王朝真是忠心得死心塌地，这件事连赵匡胤都认为过分了。赵匡胤虽然没有采纳他的建议，但恐怕对他表现的忠心还是很赏识。

建隆二年（961）六月，杜太后病危，传令请赵普入受遗命。那么多大臣，

① 宋·司马光《涑水记闻》卷一。
② 据《续资治通鉴长编》卷二。
③ 据清·丁传靖《宋人轶事汇编》。

她只选赵普，可见她看重的是赵普与赵家不同寻常的关系，除此之外，也是看重了赵普的才干，早就认定了赵普是宋朝的辅弼之才。赵普到宫内问安已毕，杜太后问赵匡胤："你自己知道你为什么能得天下吗？"赵匡胤哭得不能对答，杜太后说："我是自己老死，哭是没有用的，我正跟你说正经大事，你怎么光是哭？"于是又问一遍。赵匡胤说："这都是祖宗、父亲和母亲的福荫。"杜太后说："不对。这是因为柴家使幼儿主天下，群心不附的缘故啊。如果周朝有年长的君主，哪能轮到你坐天下。你和光义都是我所生，你以后应当传位给你弟，天下太广大，能立年长的国君，是国家之福啊。"赵匡胤顿首说道："不敢违背太后的教导。"太后又转向赵普说："你一同记下我的话，不可违背。"于是赵普就在病床前立下誓书，并于纸的结尾处注明："臣普记。"赵匡胤把誓书藏于金匮，命精细谨慎的宫人保存。杜太后见一切做完，才安心无挂，乘鹤西去，享年六十岁。①

杜太后遗命赵匡胤把天子位传于弟弟，而十七年后果然太宗赵光义继承，这件事后代史家有的赞叹不已，以为尧帝把天下之位授让于舜，也不能过此。然而有些人却有些怀疑，即使赵普心里也不以为然。因为这违背了三代以来嫡长子继承制的宗法传统，易让来让去，引起内乱。所以后来太宗提起立太子是否应立弟弟廷美的时候，赵普就反对说："太祖让位，已经是失误，岂能一误再误？"于是太宗就不再提让位的事了。更有史家（如朱重圣）说，杜太后遗命与金匮誓书一说，压根就是赵光义和赵普二人捏造出来的鬼话，并且可以肯

---

① 据《续资治通鉴长编》卷二。

定赵普就是始作俑者。我认为，这么重大的事件，许多人都有记载，若不是太后遗命，赵太祖为什么不立自己的儿子为太子？所以，史载杜太后金匮誓书一事，实属事实，正是因为这样，之后才有斧声烛影之谜。

无论如何，杜太后遗命，召赵普而不召太宗，足可以看出，赵普当时于赵家地位非常重要，相当于一个特殊的成员。

四、收兵权

唐末五代以来，藩镇之权，越来越大，竟成尾大不掉之势，不但朝廷不能指挥，有时自作主张，擅行拥立，自行任命，有的自己老了死了，就传位给自己的儿子，或是由军士将佐杀掉另立，朝廷经常只能承认既成事实。更有甚者，有的藩镇反而挟制朝廷，废立皇帝，成为唐末五代祸乱之本源，国家之大患。这些藩镇上马管军，下马管民，专权一方，拥兵自重，钱粮不交国家，截为己有，生杀之权由己，作威作福，一方节镇，便是一个独立王国。竟致天下战祸连年，积重难返。国家四分五裂，百姓赋役繁重，刑苛法峻。五十年间，帝王换了八姓。宋定天下，即面临着如何使天下长治久安的严峻问题。杜太后临死不谈别的，单说立幼君难保社稷，也说明了这个问题的严峻，如果想长治久安，不能不想法彻底解决这个问题。对于赵普这个智囊来说，也是他应该考虑和解决的头等大事。

赵普对这个问题,可以说早就留意了,而且心中早就有了主见。

赵普曾经多次试探性地向太祖赵匡胤建议,一些功臣藩镇握兵太重,应该想法任以别的职务。建隆二年三月,殿前都点检、镇宁军节度使慕容延钊罢为山南两道节度使,侍卫亲军都指挥使韩令坤罢为成德节度使,收取了他们在中央的军权,这是一个很大的举措,恐怕与赵普的屡屡暗示说服也不无关系。这两个人都是功名显赫,握有最关键、最精锐的亲军之权的赵匡胤的亲信,虽然没有彻底削夺他们的兵权,但已是开了个头。从此之后,殿前都点检不再除授。

早在平定李筠、李重进叛乱之后不久,有一天,赵匡胤召赵普问道:"天下从唐末期以来,几十年里,帝王换了十姓,战祸连年,生灵涂炭,究竟是什么原因?吾想消除天下战乱,使国家长治久安,到底应该怎么做才好?"赵普回答说:"陛下您说到这件事,真是天地人神之福。这不是别的原因,而是方镇太重,君弱臣强而已。现在要想解决,也没有什么奇巧的办法,只要逐渐地削夺他们的权力,控制起钱粮,收取他们的精兵,天下自然安定无事了。"赵匡胤听到这里,迅速打断他的话:"你不用再说了,我懂了。"[1]

赵普的这一席话极为重要,其原话"惟稍夺其权,制其钱谷,收其精兵,则天下自安矣"经常被史学家们引用。这是赵普在宋初提出的具有极重大意义的决策之一,充分体现了赵普政治家的才略和手腕。

在此之前,赵普见石守信、王审琦等一班赵匡胤的老部下各执掌禁卫兵

---

[1] 据司马光《涑水记闻》卷一。

权，有些习气依然如故，深为担忧，跟赵匡胤说过几次，请把他们改任别的职务。赵匡胤听不进去，不以为然地说："这些人决不会背叛我，你担的什么心？"赵普说："我也不是担心他们反叛，但仔细观察这几个人，哪一个也不是统帅之才，恐怕不能制服他们的部下。如果不能制服部下，万一军伍中有作乱的，那时他们也身不由己了。"赵匡胤终于想通了。[①]

赵匡胤先要试一下自己的威信。当时，他虽然即位，但旧日弟兄尤其是那些有拥戴之功的方镇，如"十兄弟"等人，对赵匡胤还不是那么毕恭毕敬，还居功不逊，有时傲慢无礼。有一天，赵匡胤召集这些人，每人发给令箭，驰上马，不带随从，一直驰到固子门外大树林内，下马喝酒。三巡之后，赵匡胤开言道："此间无人，你们哪一个想当皇帝的，可以把我杀了自己做。"这些人一听话头不对，莫测高深，都吓得伏在地上战栗，赵匡胤越是和颜悦色地说，他们越是害怕——当然，谁知道林子周围埋伏了多少人马？赵匡胤又说："这么说，你们是真想让我做皇帝了。既然是真想让我做，那么你们就应该谨守大臣的礼节，今后不要傲慢无礼。"方镇都喊万岁，于是大醉而归。[②]

通过这次试验，赵匡胤确信了自己的威信，他就开始正式实行他的计划。这一天，赵匡胤把石守信、王审琦等一班功臣找来饮酒，正喝得高兴，他忽然愁眉苦脸，连连叹气，众将不知是什么缘故，都愣住了。在将领们的请求之下，赵匡胤屏退左右，推心置腹地对大家说："我如果不是各位相助，到不了

---

① 以上见《续资治通鉴长编》卷二。

② 据宋·王巩《闻见近录》。

这个地步，对你们的恩德，我没有一时忘怀。但是做天子也难得很，根本比不上做节度使的乐趣，我有时整夜都不能安眠。"石守信等一听，忙问是什么缘故，赵匡胤说："这有什么难知的，这个位子，谁不想坐呢？"石守信等一听，赶紧说："陛下何出此言，如今天命已定，谁还敢怀有异心。"赵匡胤说："并非如此。你们这些人虽然没有异心，但如果你们部下的人想富贵的，哪一天也把黄袍披到你身上，你想不干，能由得你吗？"众将一听，怀疑赵匡胤动了杀机，都扑通扑通跪在地上，叩头涕泣着说："我们头脑简单，没想到这里，只有请陛下可怜，指一条生路吧。"赵匡胤这才说："人生如白驹过隙，所谓想富贵的，也不过是想多积金钱，厚自娱乐，使子孙都富有而不致贫困。你们为什么不放弃兵权，出守大的藩镇，选好田好房子买下来，为子孙立下永久不动产业，多置歌儿舞女，天天饮酒享乐，以终天年？我和你们儿女之间结为婚姻，君臣之间两不猜疑，上下相安，不是很好吗？"众人听到这里，如同绝处逢生遭遇大赦一般，都拜谢道："陛下这样为我们打算，真是像俗话说的生死而肉骨一般。"第二天，都纷纷称有病，请求解除兵权。赵匡胤见一切顺利，非常高兴，所以抚慰赏赐特别优厚。随后，宣布石守信为天平节度使；殿前副都点检、忠武军节度使高怀德为归德节度使；义成节度使王审琦为忠正节度使；侍卫都虞候、镇安节度使张令铎为镇宁节度使……一律免除军职，只有石守信仍旧兼侍卫都指挥使，但也是有职无权，挂个虚名而已。这一次顺水推舟，连殿前副都点检都撤销了。①

---

① 据《续资治通鉴长编》卷二。

赵普和赵匡胤策划的收兵权，共分三步：第一步，就是上面这一幕，是收功臣之权；第二步，是收藩镇兵权；第三步，是收取地方上的精兵，强本弱末，加强中央，宿卫京师。

收节度使兵权的事情发生在开宝二年（969）十月初一。其手法、过程一如杯酒释兵权。此次赵匡胤是驾轻就熟，召诸路节度使会宴于后苑。在酒酣耳热、君臣无间之际，赵匡胤从容地，好像很随便地说道："你们都是国家勋臣宿将，这么长时间一直担负着繁重的任务，镇守着大藩巨镇，事务繁杂，不太合乎我优礼功臣贤士之意。"在座的前凤翔军节度使兼中书令王彦超此前早听说石守信等人的事情，也就明白赵匡胤的意思，即上前禀奏道："臣本没有什么功勋，久冒荣宠，现在衰老了，愿求这把老骨头归田园，这就是我的愿望。"一些节度使如武行德、郭从义、白重赞、杨廷璋等争相陈述自己攻战勋劳和艰苦等，赵匡胤淡淡地说："这是前一朝代的事，有什么可谈论的。"随后，以武行德为太子太傅，以郭从义为左金武卫上将军，王彦超为右金吾卫上将军，以白重赞为左千牛卫上将军，杨廷璋为右千牛卫上将军。一夕皆罢节镇。

收功臣兵权，旨在防止僭篡，其威胁来自都下甚至禁卫军；收藩镇兵权，旨在防止拥兵割据，其威胁来自四方。这都具有同等重要的意义。

赵普和宋太祖解除节镇、功臣兵权的过程，做得干净漂亮，不伤感情，不杀功臣，简直是前无古人，后无来者。自古以来，地方势力权力太大，对中央构成威胁的情况很多，中央也曾多次收削诸侯藩镇权力，但经常都要用暴力手段解决。不是地方势力起兵叛乱，武装反对削藩，就是中央为解除叛乱的隐患而大杀功臣。如西汉前期，晁错与汉文帝议削诸侯之权，激起了吴楚七国之乱，晁错反被杀死；明初建文帝登基后用大臣的计谋，议削藩王之权，激起了燕王朱棣的"清君侧"，还号称"靖难之役"，藩王的兵权没削掉，反而把自己的皇帝位子削掉了。有时皇帝很强硬，结果是功臣宿将大批遭殃。如汉初，为了怕藩王造反，杀掉了韩信、黥布、彭越等功臣；明初，朱元璋以谋逆罪名杀左丞相胡惟庸，废掉丞相职位，把六部权力收归皇帝直接掌握。同时被杀的还有不少人。不久，又以谋反案杀掉凉国公蓝玉及其党羽、亲属计一万五千多人。"胡蓝之狱"杀功臣宿将及其随从亲属总计三万多人。许多人无辜被杀，而这些皇帝也落下了残忍无义的坏名声。唐末及五代，藩镇割据跋扈比哪一代都厉害，但赵匡胤在与赵普密谋之后，于酒酣耳热、说交叙旧之际，谈笑间使各路功臣节度拱手而缴还军权，消数十年积弊而不伤君臣感情，真是高明，从而"宋太祖杯酒释兵权"之事，被历代史家传为美谈。但详论其原因，这漂亮的一手最初恐怕也是赵普提出来的，不过与宋太祖的行事方式正相符合而已。因为在此之前，赵普就曾多次劝赵匡胤将石守信等调离军职，而不曾说过要杀要除的话；赵普答太祖之问，也不过是"稍夺其权，制其钱谷，收取其精兵"，也没有说到杀人的手法。至于事情的执行过程竟如此顺利和巧妙，那就是宋太祖的才略了。

另外，收功臣兵权，赵匡胤还是有保留的，而赵普则要求做得彻底。拿符彦卿来说，这也是世宗旧人，资格比赵匡胤还老。他的女儿中有两个是世宗的皇后，有一个是皇弟赵光义的妻子。乾德元年（963）春天，符彦卿来朝，与赵匡胤在广政殿谈得旧情较浓。当时他已为天雄军（今河北大名）节度使，其人熟谙军事，善于治军，赵匡胤很佩服他的才干，与他的私人交情一直也很好，这一次就想让他留下总领禁兵。赵普当时已经是枢密使，他就明确表示不同意并极力反对。因为他知道符彦卿德高望重，与周世宗又有过那样紧密的关系，所以觉得万万不可。他说符彦卿名位已经极为崇显，不能再让他掌握兵权。屡屡劝阻，赵匡胤还是不听。赵匡胤把任命符彦卿典兵的诏书发下去，赵普又装在怀中求见。赵匡胤知道他是为符彦卿的事而来，问道："你不就还是符彦卿那件事吗？"赵普说："不是。"随后奏别的事，奏过之后，才从怀中掏出符彦卿的任命诏书递上去。赵匡胤说："果然又是这事，怎么宣诏落到你手里？"赵普说："您曾经委托我，凡是处理事情的批文有不周密的，让我再斟酌处理，所以我留下来，请陛下深思利害，不要以后再后悔。"赵匡胤说："卿苦苦地猜疑符彦卿，到底是什么原因？我待符彦卿恩义很厚，难道他会背叛我吗？"赵普一针见血地反问道："那么周世宗待您也不能说刻薄，您为什么就背弃了他呢？"一句话说得赵匡胤哑口无言。这件事到底被赵普制止了。[①]

赵匡胤在释兵权的同时，作为一种交换，提出了"结为婚姻"、做节度使、多养歌儿舞女、多买好房子好地、为子孙立永久基业的种种优待。为了兑现这些诺言，赵宋王朝给了他们丰厚的赏赐，大量的金钱。就功臣们来看，解除兵权之后仍然为诸镇节度使，但这时的节度使已经成为一个虚名，并不过问军政之事。但是，这也出现了一些问题。第一，这些人恃功倨傲，不服地方管辖，

① 据《续资治通鉴长编》卷四。

跋扈州县，如石守信在西京建崇德寺，雇老百姓搬运瓦木，也不给钱，致百姓怨声载道，而赵匡胤多加优容，权当不知，地方官也无可奈何。第二，他们名为节度使，但却不负实际责任，这样还要另派官员去负责，另去的人自然不能再叫节度使，而只能叫作什么官，"知某某府事"或"判某某事、判某某府事"，引起了官名和官制的混乱。第三，宋太祖优待功臣的结果，还造成了一种冗官冗禄导致冗费的问题；这些功臣的后代，也都给他们补个什么官，纨绔子弟，真负责任则害民，不负责任则耗禄俸，这些都成为宋朝一种财政负担。

赵匡胤为了兑现自己的话，有时非常地蛮横无理。比如宋太祖说与王审琦，要把自己的女儿嫁给王审琦的儿子王承衍。及至把王承衍召来之后，才知王承衍当时已经有了妻子乐氏。皇帝金口玉牙，出口之后便不想收回，但皇家公主去给人家做小老婆又是不可能的。王承衍推辞，赵匡胤不准，说："你做我的女婿，我要把乐氏再嫁掉。"不容王承衍分说，派御龙直兵四人把王承衍架到马上，送回家去，又把自己的女儿秦国大长公主送去成婚。然后对王承衍说："这回你父亲可以安心了吧。"[①]

五、枢密使

赵普得到杜太后的赏识，受到赵匡胤的器重和赵光义的尊敬，并非只是由

---

① 据《邵氏闻见录》卷一。

于他在滁州城侍奉了赵弘殷的病，主要是由于他的才干。

赵普在陈桥兵变、清流关之役、平定李筠和李重进之乱以及在释兵权等问题上的作用，显示他不仅是一介书生，也有处理军事方面问题的能力。这不光是在赵匡胤眼中如此，在宋初群臣中也已显露锋芒，从当时的高层的评价中也可以表现出来。

太祖登基之后，宰相仍然用的是周朝旧人。国初三相分别是范质、王溥、魏仁浦。赵普的卓越才干，给他们留下了深刻的印象。建隆二年（961）七月，范质上疏说："宰相者以举贤为本职，以掩善为不忠。所以上佐一人，开物成务。端明殿学士吕余庆、枢密副使赵普，富有时才，精通治道，经事霸府，历岁弥深，自陛下委以重难，不孤倚任，每因款接，备睹公忠。伏乞授以台司，俾申才用。今宰辅未备，久难其人，以二臣之器能，攀附之幸会，置之此任，孰谓不然。"①

这段话，自"赵普"二字之后，是对二人的评价，范质说的台司，指的是宰辅一级的职位，是推荐他们二人担任宰相、枢密使一级的重要职位。对于范质的推荐，赵匡胤"嘉纳之"，即高兴地接受了。

但是，赵匡胤没有马上任命，为什么呢？史书上没有讲，以当时的形势猜测，原因恐怕主要是两点：一是宋的天下不是自己打出来的，宋太祖为了稳定人心，上台以后没有大换班，没有任意地任命自己的心腹，多数用的都是老资格的官僚。赵普当年是四十岁，相比之下，年资还比较轻。第二是当时不缺宰

①《续资治通鉴长编》卷二。

相，倒是枢密使都是文官充任，没有一个刚猛有威的人任正职，赵匡胤心中已经有了一个人，这个人就是内客省使王赞。

枢密使是什么官？是枢密院的首脑。唐中叶以后，才有枢密院。原是宦官在宫内收发诏旨的地方。唐昭宗末年，朱温大杀宦官之后，用自己的心腹为枢密使，这是朝官任枢密使的开端。朱温篡位后，曾一度改为崇政院，成为皇帝与宰相之间的中间环节，这时办公地点还是在宫中，到后唐时，恢复枢密使之名，用郭崇韬、安重诲为枢密使，枢密使的权势盖过宰相，宰相成了虚名。郭崇韬为枢密使时，宰相豆卢革以下都趋炎附势；安重诲为枢密使，过御史台门时，殿直马延冲撞了他的前导仪仗，他就在御史台门前斩了马延而后奏。当时四方大事都是先报告安重诲，然后才是皇帝。后汉郭威为枢密使时，率兵平三叛回来，宰相王守恩没有步行出迎，只是因为坐了轿子，就惹得郭威大怒，即命令白文珂取代王守恩。这边王守恩还在那里等待和郭威会见，那边已来报告新的宰相上任的消息。所以在当时枢密使已相当于皇帝，不问皇帝就可以任免宰相。

宋初，赵匡胤以文官宰相魏仁浦兼枢密使，以另外两个宰相王溥和范质参知枢密院事，另以太原人吴廷祚为枢密使。由于宋太祖雄才大略，这些人又都是文官，所以都规规矩矩，枢密使的威势已远不如前。但是，到底是距五代时间不远，枢密使仍然是仅次于丞相的重要职务。枢密院专管军政，又叫枢府，宰相所居的中书省叫作政府，二府分掌军政，合称"两府"。然而中间也常有变动，如宋初宰相兼枢密使，也过问军事，后来分宰相权，宰相曾好长时间不管军事。

赵匡胤看中的王赞，在五代时曾做过河北诸州节度使。那时藩镇气焰张天，作奸犯科，连政府有关部门都不敢绳之以法。但王赞毫无顾忌，所到之处，毫不留情地揭露藩镇们的恶劣行为，赵匡胤就是看中了他这种威严果敢之气，能制藩镇武将，才准备让他任枢密使。在调用之前，先让他去做扬州军府事，准备回来就提升。没想到坐船去的时候，船翻人亡，赵匡胤叹息道："这是淹死了我的枢密使啊！"[1]

建隆三年（962）六月，赵匡胤改原枢密使吴廷祚为雄武军（今甘肃天水）节度使。临公布诏旨的前一天，赵匡胤特地召来吴廷祚对他说："你长期执掌枢务，年龄渐渐大了，很辛苦，现在给你秦州（即雄武军），使劳逸平均。明天就要宣布，怕你有什么疑问担忧之处，先给你说一声。"吴廷祚担任枢密使，总计共两年零五个月。

十月十七日，赵匡胤任命赵普为检校太保、充枢密使，同时任命原宣徽北院使李处耘为宣徽南院使、兼枢密副使。赵普从枢密副使、兵部侍郎升为枢密使，共经历了两年零两个月的时间。

赵普的任命制书是这样写的：

王者端居九重，驭朽敢忘于大业；躬决万务，坐筹思得于良臣。

而况肖曹故人，燕赵奇士，霸府早推于佐命，公朝允协于陟明。（具

①据《续资治通鉴长编》卷二。

官赵普）识洞化原，才优王佐。契风云之玄感，禀象纬之纯精。首参开国之功，实负致君之略。已升宥密，方隆乃眷之恩；未正枢机，岂称畴庸之典。俾膺重任，用奖元勋。尔其佐佑冲人，缉熙庶绩，无忝股肱之寄，勉伸帷幄之谋。往其钦哉，服我光宠。①

凡是任命官员的诏制，一般都要比较简要地概述该人的才能和功劳，说明进用的理由。这里的"肖曹故人，燕赵奇士"，把赵普比作像汉高祖的萧何、曹参，燕赵一带的俊彦。下两句是说赵普早就追随赵匡胤，处于幕府，参与拥立，朝廷上下一致认为进用他是应该的。"识洞化原，才优王佐。契风云之玄感，禀象纬之纯精。首参开国之功，实负致君之略。"是说赵普能够洞察精微，堪为皇帝辅弼；能够洞察未来，思虑精纯；参加了开国大业，负有致君于尧舜的谋略和才华。这些评价应该说并没有过分夸张，赵普确实当之无愧。从此，赵普就升到了宋朝廷决策的最高层，尽管他以前实际上已经参与决定最机密和最重大的事务，现在则已经名实相符了。

赵普为枢密使后，凡军国大计，赵匡胤都与他商量，多采纳他的建议。比如五代以来，节度使拥有相当宽的用人权。他们可以任意把自己的亲随任命为镇将，与县令分庭抗礼，凡公事都直接送到州里，不与县令商量，县令成了摆设。自建隆三年（962）十二月起，经赵普建议，由朝廷下令县里的事务要由县令做主，镇将只管城内的事，不管乡村的事务。

---

① 《宋宰辅编年录校补》。

六、雪夜决策

赵匡胤自即位以来，自己觉得天下得的有些不理直气壮，心中发虚，怕人议论，同时也怕部下不满或者搞阴谋，所以他经常自己一人私下便服出行，了解情况。有时还出其不意地来到大臣家里，使人提心吊胆。左右有人进谏说："陛下刚刚得了天下，人心还没安定，现在屡屡轻易出宫，万一有意外，后悔就来不及了。"赵匡胤笑道："帝王的兴起，是有天命的，求也求不来，推也推不掉。万一有意外变故，那也是天命注定，哪里能避开！周世宗见诸将长得脸方耳大的都杀掉，但我整天待在他左右，他也没能害了我。如果命里该当为天下之主，谁也谋害不了。若不应为天下之主，就是闭门藏得严严的，有什么用呢？"于是微服出宫的次数更多，并扬言说，有天命的，尽管就做天子，我不禁止你。这么一来，人们反而觉得他真是真命天子，谁也奈何不了他，人心反而安定下来了。

五代之时，改朝换代和更换皇帝如走马灯一样，民间还有许多谶纬书。这谶纬书中有许多内容是星象占卜、预言。许多人都预测下一个皇帝出在哪里，叫什么名字，还给自己或自家儿子起这个名字。现在流传的据说是唐袁天罡作的《推背图》即是其中一种。赵匡胤做皇帝后，非常忌惮这些东西，曾问朝臣如何杜绝人们相信这些东西。不待群臣想出好办法，他就做出了决定：既不焚书，也不抓人，只是使人将这类书收上来，加以变乱篡改，大量印行，自然就没有应验，也就不消自灭了。①

赵匡胤去功臣家去得最多的就是赵普家，因为赵匡胤经常思考国事，即使退朝之后也继续思考，倘若决定不下，就去找赵普商量。赵普因为皇帝经常突然来到，为避免忙乱，所以退朝之后，常衣帽也不敢脱，直等到夜深之后，觉得确实不会来了，才去睡觉。有一天晚上，外面下了大雪，到夜间，赵普以为皇帝肯定不会来了，就想休息，没想到这时忽然有人敲门。赵普开门一看，外面纷纷扬扬的大雪之中，立着当朝皇帝，都成了一个雪人。赵普诚惶诚恐地迎拜，接入房中。赵普说："这么大的雪，陛下怎么不注意休息？"赵匡胤说："不但我来，我弟弟光义一会儿也来，都约好了。"不一会儿，果然赵光义也到了。三人就在赵普堂中铺上厚厚的褥子，烧起炭炉烤肉吃。赵普的妻子和氏（时魏氏已死），赶紧出来招待，为赵匡胤等斟酒上菜，赵匡胤说："不速之客，打扰你们了。"过了一会儿，赵普试探着问："夜深又这么冷，陛下来有什么重要事吗？"赵匡胤说："我睡不着啊，现在除了一张床之外，都是别人家的，所以来找你聊聊。"赵普知道赵匡胤是考虑平定天下的事，也知道他已考虑了好久，可能已经有了一定的想法，于是说："陛下是嫌您的天下还小吗？南征北伐，现在是时候了。您可能已经有了成熟的打算，我想听一听。"当时宋朝南有南唐、吴越、后蜀、后汉、南汉、南平等国和周行逢在湖南、留从效在泉州漳州的割据。北面有强大的契丹人建的辽朝，中间隔着一个北汉，都城太原。平天

---

① 据《宋稗类钞·君范》。

下，主要指平定这些割据政权。赵匡胤说："我打算先打下太原。"赵普听了，半天沉吟不语，然后才说："臣没想出这是为什么。"赵匡胤问他的想法，赵普说："太原挡着西北两边，如果一举攻下，则两边的敌对势力就要由我们抵挡了。为什么不暂时留着它，等削平南方各国之后，那么个弹丸黑痣一点的地方，还能往哪里跑？"赵匡胤笑了说："我的意思也正想这样，正所谓英雄所见略同，刚才不过是试探你罢了。"于是，先南后北，削平十国的决策就这样决定了。①

这仿佛是刘玄德三顾茅庐，诸葛亮隆中决策。赵匡胤是将帅出身，雄才大略，与赵普意见一拍即合。日后平定诸国，基本上是按这夜的决策进行的。

七、平定荆南

雪夜决策之后，宋朝按照既定方针，开始了扫荡南方割据政权的斗争。而在赵普枢密使任内主持的最重要的军事活动，就是平定荆南和湖南的战役。

所谓湖南，就是南平。唐末朱温在建立后梁政权时，其势力已扩大到荆州，他在即位之初派高季兴去做荆南节度使。高季兴到荆州不久，又占有归、陕二州，后唐初年被封为南平王，从此该地也成为一个独立王国。由于兵少地小，他仍然对周围各称帝的国家"所向称臣"。当时荆州是南北交通枢纽，商

---

① 据《邵氏闻见录》卷一。

人经过，他们时常半路劫掠，如果各国去信谴责，他们又会毫无惭色地把货物退回来，因此被称为"无赖子"。南平是十国中最弱小的一个，政治经济的中心是江陵（今湖北江陵）。高季兴后来封为南平王，因而称为南平。高季兴死后，由其孙子高从诲继领爵位，高从诲又传他的儿子高保融，高保融传位给他的弟弟高保勖，高保勖再传位给高保融的儿子高继冲。高继冲年龄很小，不会处理什么国家大事，因此一切民政方面的事务都委托节度判官孙光宪，军事方面的事务委托给衙内指挥使梁延嗣。

南平的南面就是楚地。原来孙儒的部将马殷在攻占潭、澧、衡、道等二十几州之后，被后梁封为楚王。马殷死后，诸子纷争，南唐乘机出兵灭掉楚。不久，楚的旧将周行逢又把南唐的军队赶走，控制了潭、朗、衡、永等数州土地，这一带依然是一个小独立王国。当时的治所在武陵（今湖南常德），相继向周、宋称臣。周世宗时，封周行逢为朗州大都督兼武平军节度使，管辖湖南全境。宋初，赵匡胤无暇南顾，让他仍领旧职，并加封中书令。

建隆三年（962）九月，周行逢病重将死，召集亲信将吏，把十一岁的儿子周保权托付给他们，说："我从一个农民当团兵，同时有十人，现在都死了，只有衡州刺史张文表还在，因为没有得到行军司马的职位，常心怀不满，我死之后，张文表必然造反，届时要请杨师璠来讨伐他。如果胜不了他，没有别的办法的情况下，就干脆归顺朝廷。"这位杨师璠是周行逢的同乡加姻亲，在周行逢手下任亲军指挥使，屡有军功，深得周行逢的信任。

周行逢的死，是在赵普被任命为枢密使的前一个月。周行逢死后，周保权领留守事务，张文表听到消息后果然大怒，说："我和周行逢都是起于微贱，立功名，现在决不能向着北面去伺候一个小孩子！"正在这时，周保权派兵换防（当时叫更戍）永州，路过衡阳，张文表就派兵截杀，袭取了潭州。当时有个司马名叫廖简，在潭州担任留后，平时极瞧不起张文表，根本不做准备。张文表叛兵快要到了的消息报来后，廖简正在大摆酒宴，根本不放在心上，还对别人说："张文表一到就抓起来，怕什么？"结果张文表兵到的时候，一座人都喝得东倒西歪，那个廖简连弓箭也拿不稳，只好坐在地上拍着腿大骂，结果都被杀死。①

张文表造反的消息传到武陵，周保权派人请杨师璠领兵抵挡，并把周行逢临死时的遗言说了。杨师璠和军士们都很感动，愿意出死力御敌。周保权一面向荆南求援，一面请宋朝出面干预。

实际上，赵匡胤早就想对荆南下手，苦于找不到借口。卢怀忠出使荆南，赵匡胤曾经特地嘱咐他，让他了解那里的政治、人心以及山川地理情况，回来汇报。卢怀忠经过侦察访问，回来说："高继冲军备虽然很整齐，但充其量不过三万人马；虽然庄稼丰收，但老百姓却还是被横征暴敛搞得困苦不堪。荆南南通长沙，东拒建康，西迫巴蜀，北奉朝廷，观其形势，且不保夕，要取它是很容易的事。"赵匡胤听了很高兴，对范质等人说："江陵是个四分五裂的国家，现在我们用'假道灭虢'之计，顺便攻取，没有不成功之理。"于是任命山东道节度使兼侍中慕容延钊为湖南道行营都部署，枢密副使李处耘为都监，派出

---

① 据《续资治通鉴长编》卷三。

使者调发安、复、郢、陈、澧、孟、宋、亳等十一个州的兵士会于襄阳，要讨伐张文表。行前，赵匡胤暗召李处耘，面授机宜，让他实施"假道灭虢"之计，同时放出烟幕弹，封高继冲为荆南节度使。

慕容延钊这次是扶病出师，坐在轿子里指挥。李处耘与他会合后，先派阁门使丁德裕跟荆南高继冲说明大军借道之意，并请出城犒军。高继冲和幕僚商量之后，觉得宋军可能不怀好意，于是托词说怕老百姓害怕，愿意出城百里外供应粮草。李处耘又派丁德裕再去重申前议，孙光宪和梁延嗣请求高继冲答应李处耘的要求。兵马副使李景威说："现在宋军虽说借道以收湖湘，但看形势，与其说是讨张文表，还不如说袭击我们的可能性更大。我愿效犬马之力，借兵三千，在荆门中道路险要处设下埋伏，等他们夜间行军时发兵攻击他们的上将，宋军必然退却。那时候再出兵收服张文表献上朝廷，您的功业就大了。不然，恐怕有摇尾乞食之祸。"高继冲说："我们家族年年供奉朝廷，肯定不会有这种事，你不要多心，况且你又不是慕容延钊的对手。"李景威又说："相传江陵各处有九十九洲，若满百则必然有真天子出现。自从武信王初年，江心深浪之中忽然出现一洲，满了百数，这也不是好兆头啊。"孙光宪对高继冲说："景威不过是峡江的一个老百姓，懂得什么成败。再说中国自从周世宗时，就已有混一天下之志。宋朝以来，规模建制，更加宏远。这次伐张文表，简直是泰山压卵，湖湘既平之后，还会又借道而去吗？不如干脆早早归顺朝廷，撤去关防，封起府库，才可以免受祸患，而您也不失富贵。"高继冲认为说得有道理。李景威知道事情大局已定，于是自己扼喉而死。高继冲随后就派梁延嗣和叔父掌书记高保寅牵牛担酒来犒军，并且探听宋军的意图。

李处耘和慕容延钊见到梁延嗣等，很是客气，请他们先回去。梁延嗣等一看，觉得宋军没有恶意，很是高兴，派人回去对高继冲说可以放心。慕容延钊请梁延嗣等在帐中喝酒，暗中却使李处耘率精兵数千赴江陵城下。高继冲开始还在等梁延嗣等人的回音，没想到等来了宋朝的精兵，只好战战兢兢地出迎，李处耘并不停步，他让高继冲在城外等待慕容延钊，自己却率兵直入江陵，控制了各要害地点。高继冲愈加害怕，随即求见慕容延钊，交出牌印、户籍、地图等，共计三州、十七县、十四万二千三百户。[①]

宋军顺利收取了荆南，又发兵日夜兼行，直趋朗州。

再说张文表一听宋军来讨伐他，他也非常恐惧。于是贿赂宋使说，自己并没有造反，只是奔丧往朗州，路上廖简无端羞辱，因为太气愤而杀掉了廖简，请宋使代为解释。宋使赵璲很高兴，派人对他说可以接受他的归顺。恰在这时，杨师璠的讨伐军也打破潭州，捉住了张文表。他们发现宋朝廷使节有保全张文表的意思，怕张文表一旦得了势再报复，这些人就都没有活命了，于是抢先一步斩了张文表，并一块一块地割了他的肉吃光。等赵璲随后跟着进城，已经迟了。

宋军南下的消息使湖南上下大惊。周保权、杨师璠等人召观察判官李观象商议，李观象认为，向宋朝廷请兵，为的是讨伐张文表，现在张文表已死，宋军来势更猛，这明显是要取湖湘之地。以往依为唇齿的南平政权已经束手归

---

① 据《续资治通鉴长编》卷四。

降，朗州自己无法抵挡，不如纳土请降，还能保有富贵。周保权本想听从，可是指挥使张从富等认为，当年周郎以三万兵破曹操数十万人，而现在湖南之兵不止三万，而慕容延钊之兵又不如曹操，应该一战，不能束手投降。由于主战派势力大，战争就不可避免了。

慕容延钊先派人去安抚，张从富等拒之门外，拆毁桥梁，沉掉舟船，伐木塞路，安排固守。宋太祖派人对周保权等说："你们请师救援，所以发大军来挽救危难，现在群丑已灭，是对你们有大恩惠的，为什么反而抗拒王师，自取灭亡呢？"但周保权被左右劝说，不肯投降，宋军遂开始进攻。

慕容延钊首先派兵进攻岳州，于三江口大破湖南军，斩首四千多级，获船七百多艘，占领了岳州。接着，李处耘在澧州南击败张从富等，捉了不少俘虏。李处耘挑了几十个胖的，让左右军士杀了分吃，而其他少壮的都刺了面放回朗州。城内人听到消息，非常恐惧，于是纵火烧城，连城中居民一起逃向山谷。李处耘兵入朗州，擒张从富，枭首；捕获周保权，于是湖南平。共收取十四州、六十六县、九万七千三百八十八户。①

荆南和湖南二处，高继冲投降，宋朝仍命他为荆南节度使；周保权反抗，落得兵败将亡，自身被俘。这两种做法两个下场，给了其他国的君臣们极大的震动。

---

① 据《续资治通鉴长编》卷四。

第三章　十年独相

一、荣拜宰相

从前，天子尊敬三公，凡是宰相拜见天子或奏对，皇帝都是备座请他们坐下，有大的政事，都是坐下来讨论，讨论完了，皇帝都备茶，喝完之后告退。这就叫作坐而论道。凡是发号施令颁布任命以及赏罚废置，只要是已经决定的文件，批个"可"就颁布下去。唐和五代基本上没有变动。

宋初，用的宰相范质、王溥、魏仁浦等都是世宗旧人，本不是赵匡胤自己提拔起来的，范质等人因为这个原因，总是特别谨慎，凡事战战兢兢，生怕说错了话，办错了事，因此，他们都是考虑成熟之后，写成札子（书面奏折）呈上，回去再研究赵匡胤的批复，然后几个宰相一起签名，颇有点公证的意思。他们对赵匡胤说，只有这样，才能"尽禀承之方，免妄误之失"。实际上只是循规蹈矩，明哲保身，免过避祸而已，一不做什么主张，二没有什么建树，真正对重大制度、政策起策划、决定作用的还是赵普、赵匡胤。

这么一来，皇帝与宰相之间的距离也就拉开了，那种当面你来我往的谈论交流也就没有了。什么事都是书面报告。书面报告越来越多，时间过中午了，文件还批不完，早朝也不散，自然也没有喝茶的工夫了。一天，宰相递上奏本札子，赵匡胤假意说："我眼睛有些花，字看不清楚。"宰相们一听，赶紧上前指给皇帝看，解释是什么字，等他们回来时，赵匡胤早已嘱咐人把他们的座位撤掉了，这样，不但没有了赐茶之礼，而且也不可能坐而论道了。座位的撤除，是中国历史上宰相地位降低的一个重要标志。

乾德二年（964）正月，范质、王溥、魏仁浦三人两次上表请求退休。其中魏仁浦还以有病为由，赵匡胤亲到他的家里探望，赐黄金二百两、钱二百万。赵匡胤回来后，同意了他们三人的要求，三人在同一天、同一张制（皇帝指示）上宣布免去宰相职务。制中对三人的才德功劳做了充分肯定，说罢去政务是"以逸待劳，宜举优贤之典"。

事实上，三人解职的原因，还要归到那一句老话上去，就是一朝天子一朝臣。在赵匡胤这边，觉得他们不得力，对他们也有所顾忌，疙疙瘩瘩。在赵匡胤兵变返城，兵士拥来范质，逼范质等承认既成事实时，范质不服，还斥责讽刺了赵匡胤几句。而在范质等三人方面，也是心存忌讳，提心吊胆。按年龄来看，范质当年是五十三岁，魏仁浦约五十九岁，王溥最年轻，才四十二岁。显然，同意三人辞职，并不是年龄太老的问题。话说得挺客气，冠冕堂皇，"日有万机，安可久烦于旧德？"实是大家都客客气气，好合好散而已。三人为宋相恰好四年。

三相罢后，旧去新来，这新来的便是久已参决军国大政的赵普。任命赵普为相，不是在三人罢相之前，也不是在罢相同时，而是隔了一天。中间这一天，朝中无宰相，以太子太师侯章为文武班头。到第二天，拜赵普为门下侍郎、平章事、集贤院大学士。同时，改原任宣徽北院使、判三司事的李崇矩为枢密使。宋时宰相都带"平章事"三个字。由于三相俱罢，朝中没有了宰相，这就产生了一个问题：一般任免官员，都要有行政首脑来签署任命书，叫作署敕，平时都是宰相署敕，没有了宰相，就没有人署敕。赵普来到宫中，跟赵匡胤谈这个事，赵匡胤说："你就提交敕书，我来署敕，不行吗？"赵普说："这是行政机构的事，不是帝王做的事。"赵匡胤只好让翰林学士们根据旧的典故提出办法。陶谷建议说："自古辅相没有空位的时候，只有唐代太和年间，甘露之变后几天内没有宰相，当时左仆射令狐楚等办理制书。现在尚书也是南省长官，可以署敕。"窦仪则说："陶谷所说不是太平时期的处理办法，而是非常时期的事，不足为据。现在皇弟为开封尹、同平章事，也是相当于宰相。"赵匡胤觉得有理，所以，赵普的宰相任命书是赵光义签署的。制书说：

> 阅散同功，归马遂隆于周道，萧张协力，断蛇因肇于汉基。必资佐命之臣，以辅兴王之业。（具官赵普）功参缔造，业茂经纶。禀象纬之纯精，契风云之良会。洎赞枢机之务，屡陈帷幄之谋。沃心方仁于嘉猷，调鼎宜膺于大用。俾践台衡之任，仍兼书殿之荣。尔其罄乃一心，熙于庶绩。君臣相正，勿忘献纳之规。凤夜在公，勉致隆平之化。往服休命，无愧前修。①

这篇制文，与范质等三人罢相的制文在语气上有很大的区别。范质等人的制书中，用语华丽，但许多是客套话。而赵普的制书中，却有许多实际内容，

---

① 宋·徐自明《宋宰辅编年录》卷一。

充满了热情和期望。文中再一次把赵普比作汉高祖的左辅右弼萧何和张良，并且断言，必须凭借着佐命之臣，才能辅起兴王之业，极言赵普参加了缔造宋朝的活动、建立宋朝制度的伟业以及赵普具有的极高的素质，并表示怀着殷切的心情等待着这位治国良臣。尤其最后，希望赵普在相位上一心一意，建功立业，进谏献谋，使宋朝达到"隆平之化"，像以往一样，无愧于前一段时期的贡献。

过了不久，又命赵普为监修国史。这里的监修国史，并不是平常意义上的主持编修国史，而是代表一种官位。宋朝因袭唐和五代旧例，用宰相分领三馆，三馆分别是昭文馆、监修国史、集贤院。这三馆也标志着宰相的不同地位，加有昭文馆大学士的是首相，其次一级的宰相是监修国史，集贤院大学士是最低一级的宰相。赵普初任集贤院大学士，是最初级的宰相，但由于没有另外的宰相，实际上已经相当于首相。进监修国史，在名义上更上升了一步。

赵普的升迁，许多都是破例而行。赵普任枢密使时，不带本官，已经不属常例；登用宰相，没有宰相署敕，又是史无前例；而加监修国史，也是破例。因为以前宰相兼职，都是既有宫内皇帝的诏命（称为"内降处分"），又有敕，而赵普升迁，只用敕。并且，由集贤院大学士进阶监修国史，中间没过几天，可以说是尽破常规。

赵普从宋朝初以右谏议大夫、枢密直学士升到一人之下、万人之上的相位，总计只经历了四年时间。赵普独任宰相，从乾德二年（964）到开宝六年

（973），共十年。这十年中间，史称"太祖宠待赵韩王如左右手"①，"事无大小，皆决于普"②。也就是说，这十年间朝廷上无论大小事情，都是在赵匡胤和赵普二人主持之下决策并施行的，一些一般的事情，更是统由赵普处理。这十年，是赵普对宋朝影响最大的十年，也是他极力施为，建树最多的十年。以前，他总是在幕后"屡陈帷幄之谋"，现在，他已经到了台前发号施令、大展经纶了。

二、考绩百官

自陈桥兵变到赵普拜相，整整四年。这四年应是新朝廷建立制度、革故鼎新、内修政理、外平天下的时期，也是宰相们所应该着重从事的事情。然而，从范质、王溥等人的罢相制文上，我们并没有看出他们对这些重要的事情有什么具体的贡献，甚至没有提到。其实，这不是漏掉了，或是简略了，而是根本没有。制文给范质的评价是："贞规镇俗，清德服人"；对王溥的评价是："经纬全才，缙绅雅望"；对魏仁浦的评价是："素通儒术，兼练武经。"对三人总的评价是："而皆挺金石之淳诚，廓江湖之伟量。夙夜匪懈，知无不为，佐予开创之基，赖尔缉熙之绩。"③总之，都比较笼统而空泛，没有谈到以上我们列举的四个重要方面的建树。

① 司马光《涑水记闻》卷一。
② 《东都事略·赵普传》。
③ 徐自明《宋宰辅编年录》卷一。

事实上，宋朝虽是由对旧朝廷和平篡夺权力而建的，但初期仍然是万机待理，百事待举。因为后周本身就不是一个制度完备、井井有条的国家，而是从战祸连年的环境中草创的。虽然周世宗很有才干，但限于当时的环境，其主要精力还要放在南征北讨的战争上面，而文化和民政则几乎无从谈起。战争就要倚仗兵将，当时的地方官员基本全由武官担任，所谓的节度使、刺史都是方镇，理民常用军法，升官全凭战功，并且根本没有统一的考核办法。因此地方官员只知榨取百姓，不想为民造福，即便是宋朝开国以后，这种情况也没有很大的改变。

赵普上任伊始，当然要抓纲治国。他认为当时的当务之急，就是整顿皇纲，将一切官员职事理顺。所以他在上任不久，即向赵匡胤上了一个重要的正式奏折，大意说，我近日承蒙圣上安排，使居相位，任重才轻，对这份荣耀感到担心，怕有负重托。我听说，宰相上符乾象，下代天工，调六气使各得其所，举百职而各尽其责，佐国君稳居金殿而致天下太平。如果不是这样的人才，何必用他为相？臣自从荣膺宠命，如履薄冰，冥思苦想，打算援引古代的经验，施于今日，于朝廷的远大作为，少加助益。陛下自承天命，南征北伐，开业之初，困难在于建立统一天下的王业；平定之后，最重要的就是整顿皇纲……现在太平的根基已经打牢，而致力于强盛的事业则刚刚开始。臣幸逢盛世，担当重任，领俸禄已久，贡献却不多，本无宰相之才，权居宰相之位，皇恩这么厚，我这么碌碌无为，于心不安。但愿晚上勤加思考，白天付诸实行，提出可行的建议，撤除妨民的弊政，潜心地追求古代的治国成功经验，以符合上天之意。我认为，治国以用贤最为重要，用贤以磨砺和考验最为重要，而厉试以责功（规定完成的任务，责成其实现）为第一，责功以较考（检验核查）最为关键。况且，三考的规矩，起源于尧舜，四善的科条，早就有所规定。在太平盛世的时候，用考核来激励官吏，也包括公卿，从近代以来因循，只是限于州县。这就导致当官的只管领薪水，没有区别贤愚的根据，冒宠的、挟私的，赏罚有泛滥之弊。有的官职是设置了，但事却没有人办，只知道在官场上奉迎，或在官阶上进进退退，而应负的责任却没人抓起来，人们都苟且偷安。如果不按旧制度来考核，恐怕要误了国事。臣打算请求自今后任命节度使、防御使、团练使、刺史以及各级武官，都要有战功才行，凡公事除了责成官吏管起来之外，请从宰相、百官及于宾客僚佐等，都每年建立考核记录，以仿效古代，淘汰不称职的，提拔贤才，劝勉奉公勤政，各负其责。倘若年考制度得以执行，则太平之期指日可待，有关考核事宜，请考功的部门详定条例。

由上述赵普的章奏中，我们可以看出，当时还没有一种有效的考核机制，有官职却不办事，升迁就凭着冒功邀宠和裙带关系。赵普要建立一种考绩制度，以当官的政绩作为考核依据，使官员各尽所能，各负其责，人人怀励精图治之心，以达到天下大治的目的。

赵普当时刚刚为相，正受信任，言无不听，计无不从，奏章上去，当然批准。因此，就在这一年，发布了一系列整顿官僚机构和关于官吏选拔的诏令。

如在赵普任监修国史的第三天，就下诏说廷尉断狱，秋曹详刑，这是旧有的制度，唐代长兴初年，又规定了大中小事的区别，后周广顺年间，又规定不许中书省自己决断。这些规定都还在，可以遵照执行。但近年来由于有关部门失职，都把案子交给皇帝最后审定。从现在起，凡各道来的奏案，一律由大理寺审决，刑部复查，各按旧制，两司的官吏干得好的，年岁满了就可以升迁，干得不好的重重加罪。

又过了几天，下诏凡州县官有昏、老、病者不能负起责任处理政务的，命判官和录事举报，而判官和录事能否又由州县长官负责纠举；

二月初一，窦仪等人提出了新定四时参选条件；

二月十五日，规定今后藩镇带平章事退休者在朝会中的位置；

二月二十日，重申后周广顺年间关于州县官的考选条例；

七月，中书门下进呈重评定翰林学士承旨陶谷所议的少尹幕职官参选条件，赵匡胤予以批准颁行……①

这一切，都是根据赵普的奏议和在赵普的主持下制定和颁行的，这使宋初官制和国家机构逐渐走上了有序和正轨，国家官吏的选拔也逐渐有章可循。

----

① 据《续资治通鉴长编》卷五。

三、收财权

赵普为相之后，以天下为己任，仍然把根绝藩镇割据之祸、安定天下作为一项重大事情，一抓到底。按照"稍收其权，制其钱粮，收其精兵"的既定方针，在他为相之初，即开始了收财权的行动。

从某种意义上来讲，收功臣藩镇兵权，只是一项应急措施，也是一项治标的办法。收财权的重要性并不亚于收兵权。藩镇们在地方，如果继续握有财权，他仍然可以随时收买将帅，蓄养死士，威胁官府，专断一方。收财权，乃是从根本上釜底抽薪、强干弱枝的一项措施。

自唐天宝年间（742—755）以来，方镇为保有重兵，就多把地方税收截留，以地方财政收入养兵，称为"留使""留州"。五代时方镇权力更大，截留的更多，并且多立名目，无限制地搜刮百姓，横征暴敛以肥己。凡是税赋之官，都用心腹人担任，使重要得力官员主持，除了上缴的一部分之外，全部留用，或者私征财货，名叫"贡奉"，作为私赏。结果使中央政府财政日趋枯竭，枝强干弱的局面积重难返。

宋朝初建，还是沿袭旧制，各路官员和镇帅来朝，都向朝廷交纳贡奉。赵普入相，决心解决这个问题，于是，在乾德二年（964），命各州自当年起，每年收农民的租和各种税收，除官府公用者之外，凡缗帛之类，一律送往京师，如果官府没有牛和车，就租用农民的来运输。

乾德三年（965）三月，又重申旧命：各州度支经费外，凡属金银、布帛之类，一律送往京都，不得占留。

以上命令的下达，只能说是朝廷的要求和意愿，至于真正能否达到目的，还要看下面官员的执行情况。可以想见，由于五代以来的风气，方镇们是不愿意执行这道命令的，对于此，赵普的对策是设立专门的官员管理此事，由于这种官员主要负责把地方上的钱粮转运到京师，所以，这种官就是转运官，为朝廷总揽利权。开始一般叫作"勾当某路水陆计度转运事"，官高的叫作"某路计度转运使"，到后来成为一种固定的官职，统称为"转运使"，如果负责两省以上，称为"都转运使"。后来，财粮的转运管理成为一个庞大的系统工程，仅转运使显然是力不能周，所以又在转运使之下设置诸路副使、诸路转运判官、同勾当转运事。同时制定了严密的制度，明确的职责。中央不时地还要派出朝官巡视监察。财政制度日益健全，藩镇的财权就被中央政府收去了。这时无论文官武官，都是仰食中央政府的一点俸禄，根本无力去豢养多少门客和军人。没有了钱，就没有人来为之卖命，没有人，乱就作不起来。

在中央，也设立了相应的主管财政的专门机构，这就是三司。三司专门负责天下钱粮的收支用度，三司的首脑叫作三司使，这个职位也非常重要，在某种程度上仅次于两府大臣，与枢密院、中书省几乎成为军、政、财三权分立之势，因此三司使又称为"计相"。计相通过转运使控制州县地方。州县的具体钱粮事务又专门设通判一官来管理。

即使如此，宋朝廷还不放心，因为那些镇将由于多年的积累，家产无法计算。利用这些资产，仍有收买人心、兴风作浪的可能。于是赵匡胤以赏赐他们的办法，使他们靡费钱财。比如赵匡胤曾赐给方镇们每人一片老房子或宅基地，让他们大建府第，耗费钱财。另外，有一次赵匡胤请旧将们欢宴，一律把他们灌得东倒西歪，稀里糊涂，然后派人送回家去，并对家人说，你父亲昨天亲口许诺要捐献给朝廷十万钱。结果这些人醒酒之后打听，是否昨天在宫中说错了话，家人告诉十万钱的事，他们都赶紧把钱交纳。

如此一来，藩镇们的钱财之权不但被夺了，而且连退休致仕的宿将们的钱财也不断消耗，从此以后，北宋的武将没有一个能说得上是很富有的了。

四、收司法权

五代以来，方镇割据一方，不听朝命，也不遵守刑法制度。历史上唐朝法律，号称完备平允，对封建社会乃至东方世界影响都非常之大，然而五代以来，典刑废弛，方镇不但管军、管民，而且军、政、财、法，无所不统，武人专权，根本不大讲究依法行事，却专横跋扈，作威作福，顺我者昌，逆我者亡。多刑杀以为威，视人命如草芥，所以多有人无辜被杀，而中央朝廷无力剿平，也只得听之任之。刑罚枉滥，而且非常残酷，非但对民间的刑政如此，对军队中的惩罚也是如此。比如有一位刘铢，自己立法，左右人只要稍微违背了他的意思，即命人倒拖着走出数百步，使人体无完肤。施杖刑的时候还有多种名堂，双杖对下，称为"合欢杖"，按岁数打板子，叫作"随年杖"。后汉史弘肇为将，手下稍有违意之处，马上命人挝杀之。李守贞反时，史弘肇督兵巡察，只要捉到人，不管罪过大小一律死刑，有白昼看天的也腰斩于市。凡人犯罪，只要史弘肇伸出三个指头，执行者立即将犯罪者腰斩。另外，各种残酷刑罚，如断舌决口、挑筋折足以及族诛之类，都成为司空见惯的事了。

宋初，州郡掌刑狱的官吏也不熟悉法律条文，守土官也大都是武人，都任意用法。建隆二年（961）五月，有一个金州人马从玘，他的儿子马汉惠顽劣无赖，曾想害死其弟弟，又骚扰四邻，乡里人听到他的声音都头皮发麻。马从玘忍受不了，与妻子和次子共同杀死了马汉惠。防御使仇超、判官左扶等审理此案，判处马从玘及其妻子和次子以死刑。在当时纲常观念、忠孝观念很重的情况下，死刑显然是太过分了。所以赵匡胤知道此事后非常恼火，命法司起诉他们故意加人死罪的罪行，并除名，杖流海岛。这给了地方官一个教训，从此后人们在审判量刑时就比较谨慎了。

建隆三年（962）三月，朝廷降下诏书，"从现在起，凡郡国判有死刑的案件，一律要将案子卷宗、红笔书写的适用法律条文及审判月日、审判人员名字官衔上报，并委托刑部复查"。

建隆四年（963），窦仪等编定了《宋刑统》，这是宋代唯一的一部法典。《宋刑统》的颁行，使宋朝的法律审判逐步纳入法制轨道，法制逐步有法可依，日益健全起来。

赵普为相以后，又在官制方面加以健全，设诸路转运司提点刑狱，专门巡视各地司法事务、案件审理。凡死刑案件，一律须报中央政府的刑部、大理寺复审。审定之后，又须一再报皇帝审批，直到三报三批之后，方可执行。这样，冤滥之狱就少得多了。

如此一来，司法权收归中央，方镇们不能专杀，其权势又大大被限制了。

五、收精兵

收精兵是赵普三条重要建议之一，这是削弱方镇势力、釜底抽薪的又一步骤。

五代以来，方镇拥兵，多多益善。兵越多势越大，作乱和对中央的威胁也就越大。兵多，养兵用的钱粮就要多，人民的负担就要更重。赵匡胤收功臣、藩镇的兵权，只是解决了当务之急，收方镇精兵以加强中央禁军，才是长远之计。所以赵普为相之后，就立即开始把他的收集精兵的既定方针付诸行动。

在赵匡胤和赵普主持下，宋朝廷派出使者，分临各道，选择精兵。凡是在技艺武勇方面有过人之处的，都收补为禁军，集中到京师，以备宿卫。乾德三年（965）八月，又下诏命令各地的官长，让他们选择所辖军队中骁勇者，把名字统计起来送到京师，用来作为禁军的后备军队，凡禁军有缺，就由这种名单中递补。之后，又选出强壮的兵卒，定为"兵样"，分送到各地，照样选兵。再后来，又用木棍量出兵样身高，分为高下之等，送给各地长官，让他们分别招募教习，待训练精干之后，就送到京师。这些兵士，都身高力大，武艺精熟。在待遇上，军饷粮食一切从优；训练上，一切从严。皇帝赵匡胤还经常亲自教阅，当场演武。演武时，又常与各路长官一同观看，各道长官亲眼看到京师兵力强大精锐，没有一个敢起异心，这就起到了震慑作用，防患于未然，使方镇之祸消于无形[①]。

收精兵的结果，宋朝渐渐演变成三种军制：一是禁军。禁军，顾名思义，就是皇帝的禁卫军。但事实上宋朝禁军有几十万，已远远超出了皇帝禁军的规模。除了保卫皇帝之外，还有守备京师、出征讨敌的作用，相当于国家的常备军。二是厢军。厢军是各州的镇兵，可以说是地方部队，除了保卫地方之外，还供官府镇将公事役使。由于被中央拨去了精锐，所以厢军的战斗力远不如禁军。第三就是乡兵。乡兵类似于现代的民兵，地方招募，选于户籍，农闲时集中训练，农忙时分散于农。另外，还有一种兵叫作蕃兵。这是一种典型的边防兵，集中于边塞之上，分为队伍，给予旗帜，整修营垒，配备刀枪，平时还要屯田务农，类似乡兵[②]。

---

① 据司马光《涑水记闻》卷一。
② 据《宋史·兵志一》。

六、定兵制

每一个朝代都有自己独特的兵制，宋朝也不例外。以上所说的禁军、厢军和乡兵三级兵种，也是宋代兵制的一个组成部分。赵普和赵匡胤既然以方镇跋扈为大患，以削弱藩镇势力为国初头等大事，于是在军事制度上绞尽脑汁，力图想出永久性的没有藩镇跋扈之患的军制来。

先是赵匡胤与赵普等二三位大臣谈谈当时大事，有没有可以造福百代的深谋远虑。赵普等思考之后，提出了许多重大措施，赵匡胤都摇头，问有没有更高明的、更根本性的大计。赵普等思虑了半天，不知赵匡胤究竟指的是什么。他们断定赵匡胤已胸有成竹，于是请皇上明示。赵匡胤说："可以利百代者，唯养兵也。方凶年饥岁，有叛民而无叛兵；不幸乐岁而变生，则有叛兵而无叛民。"赵普等都齐声称颂说，这是"圣略"，我们想不到这儿。[①]

赵匡胤所说的"养兵"，即是国家保有常备军制度。自南北朝的北周以来，隋、唐都实行府兵制，这种兵制是寓兵于民，国家虽设有军事编制，但兵员却是民间轮流充当的。军费、军事装备也是自备的，服兵役是一种义务而不是一种职业。赵匡胤所说的养兵以及后来的禁军，兵士就成为一种职业。兵和民分开了。在宋朝统治者看来，国家若无外患，必有内忧，若无内忧，必有外患。

---

① 据宋·晁说之《嵩山文集》卷一。

外患不过边防之事，而民变兵乱才是心腹大患。并且外患在于人，内忧在于己，下大力气制止内忧，消除内忧，才是根本大计。万一不幸发生变乱，也只能有一头，或是内忧，或是外患，不能让二难并作。在内忧之中，又分为兵乱与民变，二者也要区别开来，兵乱时没有民变，民变时没有兵乱，不能让它们二难并作。宋朝的军事制度，就是在这种指导思想下制定的。

宋朝军事制度的一项重要措施，就是"更戍之法"。更戍之法，主要是为了避免士兵总是驻守一处，安逸怠惰。而让他们经常换防，习于艰苦。同时是让兵将互相调换，不能结成死党，使将不得专兵。具体方法是，分遣禁军，戍守边地，一二年一调防，使军队经常习于山川跋涉，南北番戍，以均劳逸。即使在京师的禁军，也令他们不得安逸，驻守在城西的，让他们吃城东仓的粮食；驻守在城东的，让他们吃城西仓的粮食。不许雇用车脚，要自己背负运输。

另一项措施是上下相维，内外相制。王明清在他的《挥麈录余话·〈祖宗兵制〉名〈枢廷备检〉》中说道："其定荆、湖，取巴、蜀，浮二广，平江南者，前后精兵不过三十余万。京师屯十万，足以制外变；外郡屯十万，足以制内患。京师、天下无内外之患者，此也。京师之内，有亲卫诸兵；而四城之外，诸营列峙相望；此京师内外相制之兵也。府畿之营，云屯数十万之众，其将副视三路者，以虞京城与天下之兵，此府畿内外之制也。非特此也。凡天下兵，皆内外相制也。……盖内外相维，上下相制，若臂运指，如尾应首，靡不相资也。"

这种制度的目的在于，由于兵不屯在一处，万一有一处发生兵乱，另外总有一处会听命于朝廷以平定叛乱。京城内、京城外所屯之兵数量略同，可以互相制约；京城与地方的军队可以互相制约；地方上城内、城外之兵也都是互相制约。这就形成了制约和威慑力量，无论哪一处，都不敢轻举妄动。

即使是这样，赵普和赵匡胤仍担心不能万全。他们又想出了进一步的措施，叫作"将从中御"和"将不知兵"。因为从道理上说，无论你防范多么严密，兵将在一起长久了，总是有可能发生兵乱的。唯有干脆叫兵和将不长在一处，互不相识，才无从叛乱。这就是将不知兵。所谓将从中御，就是将领的任命，不是由军队中逐步提升，不是由驻防地逐步提升，而是由朝廷直接任命。作战时组织军队，也是由朝廷命将统领，不是由原军旅的现任军官统率。即使是统率十万兵马的大将，也可能随时成为一介平民，这就是宋人说的"藩方守臣，统制列城，付以数千里之地，十万之师"，只要朝廷派出"单车之使、尺纸之诏，朝召而夕至，则为匹夫"①。"将从中御"，更重要的意思是，将领的军事行动，都是朝廷直接安排和规定的，并且越到后来，越是严重。朝廷命将出师，皇帝都是先根据自己的设想制定作战方案，行军路线，如何排兵、如何布阵、如何包围、如何追击，都计划得非常详细，画成阵图。将帅临行，皇帝就面授机宜，付与锦囊，仿佛诸葛亮的锦囊妙计。尤其是宋太宗一直这么干，纸上谈兵，把战场上极为凶险残酷的搏杀搞得如同儿戏。这种恶果，在太宗一朝就已充分暴露出来。

"将不知兵"，把军队和统兵将领临时搭配。在战场上，兵将之间原不相

_____

① 《范太史集》卷二十二。

识，互不了解，没有感情，没有默契，仿佛一个初来乍到的教练指挥一帮素不相识的球员，没有经过任何演习，就与强敌临阵，这样虽然军队叛乱的威胁解除了，然而军队的战斗力也大大降低了。

就军队的掌管来看，宋太祖和赵普是这样分工的：枢密院管兵籍、兵符，管调发军队；三衙（殿前都指挥使、侍卫亲军马军都指挥使、侍卫亲军步军都指挥使）管军队的驻守、训练；临时任命的将领管领兵作战。枢密院有发兵之权而无握兵之重，三帅有握兵之重而无发兵之权；临时的将领们一旦战事结束，马上解除军权，谁也不能独自有调兵、统兵的权力。

七、文臣知州县

五代，文臣没有什么地位，凡是州郡长官，几乎全是武人，各自拥兵自重，作威作福，包揽一切权力。武人们惯于以治军的一套治理民政，所以非常残酷，刑罚不按法典，榨取不遗余力。宋初仍然沿袭此制，但这在赵普和赵匡胤削弱藩镇的实力的既定方针之下，对这种乱世时期形成的不正常的现象进行革除是不可避免的事。

开宝五年（972）初，赵匡胤问赵普："文臣中懂军事的有谁呢？"赵普推荐知彭州的左补阙辛仲甫。赵匡胤即提拔辛仲甫为西川路（治所在今四川成都）兵马都监。赵匡胤亲自召见，面试骑射，并且问他能不能顶盔贯甲，辛仲甫说，他曾在郭崇幕府中做事，多次随他征伐，早就披挂过了。赵匡胤说："你知道王明吧？我已经用为刺史了。你很忠淳，如果公勤不懈，过不多久也会当上一州长官。"此事过后，赵匡胤与赵普议论说："五代时方镇残虐，民受其祸，现在选干练文臣一百来人，分治大藩，即使他们全都贪浊，造成的危害也不会大于一个武臣。"① 从此之后，各州郡逐渐以文臣治理州政，取代武将，武将的地位逐步下降。即使有名望、有资历的武将，也不敢与文臣计较，因为他们知道，这些人是皇帝针对他们派下来的。

其实早在乾德元年（963），中央政府就曾向地方上派出强干的文官，去治理县事。当时命大理正奚屿知馆陶县，监察御史王祜知魏县，杨应梦知永济县，屯田员外郎于继徽知临清县，这是第一次派朝官到县里主持县务。派出的原因，就是因为这里的藩镇符彦卿久镇大名府（今河北大名），专恣不法，属下的县邑政事不理。因此特选强干官吏前去整顿。其后右赞善大夫周渭也被派去继知永济县，当符彦卿来郊迎时，周渭只在马上略作了作揖，到了馆衙之后，才与符彦卿细叙相见之礼，然而在双方的礼节上又毫不逊让，竟然分庭抗礼。按说，永济县令是符彦卿的属吏，周渭应该毕恭毕敬才是，然而周渭知道自己是秉承了皇帝的意旨前来监视、制约方镇的，是来整顿符彦卿没有治理好的政事的，因此，他决不对符彦卿低三下四。后来周渭治理永济县，有盗贼伤人后逃跑，被衙役捕获，周渭宣布了他的罪状，直接斩首，不按常例送往大名府，在常理看来，确实是"目无官长"，然而符彦卿也知道他的背后就是皇帝

---

① 据《续资治通鉴长编》卷十三。

和赵普，虽然不满，也无可奈何。[①]

总之，在宋朝之初，在赵普的精心策划和坚定不移地推行下，采取了收财权、兵权、司法权以及收精兵、建兵制等一系列措施，彻底解决了中唐以后二百年以来积重难返的藩镇割据局面，杜绝了藩镇割据之祸。这一点，为历代史家所赞赏，尤为宋代人所推崇，都认为宋代没有任何令人头痛的藩镇之祸，而以赵普之功居多。

当然，任何事情常是"祸兮福所倚，福兮祸所伏"的，常是有一利同时产生一弊。赵普和赵匡胤锐意削弱方镇，几乎收光了各路武官的所有权限，收罗了各地的精兵，这就造成了内重外轻的局面。正像朱熹所说的那样："本朝鉴五代藩镇之弊，遂尽夺藩镇之权。"兵也收了，财也收了，赏罚刑政，一切都收了，"州郡遂日就困弱。靖康之祸，虏骑所过，莫不溃散"。[②]

宋朝重文抑武，已经走上了另一个极端，不是武官欺负文官，而是文官欺负武官。如小说《水浒传》中所说的刘高是个文官，他做了正知寨，就经常欺负任副知寨的武官花荣。这不能仅看作是小说家的演义，而是真实地反映了当时文武官员的关系。在当时流行着这样一种说法：即使某位武将带领十万大军恢复燕云十六州，献俘太庙，也不会有一个状元及第来得荣耀。如此一来，武将们人人自诫，小心谨慎，尽量避免露出才能以遭到忌讳；在战场上明明知道必败，也不去自作主张，改变皇帝的战斗部署。因为只要遵守了皇帝的部署，

---

① 据《续资治通鉴长编》卷四。
②《朱子语类》卷一百二十八。

虽败无过；如果违背了皇帝的部署，虽胜无功，所以人人消极。开国之初，有一批能征惯战的功臣宿将，东征西讨，削平南方，真是势如破竹，攻无不克。后来没等平完江南，老一代的功臣们就在酒桌之上被解除了兵权。此后，借着五代的余势，还有王全斌、曹彬等几员大将。再往后，每况愈下，在重文抑武的风气下，再勇敢善战的将领也没有了积极性，韬光养晦，于是屡战屡败，外敌一来，举国惊惶，金兵一渡河，北宋就土崩瓦解。这也是赵普等抑藩镇，削弱地方太过而导致的后果。

但从另一方面来说，国家制定政策，也是因势利导，因时制宜，并不一定是要后代一点儿不变，墨守成规。赵普所制定的政策，在二百年藩镇割据的恶患之后，矫枉过正，在所难免，也不能要求他尽善尽美。他的政策，是根据当时的形势和实际情况制定的，而宋朝的继任统治者，也应该根据时势的变化而变通。但恰恰在这一点上，北宋继任的历朝皇帝都把祖宗制度也就是赵匡胤、赵光义时期制定的制度看作尽善尽美的、可以万古不变的圣制，连议论也不敢，更不敢越雷池一步。到了北宋中期，好不容易有宋神宗年轻有为，锐意改革，起用王安石变法，一时宋朝气象为之一振。不过由于宋朝历代祖训"深入人心"，终究不能有很彻底的改变，宋神宗也认为其他的法都可以变，唯有军事制度是祖传至宝，不可变动。所以终北宋一代，军事软弱局面始终没有改善。后人议论宋代的特点，说是北宋无良将，南宋无良相。其实，北宋不能说没有将才，南宋也不能说是没有相才，都是为时势所束缚，不可能脱颖而出、建功立业而已。犹如千里马，却没有奔腾驰骋的机会，而整天缠于拉车耙地，只能老死槽头。我们今天看赵普，要把他的所作所为置于当时特定的环境中去分析，虽然宋代的军事软弱、被动挨打与赵普制定的政策有直接关系，但继任统治者应负不因时势变通的责任，不能一切归咎于赵普。

八、灭后蜀

赵匡胤和赵普一面建纲立制，削弱功臣藩镇的权力，另一方面也没停止削平其他小国、统一天下的大事业。二者是同时或交替进行的。雪夜决策之后，赵普和赵匡胤始终注视着南方各国的动向，不断地盘算着出兵江南的计划。但此时南方各国慑于宋朝国势如日东升，咄咄逼人，都对宋朝廷毕恭毕敬，小心应付，以免被抓住把柄，找到借口，因此，宋朝与这些小国一度相安无事，没有战事发生。

就当时的形势来看，灭这些小国，以先取后蜀比较合理，在程序上更有利一些。因为后蜀地据西川，天府之国，财物丰富，朝政混乱。因为它偏在西南，南方其他小国也不可能给以军事上的支援。取后蜀之后，如果造船顺流东下，两面夹攻，南唐不难攻下。当年三国鼎立，后来魏国就是先派邓艾、钟会两路入川，平定西蜀，然后杜预、王浚等率水师顺流而下，攻灭东吴的。

后蜀的国主当时是孟昶，孟昶的父亲孟知祥是后唐明宗的大将，曾领两川，封为蜀王，建成了一个独立王国。后来唐明宗死，孟知祥干脆就自称皇帝，仍建号蜀，史称后蜀。孟知祥做了皇帝不久病死，儿子仁赞继承了皇位，后来才改名叫孟昶。孟昶荒淫无度，只知道吟诗制曲，沉溺酒色，嫔妃无数，其中有一个号称"花蕊夫人"，尤其出色。朝政则是一塌糊涂，所用的臣僚有王昭远、伊审征、韩保正、赵崇韬等，不是龌龊小人就是大话欺人之徒，没有一个有真才实学。孟昶的母亲李氏倒是个很明智的人，见孟昶滥用官吏，曾对孟昶说："我见唐庄宗（李氏原是唐庄宗的妃子）和你父亲，灭梁定蜀，凡是统兵将帅，都是量功授职，毫不枉滥，所以士卒畏服。王昭远本是一个跑腿的小吏，韩保正等又都是纨绔子弟，不懂军事，一旦有敌兵犯境，他们怎么能胜任将帅之职？"孟昶初时还不以为意，后来宋军平定荆、湖，蜀相李昊又劝说道："据我看宋朝肇基启运，不像汉、周，将来必然会统一海内。从蜀国的处境看来，不如派使者朝贡，以免宋兵临境。"孟昶认为说得有理。可是他与任通奏使、知枢密院事的王昭远商量时，王昭远却说："蜀道天险，外控三峡，难道宋兵会从天上飞进来？主上放心，何必纳贡称臣，受宋朝控制。"于是孟昶不再理会李昊的话，只是增兵水陆，防守险要。这时有一个蜀山南节度使判官名叫张廷伟的人求见王昭远说："您一直没建立什么功业，很快地上升到枢密使这样的要职，如果不建立大功，怎么孚众望，应付舆论？不如派人与北汉结盟，让他们发兵南下，我军出黄花和子午谷响应，使中原南北受敌，那样关右之地，就是我们的了。"王昭远本是个没有见识的狂妄之人，一听这话，正中下怀。于是劝孟昶派枢密院大程官孙遇、兴州军校赵彦韬以及杨蠲等带了蜡丸帛书暗中送往北汉，说明后蜀已经在褒、汉一带增兵，约北汉渡黄河南北夹击。没想到当孙遇等人走到汴京的时候，赵彦韬竟然偷出帛书，直接献给了宋朝廷。

这时赵普和赵匡胤也在搜集后蜀的情况。有个人叫穆昭嗣，以前曾经当过后蜀的翰林医官，赵匡胤等曾多次召见他，细问蜀中地理关隘等情况。穆昭嗣说："荆南就是西川、江南、广南的都会和交通枢纽，现在已经在我们掌握之中，无论水路陆路，都可以入蜀。"赵匡胤大喜。正准备找借口兴师的当口，恰恰接到了赵彦韬的告密。打开看时，见上面写着："早年曾奉尺书，远达睿听。丹素已陈于翰墨，欢盟已保于金兰，泊传吊伐之嘉音，实动辅车之喜色。寻于褒汉添驻师徒，只待灵旗之济河，便遣前锋而出境。"赵匡胤看了笑道："我西讨有名了。"于是赦免孙遇、杨蠲二人，让他们详细解说后蜀的山川河流地理形势，军队防务道里远近等，画出地图，以备行兵之用。

乾德二年（964）十一月初二，宋朝大调兵马，命忠武节度使王全斌为西川行营凤州路都部署，武信节度使、侍卫步军都指挥使崔彦进为副，以枢密副使王仁赡为都监；以宁江节度使、侍卫马军都指挥使刘光义为归州路副都部署，内客省使、枢密承旨曹彬为都监，合马步军六万，分路入川。给事中沈义伦为随军转运使，均州刺史、大名人曹翰为西南面转运使，专管军队后勤供应。赵匡胤又因为西川将校多是北方人，遂谕令主将们，只要蜀将士能弃暗投明，引导大军或供应粮草或举城来降的，一律优待；军队所至，不要杀人放火，挖坟掘墓，违者以军法从事。同时，在汴京命八作司在右掖门一带，面临汴水，建造府第五百间，准备安置孟昶及家属，凡帐物家具，一切齐备。

十一月初三，赵匡胤、赵普大宴于崇德殿，为王全斌等壮行。在赏赐了金银玉带、鞍马刀剑等之后，赵匡胤拿出西川的地理图授给领军将帅，并问："据你们看，这一次西川可以拿下来吗？"王全斌等很有把握地说："臣等仗天威，遵妙算，西川指日可定。"龙捷右厢都指挥使史延德上前启奏道："西川如果在天上，那确实没办法到，只要在地上，军到即可平定。"赵匡胤大喜，夸赞了一番，又跟王全斌等说："凡攻下城寨，你们只管封存其器甲粮草，至于钱帛之类，一律分给兵将，我要的只是土地。"又说："朕已为蜀主在汴河之滨建造府第，倘若蜀主归降，所有的家属，无论大小男妇，都不可侵犯，好好地送到京师，让他们安顿在新居。"[①]王全斌等朝辞之后，分兵两路：王全斌、崔彦进率军自凤州（今陕西凤县东北）进发，刘光义与曹彬由归州（今湖北秭归）进兵，浩浩荡荡地杀奔西川。

警报传到后蜀，孟昶大惊，急召王昭远等商量。王昭远听了，不但不惧，反而说："陛下不必惊慌，他宋兵不来，我们尚应出川远图，今日他自己送上门来，正好杀他一个片甲不归。"孟昶心中没有主意，只说："这回来的宋军，都是你招惹来的，你一定要大展才华，为我退敌立功。"王昭远一口应允。孟昶就命王昭远为北面行营都统，左右卫圣马步军都指挥使赵崇韬为都监，山南节度使韩保正为招讨使，洋州节度使李进为副，率兵拒战。这王昭远平时好读兵书，高谈阔论，自以为满腹谋略，妙算神机，就是孙膑、张良出世，也不放在眼里。因为他身处后蜀，又为将相，所以自己就比作诸葛亮，平时装腔作

① 据《续资治通鉴长编》卷二。

势，处处模仿着诸葛亮的样子。这天从成都出发，蜀相李昊替蜀主为他饯行，王昭远手持铁如意代替诸葛亮的鹅毛扇，一边潇洒地指挥着军事，一边喝酒。酒喝到酣处，撸起袖子挥臂对李昊说："吾此次出师北伐，不光是要杀他个落花流水，顺便带着这几万雕面恶小儿，取了中原也不过易如反掌。"李昊心中暗笑，口中敷衍几句，告别就回。

十二月十九日，西路宋军在王全斌的率领下攻克了乾渠渡、万仞、燕子等寨，夺了兴州（今陕西略阳）。后蜀刺史蓝思绾等退保西县，王全斌又率军以破竹之势连下石图、鱼关、白水阁等二十多寨。后蜀韩保正军听说兴州失陷，连忙也退保西县。宋军史延德率前锋部队到达，韩保正等不敢出战，依山背城，结寨坚守。史延德督宋军猛攻，韩保正等坚守不住，只得弃寨而逃。史延德乘胜逐北，生擒韩保正和副将李进，并获军粮三十万石。随后，崔彦进和马军都监康延泽拥大军到了嘉川。蜀兵烧绝栈道，退保葭萌。

王全斌见栈道已毁，大军不能前进，想从罗川路进攻。前军康延泽向崔彦进建议分兵修栈道，与大军在深渡会师。在取得王全斌的同意后，不几天，修通栈道，于是进击金山寨，又打破小漫天寨，同时王全斌也率大军由罗川到了深渡，与崔彦进会师。蜀兵在王昭远的指挥下依江布阵，准备阻击。崔彦进派步军都指挥使张万友进击，夺其桥梁，宋军争先抢渡，杀过江来。王昭远见宋军如狼似虎，早吓得魂飞魄散，指挥不能如意，弃了铁如意，翻身就走，收败兵退保大漫天寨。一面调集各处精锐，都来巩固防御。第二天，崔彦进、康延泽和张万友分二路进击，乘胜强攻，大破蜀寨，擒寨主义州刺史王审超、监军赵崇渥及三泉监军刘延祚等。王昭远屡战屡败，心中不服，又和都监赵崇韬率军来战，三战三北，落花流水，溃不成军，一路逃过桔柏津，烧去浮桥，退保剑门。十五日，宋军占据利州（今四川广元），获军粮八十万石。忽然在这时，朝廷来使者，赐给王全斌貂裘皮帽，说是京师大雪，皇帝念自己皮衣皮帽，尚且觉得寒冷，而西征将士身披铁甲，披霜冒雪，怎么忍受，因此即解裘帽，派中使驰送王全斌，且告诉诸将，不能遍及，请体谅皇帝之心。这一来，极大地鼓舞了士气。

此时东路军在刘光义的率领下也进展顺利，连克松木、三会、巫山等寨，杀蜀将南光海等五千余人，擒战棹都指挥使袁德弘等一千二百人，夺战舰二百余艘，斩杀水军六千余人，前边已离夔州城不远。原来，这里的地理形势和蜀军的防务情况，赵普和赵匡胤已从孙遇等口里知道，临行时指着地图对刘光义说："蜀军于夔州城外锁江为浮梁，上列敌棚三重，两岸夹江列炮，专防敌船。我军到此，切不可直接以战舰攻击，而应先以步骑兵偷袭，待他混乱，再以战船夹攻，必胜无疑。"宋军依计而行，果然大败蜀军，粉碎了夔州外围防务。于是大军逆流而上，直到夔州城下。

这夔州外扼三峡，是西蜀江防第一重门户。守将蜀宁江节度使高彦俦对副使赵崇济、监军武守谦说："北军涉险远来，利在速战，在我们来说，应当闭门坚守。"武守谦说："兵临城下还不出击，更待何时？"引一千多人出城迎战，正遇着宋军马军都指挥使张廷翰。二人交锋，武守谦不胜，败退入城，不及闭门，被张廷翰尾随追入城内，于是宋军随之而入，高彦俦急忙整兵来战，局面已经不可挽回。高彦俦身受多处伤，奔回府第，部下罗济劝他单骑逃回，他不肯，罗济又劝他投降，他说："我失此关，无面目见西蜀人，我一家百口都在成都，不能投降，今日只有一死。"于是摘印给罗济，说你们自己看着办吧。之后投火而死。罗济出降，宋军占领夔州，顺流而上，所向披靡，如万施、开忠等州，都望风归降。峡中郡县，依次平定，于是一面申报朝廷，一面告知王全斌。

蜀主孟昶得到王昭远败报，非常震惊，于是不惜金帛，募兵守剑门。就命太子玄哲为元帅，武信节度使兼侍中李廷珪和武定节度使、同平章事张惠安为副。凑集了一万多人，大吹大擂，张罗出兵，这玄哲也好排场，旗帜都要文绣，旗杆上也套上锦。令人扫兴的是，正出发时，天下起雨来，玄哲怕雨湿了旗帜，就命令全解下来，等雨住了以后，又系上去，结果大部分旗帜都系倒了。玄哲又专门安排车辆，带上姬妾戏子几十人，见的人都偷着冷笑。

王全斌进军到益光（今四川昭化），聚集诸将计议道："剑门天险，自古称一夫当关，万夫莫开，各位都要谈谈高见。"有个叫向韬的军头说："有降兵说，益光江东大山之后有小路，叫作来苏，从这条路绕出剑门南面约二十里，到青疆店与大道会合，那么剑门之险就不必担心了。"康延泽说："蜀人屡战屡败，已成惊弓之鸟，猛攻也可攻下。况且来苏路狭，不宜主帅自行，只可派一偏将去，若到青疆，往北与大军夹击剑门，王昭远必然被擒。"王全斌等人同意了这个意见，派史延德率兵走来苏，造浮桥渡江，蜀兵见了，弃寨逃走。史延德到了青疆，王昭远已经闻风先退驻汉源坡，而以偏将守剑门。史延德与王全斌合力打破剑门，进击汉源坡。王昭远见宋军大至，漫山遍野，如潮涌山崩，早吓倒在胡床上，站也站不起来。都监赵崇韬还略有胆量，布阵出兵，被宋军一阵猛冲猛打，赵崇韬虽然英勇，手斩几人，最终力尽被俘。王昭远被部下架到马上，丢盔卸甲而逃。这一仗，王全斌杀死蜀兵一万多人，遂取剑川，进驻魏城（今四川绵阳东北）。王昭远势穷力孤，逃到东川藏在老百姓家的仓房里，束手无策，哭得两眼红肿，口里只念叨着罗隐的诗句"运去英雄不自由"。不多久，宋兵追到，见王昭远缩做一团，双腿发软，也不管什么都统不都统，诸葛亮不诸葛亮，一绳子套上，像猪羊一样牵了回去。那太子玄哲和李廷珪一路之上，日夜嬉游，根本不筹划军事，到了绵州（今四川绵阳），听说剑门已破，宋兵就在前边，也顾不上军队，带着一班姬妾护卫，一路逃回，沿路还不忘烧掉仓库房屋。

孟昶听说剑门失守，太子奔回，惊得手足无措，只问左右怎么办，怎么办？有一位老将石奉颢说，宋兵远来，不能持久，请聚兵坚守，宋兵粮尽自退。孟昶叹息道："我父子以丰衣足食养士四十余年，一旦遇敌，不能为君东向发一矢，今虽欲坚壁，谁肯效死乎？"泪下如雨。丞相李昊说，蜀军两路齐来，势不可挡，成都终不可守，不如趁早纳土投降，尚可保全。孟昶前思后想，别无他法，只好命李昊修降表，派通奏尹审微，送到王全斌军前。王全斌允降，派马军都监康延泽率军入城，宣谕恩信，封存府库而回。第二天，王全斌率大军入城，孟昶迎拜马前，王全斌下马抚慰，待遇从优。当天晚上，有人在李昊家门上写上"世修降表李家"，因为前蜀亡时，降表也出自李昊之手，这也是一段趣闻。过了几天，刘光义也兵至成都。自出兵之日到两川平定，孟昶投降，总计共六十六天，得四十六州、二百四十县、五十三万四千零二十九户。

九、半部《论语》定天下

宋兵平了后蜀，捷报和孟昶的降表到来，宋太祖和赵普都很欢喜。赵普欢喜，是因为宋兵得胜，宋朝的江山又多了一片。赵匡胤除此之外，还有一喜：他久闻孟昶宫中有位花蕊夫人，生得娇艳无比，国色天香，更兼聪慧绝伦，出口成章，极得孟昶宠爱。赵匡胤战前嘱征西将士，入蜀后务要保全孟昶家属，又在汴河之滨修下宏丽的宅第，已经是预作安排。今见孟昶降表，立即授吕余庆知成都府，并派使者以御府供帐远迎孟昶及其家属，直到江陵。孟昶不敢怠慢，率家小立即启程，由峡江而下，至江陵转陆路径至汴京。五月十六日这天，宋朝廷在宫阙之前大排军马，赵匡胤及赵普等一班朝臣高居金殿，孟昶率其弟仁贽，子玄哲、玄珏，宰相李昊等三十三人穿布衣素服待罪于明德门外。一道诏命下来，赦免一切罪过，并赐给裘衣、冠带，于崇元殿备礼相见。随后于大明殿大宴这一班亡国君臣。在以后的十几天里，赵匡胤三日一宴，五日一请，优礼备加。六月初四这天，又封孟昶为开府仪同三司、检校太师兼中书令、秦国公。长子玄哲为泰宁军节度使。三天之后，又封孟昶弟孟仁贽为右神武统军，孟仁裕为右监门卫上将军，孟仁操为左监门卫上将军，次子玄珏为左千牛卫上将军，李昊为工部尚书，其余一班降臣都有封赏。

从统治艺术来看，这可以说是一种技巧，一种政治需要，他要让其他未降服的小国看到投降后可以保住性命，还能有较高的官位财富，虽然官位都是虚衔。但在赵匡胤还有另外的目的，他通过这么赏赐，迫使孟昶率家人进来谢恩，以见到久已渴念的花蕊夫人。果然，孟昶母亲李氏带了孟昶的妻妾进宫见驾，赵匡胤一一传见，待轮到花蕊夫人，轻轻盈盈地过来，莺声燕语地说了一句"臣妾徐氏见驾，愿皇上圣寿无疆"，顿使赵匡胤觉得眼前一亮，如沐春风，六宫粉黛，黯然失色。口里便称孟昶老母为国母，请她老人家随时可以入官，不要拘谨。待孟昶母亲和花蕊夫人退出之后，赵匡胤就陷入了辗转反侧、寤寐思服的地步了。当时他的王皇后已经亡故，正在择后，遇上这倾国倾城的绝色尤物，不弄到手，岂能罢休？冥思苦想了好几天，终于想出了一个办法。

一日，召孟昶入宴，饮到半夜，方才回家，第二天即得了重病，好像胸中有物，不能饮食。虽经医治，不能见效，过了两三天，竟尔毕命，年四十七岁。赵匡胤为之辍朝五天，赠尚书令，追封楚王，谥曰恭孝，并送布帛千匹，作为赙仪，葬殡一应费用，都由官给。当初，孟昶母李氏，常由赵匡胤请入宫中，相见后闷闷不乐。赵匡胤劝说道："国母应该自爱，多加保重，不要老想念故土，日后可以送您回去。"李夫人说："送我回哪里？"赵匡胤说："回蜀。"李氏说："我老家是太原，倘能归老并门，我就了了心愿了。"赵匡胤当时正有北伐之意，就说："待平了刘钧，就满足你的心愿。"及至听到孟昶死讯，她很清楚是怎么回事，并不哭泣，只是以酒酹地说："你不能死社稷，贪生至今，我之所以忍死，是因为你还在。你现在已死，我还活着做什么。"于是绝食而死。赵匡胤命赙赠加等，由鸿胪卿范禹称护理丧事，与孟昶一起并葬于洛阳。①

葬事初毕，孟昶的家属少不得又回京入宫谢恩。宋太祖见了花蕊夫人一身缟素，越觉得丰姿玉骨，犹如天人，至晚竟留在宫中，迫她侍宴。花蕊夫人一个软弱女子，身不由己，如何敢抗命？只好俯首听命，宴后与宋太祖同帏共寝，次日，即册立为妃。

赵匡胤既得花蕊夫人，宠爱异常。一天，赵匡胤命她作咏蜀诗，她略加思索，立成七绝诗数首，其中有两句"十四万人齐解甲，更无一个是男儿"最为凄切，朝野传诵一时。赵匡胤念了，极口称赞。孟昶到京时，曾住进太祖为他预先修成的宅邸，后母子相继谢世，花蕊夫人也已入宫，因有诏命将孟宅供帐收还大内，花蕊夫人的旧用物品自然在内。赵匡胤饶有兴致地检视这些物品。待看到化妆用具时，见一面旧铜镜制作精美，他翻过背面一看，见上面有"乾德四年铸"字样，不觉大吃一惊。为什么吃惊呢？原来，当宋朝由建隆改元时，曾命宰相拟定一个前代所无的全新的年号，由此改为乾德，不想在一面旧镜上看到乾德四年字样，当时也正是宋朝乾德四年，如何不惊？他把这面铜镜出示赵普等人说："怎么会早有四年铸的镜子呢？"都说不清楚，于是召学士陶谷、窦仪询问，窦仪说："这一定是蜀物，昔日伪蜀王衍有过这个年号，这一定是那时铸的。"查问蜀人，都说确实是蜀的年号，赵匡胤不觉感叹道："看来宰相还得读书人哪。"由此更重用文臣。

———————————

① 据《续资治通鉴长编》卷六、七。

赵匡胤很喜欢读书，虽军务繁忙，也手不释卷。如果听得哪里有奇书，就是花费千金买到，也毫不吝惜。当年在跟周世宗平淮南的时候，有人向周世宗密告说："赵匡胤下寿州，自己的私货就装了几车，都是贵重财物。"周世宗立即派使者验看，打开箱笼，只有几千卷书，别无他物。周世宗闻报，即召赵匡胤问道："你现在为我作将为帅，开疆拓土，应该做的事是坚甲利兵，书有什么用？"赵匡胤顿首说："我没有什么奇谋来助圣德，滥膺寄任，常怕不称职，所以收集书籍，采增广学识，加强智慧。"世宗深为赞赏。赵匡胤说宰相须用读书人，也是不满于赵普的学问，是对赵普的鞭策。赵普的长处在于处理政务，但对于经史子集则不甚渊博，史称他"以吏道闻，寡学术"，所以赵匡胤常劝他读书，由此每有闲暇，则手不释卷。每次退朝之后，就到一个书房里看书，谁也不许打扰，因此学识大长。

世传有"半部《论语》治天下"的故事。这故事最早可追溯到不晚于1178 年的《乐庵语录》，其中说："太宗欲相赵普，或谮之曰：普山东学究，惟能读《论语》耳。太宗疑之，以告普。普曰：臣实不知书，但能读《论语》，佐艺祖定天下，才用得半部。尚有一半，可以辅陛下。太宗释然，卒相之。"在另一书《鹤林玉露》"论语"条中，赵普是这样说的："臣平生所知，诚不出此。昔以其半辅太祖定天下，今欲以其半辅陛下致太平。"其实上面的故事虽很流行，却经不起推敲。一来这故事出现得太晚，二来宋太宗很早就和赵普交往，许多大事都是共谋，赵普有无读书，他怎么可能不知道，还要亲自与赵普核实？

由于正宫缺少皇后，又正值花蕊夫人当宠，赵匡胤想把花蕊夫人立为皇后，因此与赵普商议，赵普说，恐怕亡国之妃，不宜母仪天下，应另选淑女，以肃母仪。赵匡胤想了一会儿，提出左卫上将军宋偓的长女，容德兼全，是否可以立为皇后。赵普说："陛下圣鉴，谅必不谬。"议定之后，遂送聘行礼，准备册后。乾德五年年底，下诏改元，改明年为开宝元年（968）。次年二月，由太师择定吉日良辰，册立宋氏为后。这时宋皇后年方十七岁，赵匡胤四十二岁，壮夫少妇，如胶似漆。那花蕊夫人本有立后的希望，因赵普一席话，顷刻化为泡影。赵匡胤恋着宋氏皇后，对花蕊夫人情爱顿减，难得一顾。花蕊夫人形影孤单，冷冷清清，思念故国，郁郁成病，终于无可奈何花落去，玉殒香消。

十、专权独相

赵普独相之后，事无大小几乎全由赵普专决。赵普之所以能如此，主要有两个方面的原因：一是赵普本身确实具备日理万机的宰相才能，史书上说他"沉毅果断""能断大事""决事如流""以天下事为己任"；二是赵匡胤的倾心委用，"太祖待韩王如左右手，事无大小皆咨决之"，所以赵普能独当相任十年，成就大功业。

赵普之前，三相同日而罢，赵普独当重任，其实也面临许多重大问题：周遭列国未平服，国内方镇跋扈旧习仍在，既要削弱方镇，又要平定列国，统一天下，实在是一个矛盾。其次，国家初建，纲纪未定，百事待举，头绪纷纭，日有万机。另外，当时国内，也不完全是风调雨顺，国泰民安。时宋朝承五代战乱之弊，经济衰弱，民生多艰。宋建之初，还只处于一个恢复阶段，且又天气多雨，黄河多年没有得到有系统的治理，经常出事，黄河决口的记载屡见于史书，赵普此时出任宰相，实在是一副重担。对中国历史有系统了解的人都知道，中国宋代是一个重要的历史阶段，有许多重大的社会问题都在此时发生了深刻变化。到了宋代，才发展为典型的封建租佃关系，土地可以买卖，农民出力，租佃土地，出产分成，也都逐渐形成了约定俗成的分法。另外，宋代，南北朝以来形成的士族门阀势力退出了历史舞台，官吏的选拔基本上是通过科举考试进行。这种种的事业、转变，基本上都是在太祖一朝奠基创立的，而赵普作为长达十年期间的唯一宰相，作出了巨大贡献，表现出了卓越的政治家的才能。

赵匡胤此时最信任赵普，凡事都与之商量，赵普同意之后才实行。晚上散朝之后，如果有了什么事，赵匡胤都要找他商量，其余场合，如果不是赵普独自办公时间，都追随在赵匡胤左右，匡谬纠失，真正起到了辅弼作用。这从史书的记载中也能看得出来。

开宝五年（972）五月，由于连降大雨，黄河在澶州濮阳县（今河南濮阳）冲决大堤，河水泛滥，赵匡胤忧心忡忡。赵普等人一面组织救灾堵决口，一面想赈济灾民的措施。赵匡胤说："霖雨不止，朕日夜焦劳，罔知所措，得非时政有阙使之然耶？"赵普说："陛下临御以来，忧勤庶务，有弊必去，闻善必行，至于苦雨为灾，乃是臣等失职。"赵匡胤说："朕又思之，恐掖庭幽闭者众。昨令遍籍后宫，凡三百八十余人，因告谕愿归其家者，具以情言，得百五十余人，悉厚赐遣之矣。"赵普等齐呼万岁。①

又有一天，赵匡胤正在大宴群臣，忽然下起了大雨，赵匡胤非常扫兴。大雨下起来许久不停，赵匡胤怒形于色，就要发作，臣僚和官人都战战兢兢，吓得不知所措。赵普从容地劝说道："外间百姓正盼下雨，雨对于宴会有什么害处呢？不过是淋湿一点供帐乐衣罢了。这种时雨非常难得，老百姓得雨都很高兴，正好趁机作乐，请让乐官就在雨中演奏。"赵匡胤听了，转怒为喜，与大臣尽欢而散。②赵普巧妙地劝解，使得沉重的气氛顿时转为欢乐的气氛，表现了他处理问题随机应变的能力。史书上说："普临机制变，能回上意类此。"这说明赵普曾多次使赵匡胤回心转意，挽救了许多不必要的损失。

宰相的职责是总领政务，统率百官，上佐天子，下理万民，选贤任能自然是一项重要工作内容。宋朝任命高级官员，一般都是由大臣引荐，或皇帝自己选拔，赵普引荐官员，自然是分内之事。然而凡是赵普所引用推荐的官员，几乎都能得到皇帝的同意，有时皇帝不同意，赵普也不罢休，坚持自己的意见，一直到赵匡胤同意了为止，有时竟有点强加于人的感觉。

据《续资治通鉴长编》卷十四记载，赵普有一次要求任命某一人为某官，不符合赵匡胤的意思，被赵匡胤拒绝了。到了第二天，赵普又上奏章，重申前

---

① 据《续资治通鉴长编》卷十三。
② 据《续资治通鉴长编》卷十四。

奏，又被挡了回去。第三天，赵普又照旧推荐，这一次赵匡胤大怒，把他的奏章撕破，抛在地上。谁知赵普竟不慌不忙地捡起奏章碎块，回家粘贴起来，第四天又来推荐。赵匡胤对他这种不屈不挠，不达目的不罢休的做法无可奈何，只好允准，后来果然很称职。还有一个人，立有功绩，按规定应该提升，但赵匡胤平日厌恶此人，不予批准。赵普极力为他争取。赵匡胤大怒道："我就是不给，随你怎么办。"赵普说："刑罚用来惩恶，奖赏用以酬功，这是古今一致的道理。并且，刑赏是天下的刑赏，不是陛下一人的刑赏，怎么能随您的喜怒而定呢？"赵匡胤不听，站起来想摆脱赵普，但他走到哪里，赵普就跟到哪里，赵匡胤进了宫，他就立在宫门，过了好长时间，赵匡胤派人去看他走了没有，结果发现他仍等在宫门，不得已最终还是批准了他的请求。就这样，赵普引荐了大批的人才，如辛仲甫、吕余庆等人，史书上都特别地指出过。

但赵普在提拔一批人才的同时，也压制了一批人才。赵普独当相任，当然非常辛苦，然而他觉得自己可以承担得了，他不想让别人一起分享一人之下、万人之上，发号施令的权力，所以不想再有其他的宰相。以前代唐朝来说，有时同时有好几个甚至十几个可以称得上宰相或副宰相的官员，宋代虽枢密使称为枢相，三司使称为计相，但在赵普的笼罩之下，都没有后来那样大的权力，也没有那样高的地位。

赵匡胤信任赵普，但也觉得赵普没有副手，不免单薄，于是想为赵普安置辅佐。安排什么职位，用什么名称呢？这是个问题。赵匡胤想不出恰当的名称，就问那位饱学的翰林学士承旨陶谷："据你所知，比宰相低一级的应当是什么官呢?"陶谷说:"唐时有参知机务,参知政事。"于是赵匡胤决定为赵普设置参知政事。

按照赵匡胤的观察,翰林学士窦仪办事讲原则,有主见,是个合适的人选。赵匡胤常对别人说起窦仪有执守。赵普当然知道赵匡胤的打算,他正要独掌相权,不想让窦仪这么个刚直果断的人来妨碍自己,因此说窦仪文艺有余,经济不足,并极力向赵匡胤推荐薛居正。薛居正也是个文学之士,当时的职务是枢密直学士、兵部侍郎,但性格含蓄,行事谨慎。赵普觉得他不会威胁到自己的地位和权力。当时赵匡胤正亲信赵普,言无不从,计无不听,见赵普极力抑制窦仪,料想如果用了窦仪,肯定会引起矛盾,至少会影响赵普的积极性,因此只好批准赵普的提议,而对窦仪忍痛割爱。不过,赵匡胤又提出置两个副手,他提议由另一位枢密直学士、兵部侍郎吕余庆共同出任。吕余庆早在赵匡胤未做皇帝时,就是他的重要幕僚,很有名气,也很有才干,建隆二年(961),范质就曾把他与赵普一同推荐,说他"富有时才,精通治道,经事霸府,历岁滋深,自陛下委以重难,不孤倚任,每因款接,备睹公忠。伏乞授以台司,俾申才用。今宰辅未备,久难其人,以二臣之器能,攀附之幸会,置之此任,孰谓不然"[①]。那时吕余庆已是端明殿学士,职位比赵普还要高,其在朝廷中的人望,已能与赵普并驾争先。不同的是,赵普与赵匡胤的关系更亲密更特殊一些。

乾德二年(964)四月十九日,吕余庆、薛居正二人的任命同时颁布,都

①《续资治通鉴长编》卷二。

以本官参知政事。但同时，又明确规定，他们二人不宣制，不押班，不知印，不升政事堂，只在宣徽使厅上办事。殿廷之上，另设坐团于宰相之后，在敕后署名衔，要比宰相降低几个字，凡是俸禄及一切杂给，都只有宰相的一半。①这一切，都体现了参知政事和宰相的等级差别和距离。宣制就是宣布诏书；押班就是在朝会时领班；知印就是执掌相印；升政事堂就是到政事堂上议事。政事堂是唐时创设的官署名称，亦称中书门下，俗称中书门下内省，设在朝堂之西，为宰相议政之所。这里特指出让吕余庆等不升政事堂，是利用升政事堂来突出赵普独一无二的地位。这样，虽然设了两个副手，却仍然只有一个宰相。

窦仪，字可象。早在周世宗征淮南之前，就已是端明殿学士。周世宗征淮南，他作为行在三司判官从征。周恭帝时，升为兵部侍郎。赵匡胤登基之后，为工部尚书兼判大理寺，曾主持制定了宋代法典《宋刑统》，为翰林学士。当时赵匡胤很器重他。宫中值班，以备非常之召，需要一个饱学宿儒，范质等人推荐窦仪"清介重厚"，赵匡胤也觉得"非斯人不可处禁中"。窦仪学问渊博，多次解答了一些人所难解的问题。赵匡胤早就很器重他，还要追溯到滁州之战时，当时赵匡胤攻克滁州，周世宗派窦仪去统计那里的府库缴获物，赵匡胤派亲吏去取库中的绢分给军士，窦仪说："太尉刚攻下城时，即使把所有缴获品一点不留地分赏军士，也不会有人说什么，现在既然已经统计在案，就成了国家公物，没有诏命不可动用。"②之后赵匡胤多次对大臣说起窦仪讲原则，就是

---

① 据《续资治通鉴长编》卷五。
② 据《宋史·窦仪传》。

为此。后赵匡胤想用窦仪为相，赵普忌惮窦仪的刚直，于是力荐薛居正为参知政事，再加上陶谷、赵逢、高锡一帮人又联合起来排陷窦仪，赵匡胤也不再提起此事。窦仪见不但不能为相，反而引起一帮人的妒恨，就郁郁不得志，乾德四年（966）十一月，窦仪病死。赵匡胤非常痛惜，对左右说："我真是缺少辅佐之人啊，老天为什么这么早就夺走我的窦仪呢？"于是追赠为右仆射。窦仪之死，与赵普忌才是有关系的。

赵匡胤还看中了一个人才，他曾对赵普说起："枢密直学士、右谏议大夫冯瓒，材力当世罕有，真奇士也。"意思想提拔起来做大官。赵普听在心里，怕赵匡胤任他为相，对自己的权位构成威胁，因此心里很是忌讳。正赶上后蜀平定，于是借口蜀地需要能员抚治，就把冯瓒派到了梓州（今四川三台），同时安排自己的心腹充当冯瓒的私人奴仆，搜求冯瓒的过失。过了一年，这个人私下逃回，在朝廷前击登闻鼓。这登闻鼓不是随便敲的，一敲必有重大事情，皇帝要立即上朝。此人在朝堂之上诉冯瓒和监军绫锦副使李美、通判殿中侍御史李楫等作奸犯科、狼狈为奸谋利等事。赵匡胤一听大惊，急忙叫人把冯瓒等召回，当面追问，又下御史详细核查，结果原告言语无据，漏洞百出，多属不实之词。赵普见势不好，又派人到川中搜检冯瓒等人的行囊，搜出金带等珍玩之物，拿来题封后贿赂刘嶅，当时刘嶅在皇弟赵光义府中为判官，通过周密的安排，诬陷终于成功，冯瓒等人含冤服罪。案情既定，赵普把事情汇报给赵匡胤，说冯瓒等人按法律应当处死。赵匡胤很怜惜冯瓒的才干，想赦免这几个人，赵普坚决反对。赵匡胤不得已，于乾德四年八月，下诏削去冯瓒等人的名籍，将冯瓒刺配沙门岛，李美刺配海门岛，由于赵匡胤很器重李楫，一直认为他非常谨慎忠厚，特免流配。就这样，赵普将对他的权位有威胁的几个人一网打尽，拔去了眼中钉。

赵普虽然善断大事，身居相位，但他的心胸也并不那么宽阔。常言宰相肚里能撑船，他就没这种度量。他城府很深，有怨必报，并且报复手段也算得上毒辣。

开宝四年（971）发生的一件事足可看出赵普的心胸。有个名叫姚恕的人，在皇弟赵光义的开封府中为判官，负责事务，颇为得力。有一次，他去拜见赵普，正赶上赵普在家宴客，看门人不给他通报，姚恕很有骨气，觉得这是赵普对自己的折辱，于是悻悻而去。赵普知道以后，立即派人追上道歉，姚恕不吃这一套，连头也不回径自去了。赵普因此记恨姚恕。后来，朝廷委任杜审肇为澶州知州，赵匡胤为他配备助手，赵普便趁机请用姚恕，当时赵光义很是器重姚恕，极力想把姚恕留下来，但尽管赵光义一再要求，赵普就是不卖这个面子，最终还是硬把姚恕从赵光义身边拉出，派到澶州做了通判。开宝四年十一月，黄河在澶州决口，东汇于郓州濮阳一带，淹坏民田。赵匡胤痛恨所在官吏不及时汇报情况，派朝使前去按问。当天，身为通判、司封郎中的姚恕就被判弃市之刑，杀死后投尸于河。姚恕家的人起初并不知道，偶然从滚滚的河沟中看到一具尸体，身上还穿着朝服，过了几天，得知姚恕已被诛死，才知道那尸体确是姚恕。当时许多人都认为按法律姚恕罪不至死，实是赵普借机报私怨。[1]

---

[1] 据《续资治通鉴长编》卷十二。

赵普有时又保全、保护一些官吏，乾德四年，有人告发殿前都指挥使、义成军节度使韩重赟私取亲兵为心腹，这正是犯了赵匡胤的大忌。因为赵匡胤以陈桥兵变起家，最忌讳武将自树心腹，布置爪牙，怕对自己的地位构成威胁。自即位以来采取的许多措施，都是为了限制和削弱武将的这些势力，尤其忌讳朝中掌禁兵的大将这样做。因此，有人一告发，他立即大怒，想把韩重赟除去。但他凡是这些重要决定，都与赵普商量，这一次也不例外。赵普思考了一下，说："陛下，您势必不可能再亲自统率禁兵，需要选人统领。如果韩重赟由于别人说了他的坏话，就立即处死，那么必然人人惧罪，谁还敢为您统领亲兵呢？"赵匡胤怒气不息，不肯赦免韩重赟，赵普陈述理由，一步也不退让，赵匡胤终于听从了他的意见，免除了韩重赟的死罪，只是削去韩的军职，命他出镇为彰德节度使。韩重赟听说赵普在皇上面前力争，救了自己一命，非常感激。某日，韩重赟登门拜谢，赵普却闭门不见。[1]

总的看来，赵普对于一般官吏，算不上刻薄，还是该提拔的提拔，该保护的保护。他所打击压制的是对自己的权位有威胁和反对自己的人，也就是政敌。另外，对那些于自己有怨恨的人也决不放过。不管是谁，甚至皇亲国戚他也不惜与之为敌。

赵普为政，一般都是自己说了算，大事才与赵匡胤商量。赵普在他的办公室里放了一个大瓦瓮，一切中外表疏，臣僚建议，凡是他看了不中意的，一律扔到瓦瓮中，就像废纸扔到垃圾筐中一样，时间一长，积累一多，就捆起来

————————————

[1] 据《续资治通鉴长编》卷八。

一起烧掉，并不与皇帝说知。[①] 对于有人不写奏状，直接在朝堂上与皇帝对话怎么办呢？赵普也有办法，他先让臣僚到中书省供状，说明想奏对的事情，方许登对。士大夫有不从者，多被赵普排斥到外地。[②] 这样，他上奏皇帝的一切，都只是与他的思路相一致的，凡是不合他的思路的奏议，他就一概压住。这样，各种不同意见得不到公开，不能上达，皇帝就形成了偏听偏信的情况，导致朝政的片面性。而所上奏的意见都是与赵普意见相合的，也就更巩固了他的专权地位。好在赵普非常忠于赵宋王朝，大局上一直是以赵宋王朝利益为重，所以不致出现严重局面，不过，赵普这样"蒙蔽圣聪"，压制群僚意见，专断朝政，也逐渐引起了许多人的嫉妒和反对。

十一、圣恩优隆

从建国之初到十年独相期间，是赵普一生最得意的时期，尤其是在拜相之后，真正达到了一人之下、万人之上的地步。在朝堂之上，甚至连未来的皇帝赵光义都要排班在他后面。他实权在握，独揽朝政，皇帝赵匡胤对他言听计从，倾心倚信，他自己也觉得与国同体，以天下为己任，摆布朝政，安排山河，无拘无忌，尽心尽力，成为真正意义上的宰相。

---

① 据《续资治通鉴长编》卷十四。
② 据《宋稗类钞·谲险》。

赵匡胤极为尊崇赵普，单独拜相，就是要突出赵普的高踞于众人之上的地位，后来虽设两个参知政事，但所做的种种限制，又更加确定了赵普高踞于群僚之首的地位。乾德五年（967）三月十七日，赵普由门下侍郎、平章事加官左仆射、充昭文馆大学士。前文讲过，宋沿袭唐和五代旧例，命宰相分领三馆，首相为昭文馆大学士，其次为监修国史，再次为集贤院大学士，这实际上是把宰相分成三等。赵普一拜相，即充监修国史，七年之后，加为昭文馆大学士，更从官职上确定了他的首相地位。

王称《东都事略·赵普传》说："普既拜相，事无大小皆决于普，太祖待普如左右手。"赵普是赵匡胤真正的智囊，这种依赖是最亲信的表示。无论何时，赵普总是追随左右。即使是退朝以后，赵匡胤有事，也经常不时地微行到赵普家，与之共商国是。其关系犹君臣而兄弟，兄弟而朋友。

赵普每次生病，赵匡胤都非常关心，经常亲自去探视。如开宝二年（969）十二月，赵普有病，因不是大病，而赵普还是继续到中书省处理政务。赵匡胤驾幸中书省，看视赵普疾病。

开宝三年（970）三月，赵普又有病，赵匡胤又驾幸赵普家中探视，同时，赐银器五千两、绢五千匹以示慰问，又赐给赵普妻子和氏银五千两、衣着三千匹。

赵普对于赵匡胤，似乎一天都不可或缺。别的大臣如果父母丧制未终，朝廷起用，一般都要朝廷先授给武官，在衔后添"起复"二字，叫作起复。赵普遭了丧事，很快就"落起复"，上任视事了。

这时期的赵匡胤和赵普的关系，是密不可间的。赵匡胤信任赵普，听不进反对赵普的意见，对于上疏参劾赵普的官员，都予以斥逐，以保护赵普，也保护那种倾心信任的君臣关系。

左监门卫大将军、权判三司赵玭，性格狂躁，为人耿直倔强，口无遮拦，经常有啥说啥，毫无顾忌，也不顾场合。他多次说话扫了赵匡胤的兴，不顺着皇帝的意讲话。赵匡胤因为他粗鲁忠直，经常包容他，不与他计较。然而他又不满赵普的专横作风，几次直斥赵普的短处。赵普受赵匡胤信任，所以他说的话不起作用。他见不能扳倒赵普，就称脚有毛病，不能正常做事，要求辞去职务。乾德五年（967）二月，赵匡胤解除了他的职务。

开宝元年（968）十月，屯田员外郎雷德骧因为这种事而受到制裁。当时雷德骧本官是屯田员外郎，实际上主持大理寺的事务。当时宋朝已经有了正规的法典《宋刑统》，按理就应该照章办事，依法办案，但大理寺的属官们阿附宰相赵普，根据赵普的意思擅自增减刑名，法外施刑，不听雷德骧的管理。雷德骧非常气愤，求见皇帝，要求当面直陈其事。还没等皇帝约见，就直接闯进讲武殿奏陈，由于他心中气愤，因此辞气俱厉，毫不顾忌地把事情说了。在场的众官都面面相觑，气氛非常紧张。雷德骧又继续说起赵普别的事情，说他强行买人宅第，聚敛财物，收受贿赂。赵匡胤越来越生气，他不是对赵普生气，而是呵斥雷德骧说："鼎铛犹有耳，汝不闻赵普吾之社稷臣乎？"抄过左右随从所持的柱斧向他的脸上击去，打掉两颗门齿，鲜血满口，随后又命左右牵出，命宰相赵普将其处以极刑。稍后不久，怒气消了，自己也觉得有些过分，于是命令把雷德骧放了，只以滥加人罪的罪名将他责授商州司户参军。

以上事例表明，在赵普独相期间除后期之外，赵匡胤对他是倾心倚信、言听计从的，把赵普作为左右手。除了一些重大事情外，赵普确实一手处理了宋前期的事务，宋朝前期的行政工作，基本上是赵普的作为。当时的枢密使是李崇矩，李崇矩与赵普关系极为密切，不但是一殿之臣，并掌军政的关系，而且还有亲戚关系，李崇矩极力结交赵普，把自己的女儿许给赵普的儿子赵承宗为妻，二人成了儿女亲家，因此同气连枝，更无人掣肘。所以赵普能独掌相权，充分地发挥了自己的才干。但是，也正是由于赵普为政颇为专断，引起了许多臣僚的不满，于是有人就搜集他的过失，准备在适当的时候群起而攻之。

十二、进攻北汉

说到北汉，不能不略述北汉源流。刘知远建立后汉王朝，他的弟弟刘崇与后汉大将郭威有矛盾。郭威在后汉政府当权之日，刘崇正做太原留守，他以防备契丹为名，招兵买马，充实府库，停交了上供财赋，到郭威篡汉建立后周，他也称帝于太原，占有河东地区的并、汾、忻、代等十二州之地，还沿用汉的名号，这就是北汉，刘崇就是北汉世祖。

北汉世祖刘崇的儿子叫刘钧，就是后来的孝和帝。刘崇有个女儿嫁给一个护圣营卒薛钊为妻。薛钊没有什么才能，也不受重用，妻子也瞧不起他，因此夫妻不和。有一次薛钊乘醉拔刀刺他的妻子，妻子没死，他自己却畏罪自杀了。后来刘崇因为刘钧没有儿子，就让他收养了薛钊的三个儿子——也就是他的三个外甥继恩、继忠和继元，就改姓刘。刘继恩其人一副络腮胡子，相貌堂堂，但长身子短腿，很不协调，只有一个好处，就是对刘钧非常孝敬。但处理政事却软弱无能。后来他当了太原尹，治下无方。孝和帝很担心，对宰相郭无为说："继恩纯孝，但不是济世之才，恐怕不能担当国家重任，保有社稷，怎么办呢？"郭无为也不回答。

北宋建立后，宋太祖赵匡胤曾借边界上的间谍对刘钧说："你家与后周是世仇，不屈服是理所当然的，但与我却没有什么仇怨，何苦让这一方人民受困呢？如果你有大志，想统一中国，那就不妨下太行山决一胜负。"北汉主答复说："河东的土地兵甲，还不到中国的十分之一，我兢兢业业地守这一方土地，只是为了保存汉家一脉而已。"赵匡胤听他说得可怜，告诉信使说："替我传话给刘钧，我网开一面。"所以直到孝和帝死，宋军没有征伐北汉。

开宝元年（968），孝和帝刘钧死，刘继恩即位。他怨恨郭无为当初与孝和帝说过他不能担当国事，没为自己说好话，并且讨厌他专朝政，就想把郭无为排斥掉，先加郭无为司空，外示优礼，内实削夺他的权力。这时刘继恩带丧视事，天天住在勤政阁，左右亲信全留在太原，有的人劝他把亲信调来加强护卫，他不听。有一天，刘继恩下诏所有的文武官员都加官晋爵，大宴大臣和宗子，宴罢醉卧阁中。在郭无为的指使下，供奉官霸荣率十余人挺刃入阁，反锁上门，杀死刘继恩。郭无为随后派兵包围了勤政阁，以弑君罪名把霸荣一干人全部杀死，不留一个活口，然后迎立太原尹刘继元为帝。刘继恩为帝才六十天。

宋朝见北汉内乱，觉得有机可乘。早在郭无为还没杀刘继恩的开宝元年八月，赵匡胤就与赵普、李崇矩等任命了一批武将准备对北汉用兵。以昭义军节度使、同平章事李继勋为河东行营前军都部署，以侍卫步军都指挥使党进为副将，宣徽南院使曹彬为都监；棣州防御使何继筠为先锋部署，怀州防御使康延沼为都监；建雄节度使赵赞为汾州路部署，绛州防御使司超为副将。大军九月进发，刘继元刚刚登位，宋军已经入境。郭无为急忙遣使上表契丹，请辽出兵救援，一面调兵遣将派侍卫都虞候刘继业并冯进珂为正副元帅，马峰为枢密使监军。这马峰是国丈，也就是刘继元的岳父，而刘继业就是后来中国民间广为流传的抗辽英雄杨家将的老令公杨继业，原名杨重贵，因受北汉世祖刘崇的宠信而改姓刘。

马峰率军到洞过河，与李继勋等相遇，何继筠率先锋部队击败北汉兵，斩首两千余级，缴获战马五百余匹，擒汉将张环、石斌，并夺得了汾河桥，遂直抵太原城下。宋军攻势勇猛，烧毁了延夏门，刘继元派殿直都知郭守斌领内直兵出战，内直兵都是身长力大，武艺高强的精兵，经一场激战，郭守斌身中流矢，汉兵又败退城中，于是宋军围太原城。

赵普向赵匡胤建议，如果硬攻，敌人势必死守，攻城更加艰巨，损失更大，不如使用软硬两手，一面迫以武力，一面诱降。赵匡胤也认为很对，于是派遣使者到太原，劝谕刘继元投降，并许诺投降之后将让他担任平卢节度使。又另外以诏书四十多道，送给郭无为、马峰等，许诺将任郭无为为安国节度使，马峰而下，一律许以藩镇。郭无为得到诏书后便动了心，只拿出给刘继元的诏书，其余的都匿而不谈。从此开始留心后路，有了二心，多次劝刘继元纳款投降，刘继元不肯。赵匡胤善用间，这之前，他派了惠璘伪称殿前散指挥使负罪逃到北汉，郭无为用为供奉官，及宋军入境，惠璘潜逃回宋营，半路上被北汉伏兵擒获，押送太原。郭无为明知他是间谍人员，还把他放了。有个叫李超的厮卒深知惠璘的底细，向马峰告发惠璘的间谍行径，请严加审问，郭无为大怒，斩李超灭口。

正在局面有些微妙的时候，契丹兵来援北汉，时当阴历十一月，风吼雪飘，天气苦寒，人披铁甲，其寒更难忍受，李继勋等因为出师已久，再加辽兵的到来，士气此消彼长，只好退军。北汉兵反守为攻，沿途追击，反而侵入宋界，大掠晋、绛二州而去。[①]

开宝二年（969）春，赵匡胤再议北征，先派人到各州调发军资，又派四十九人发各道之兵，屯于潞（今山西长治）、晋（今山西晋城）、磁（今河北磁县）等州。随后，下诏亲征太原，命宣徽南院使、侍卫步军都指挥使党进等率兵先发，命皇弟开封尹赵光义为东京留守，枢密副使沈义伦为大内部署；李继勋为河东行营前军都部署，赵赞为马步军都虞候。二月十六日，车驾发京师，赵普也在军中。

二月二十八日，车驾到了潞州，遇到了连绵的春雨。当时各州的军资全都聚集城中，因泥泞塞路，车辆混乱，交通堵塞。赵匡胤见到这混乱情况，登时

---

① 以上据《续资治通鉴长编》卷九。

大冒肝火，认为这是非理稽留，该治转运使的罪。赵普从容对赵匡胤说："大军刚到，转运使就被处罚，敌人听说后，一定认为我们的军资储备不充足，恐怕不是震慑敌人的好办法。如想解决混乱，只须找一位善于解决难题的人来管理这一州就可以了。"[①]赵匡胤大悟，即命户部员外郎、知制诰王祐权知潞州。王祐到后，雷厉风行，调发车辆，指挥疏通，立时畅通无阻。随后，又任命枢密直学士赵逢为随驾转运使，专门调度北伐的军粮物资。

此时北汉刘继业、冯进珂等率北汉兵主力扼守于团柏谷，派马队指挥使陈廷山率数百骑来侦察巡逻宋军情况，正遇李继勋的前头部队，陈廷山即以所部投降。刘继业和冯进珂权衡双方兵力，知道众寡不敌，即领兵退守晋阳。北汉刘继元大怒，撤销了他们的领军职务。李继勋等进围太原城。这时辽朝派内侍韩知璠册命北汉主为皇帝，刘继元半夜开北城门放进辽使。第二天，刘继元设宴，群臣齐集一堂，宰相郭无为就在席上放声大哭，自拔佩刀要自杀。刘继元急忙走下席来，把住他的手让他坐下，郭无为说："奈何以孤城抗百万之师乎！"座上群臣也知道形势严峻，相对默然。郭无为此举实是为响应宋军，瓦解北汉人的斗志。

宋军这边却是不断加紧攻势。在赵匡胤和赵普的指挥下，以刑部员外郎滕白总领河东诸州转运事，以颍州团练使曹翰为河东行营都壕寨使，同时撤除了原知河东转运事刘仪的职务。为了鼓舞士气，赵匡胤驾发潞州，亲临太原，于城南检阅了军容，又亲临汾河，指挥造新桥。同时，调发太原各县民众几万人

---

① 据《续资治通鉴长编》卷十。

到城下听用，命知制诰卢多逊知太原行府事，以示必得太原。这一切，都是在几天内连续进行的。

战局对宋军是有利的，捷报不断传来：李继勋败北汉兵于城下，斩首千余人，获马六百匹；北汉宪州判官史昭文以州城投降。太原虽小，在宋军一浪接一浪的攻击之下，竟然能屹立不摇，反使宋军死伤不少。三月下旬，赵匡胤亲临城下观战，见军士屡攻不下，不觉有些焦躁，有人建议增兵攻城，右神武统军陈承昭胸有成竹地说："陛下自有数千万兵在左右，为什么不使用呢？"赵匡胤还不明白什么意思，陈承昭用马鞭指指汾河水，赵匡胤恍然大悟。三月二十八日，命陈承昭率军民筑长堤壅汾河水，第二天，决晋祠水灌城。第三天，命李建勋于城南、赵赞于城西、曹彬于城北、党进于城东逼城为四寨。晚间，北汉人乘黑突出西门，偷袭宋军，赵赞率军死战。双方喊杀连天，飞矢如雨，有一支箭射穿了赵赞的脚，赵赞带伤指挥，北汉人也死战不退。这时东寨有一支军队在都监李谦溥的率领下正在西山伐木，听到鼓声，引兵来增援，北汉兵才退入城内。消息报到行营，赵匡胤亲自到西寨看视。北汉人又在刘继业的率领下以数百精骑突击东寨，党进即率麾下兵迎头冲杀。刘继业寡不敌众，在城内兵的增援下，顺着城上抛下的绳子爬上城去才得以幸免。

北汉人之所以这样顽强，辽兵的声援是一个重要因素。城中在与宋军日夜搏杀之际，亟盼辽兵来援。辽兵果然分两路来援，一路走石岭关。赵匡胤听到战报，急召棣州防御使、石岭关部署何继筠到行在（皇帝驻跸之所），面授机宜，并付给精兵数千，约好明日中午等候捷报。时当盛夏，何继筠吃了凉粉上马，率军辞去，与辽兵战于阳曲县北，擒武州刺史王彦符，斩杀千余人，获马七百余匹，还有大批铠甲。第二天中午，果然何继筠派他的儿子何承睿来报捷。赵匡胤让宋军把所斩辽兵首级和所获盔甲摆在城下，城中人见了，士气低落不少。

另一路辽兵由定州来援，韩重赟列阵于嘉山，对来敌说，我已经等你们好久了。辽兵见宋军有准备，便想退兵，韩重赟乘机麾兵追击，大败辽兵，获战马数百匹。消息传来，宋军大喜，北汉人更加绝望。

五月，赵匡胤亲临城东南，命水军乘小船载强弩强行攻城，内外马步军都军头、横州团练使王廷义亲自击鼓，之后又甩去头盔，奋勇冒箭雨登城，不想一箭射下，正贯其脑射入，死于城下。宋军连续几天攻城，就在王廷义死的第三天，殿前指挥使都虞候、袁州刺史石汉卿也中箭落水淹死，宋军损兵折将，死伤很严重。几天之后，赵匡胤又转到城西，命诸军攻西门，同时又派偏师围岚州（今山西岚县北），赵文度投降。

太原的形势日益严峻，城防岌岌可危。郭无为怕宋军破城之后，玉石俱焚，因此策划出奔宋营。他请求亲自率兵出击宋军，刘继元相信他，选精兵一千人，以刘继业和郭守斌为副将，刘继元亲自登延夏门送行，并且一直等在那里，等他们回来。当夜开始较晴朗，汉兵出城之后，却天昏地黑，风雨交加，郭无为走到北桥，召集副将，刘继业因马足受伤，收兵先已退去，郭守斌因迷了路，不知到哪里去了，郭无为无奈，只好领了几十人退回城中。

这年闰五月，此时已相当于六月，酷热难当，宋军勉力攻城数月，终于看到了希望。连绵的雨水使宋军吃尽了辛苦，然而也帮了他们的忙。汾水自延夏门的瓮城灌入，穿透两重外城流进城中，城中人大惊。赵匡胤亲登长堤看水淹太原，见水口渐渐冲开，越来越大，绝望的北汉人缘城设障，又被宋军所射，无法施障。不料城垮在即的时候，奇迹发生了，水上有草团顺水漂来，直抵水口堵在那里，宋军只能眼睁睁地看着北汉人抓住机会，堵住水口，又一次功败垂成。

郭无为又一次劝北汉主出城投降，刘继元仍然不听。宦官卫德贵极言郭无为反状明显，罪不可赦。刘继元也看明白郭无为叛心已明，不杀不足以平军民之愤，因此明宣罪状，斩了郭无为，城中的军民之心稍稍安定。宋军却因内应丧失更加失望。刘继元派兵半夜潜出，想烧宋军的攻城械具，被宋军击败，斩杀万余人。半夜，忽然有呼声传来，说北汉主刘继元开城来降，赵匡胤闻听大喜，吩咐卫士披挂整齐，打开营门。八作使赵璲说："受降如受敌，岂能半夜轻易开门！"赵匡胤派人详细探听，果然是混进军中的北汉人所为。

太原城久攻不下，宋军无计可施。东西班都指挥使范阳李怀忠率众再攻，再次失利，他自己也中箭，差一点死掉。殿前都指挥使都虞候赵廷翰率诸班卫士叩头于赵匡胤马前，愿先登急击，以死报国。诸班卫士也是千中挑一的精锐，各有独到的绝艺，赵廷翰这一举，实际上相当于赌徒的最后孤注，但成功的可能性也几乎等于零。赵匡胤叹口气说："汝曹皆我所训练，无不一当百，所以备肘腋，同休戚也。我宁不得太原，岂忍驱汝曹冒锋刃，蹈必死之地乎！"众人听了，无不感激涕零，再拜齐呼万岁。

宋军已成强弩之末，大军困于坚城之下，甘草地中，暑雨连绵。长期的潮湿，使军士们得了腹泻病，没得病的也疲惫不堪，战斗力大减，颇有点曹操下江南的处境。太原城内军民见宋军黔驴技穷，内患郭无为也已清除，反而士气上更坚定，没有溃散的迹象。还有一事，就是辽兵见宋、汉僵持已久，又派兵来援，更使士气一长一消，宋军处于越加不利的位置。这时，太常博士李光赞上书赵匡胤说："陛下应天顺人，体元御极，战无不胜，谋无不臧，四方恃险之邦，僭窃帝王之号者，昔与中国为邻，今与陛下为臣矣。蕞尔晋阳，岂须亲讨！重劳飞鞔辂，取怨黔黎，得之未足为多，失之未足为辱。国家贵静，天道恶盈。所虑向来恃险之邦，闻是役也，竭府库之财，尽生民之力，中心踊跃，各有窥觎。《传》曰：'邻之厚，君之薄也。'岂若回銮复都，屯兵上党，使夏取其麦，秋取其禾，既宽力役之征，便是荡平之策，惟陛下裁之。况时属炎蒸，候当暑雨，倘或河津泛滥，道路阻难，辇运稽迟，恐劳宸虑。"赵匡胤看了，暗暗点头，请赵普来议，让他看了李光赞奏章，赵普也认为很有道理。既然二人达成了共识，赵匡胤便让赵普召来李光赞，亲自抚慰，一面让赵普安排班师事宜。

薛化光进言说，凡伐木，先去枝叶，后取根柢。现在河东外有契丹之助，内有人户输赋，恐怕一年半载未能攻取。应在太原石岭山及河北界西山东静阳村、乐平镇、黄泽关、百井社各建城寨，挡住契丹援兵；起太原周围的人民安置于内地，绝其资粮。这样，不几年间，自可平定。根据这个建议，宋军迁太原民户万余家于山东、河南，给以粮粟，以困北汉。①

宋军的撤退情况，史书上没有详细记载，但从《续资治通鉴长编》卷十所载"北汉主籍我所弃军储，得粟三十万，茶、绢各数万，丧败罄竭，赖此少济"可以看出，肯定也比较混乱和狼狈。

伐北汉之战是宋初一场硬仗。宋朝乘屡胜之威，费半年之功，竭府库之财，尽生民之力，发精锐之师，用惯战之将，损失了大量人力物力，却没有攻克太原。当然，太原也是日日处于危险之中，随时有破城的危险，真正是危在旦夕。尽管民疲财尽，然而终于保住了国家。宋军退后，北汉人决城下汾水注入台驿泽，水一落，城墙纷纷倒塌。契丹使者韩知蹯说，宋人引水浸城，知其一而不知其二，如果知道水一撤城墙就会倒塌，北汉人恐怕早就完了。

这次战争，宋朝几乎是用了全力。北伐失败，对宋人影响很大。北汉确实是颗硬钉子，虽然地小人少，但竟能不屈服于宋兵压力和攻击，使宋朝对北方产生了畏难心理。

赵普曾为赵匡胤决策，先南征，后北伐，留下北汉以缓冲西北两边的军事压力，所以出师荆、湖，平定西川，都非常顺利。但当时南方尚有吴越、南唐和南汉，为什么没有坚持既定战略，先南后北呢？史书上没有提到原因，宋史研究著述中也没见这方面的探讨。赵匡胤北伐，也没见赵普阻拦的记载。最大的可能就是，由于平定荆、湖和后蜀，都是如摧枯拉朽，一举平定，均没有碰到顽强的抵抗，南方军队承平日久，军队战斗力很差，将领也没有良将，因此

① 以上伐北汉事据《续资治通鉴长编》卷十。

宋人骄傲，赵匡胤等产生了轻敌情绪，没有预见到北伐的艰巨性。另外，北汉当时连遭大丧，内部混乱，确实让人感到有机可乘，不难平定，因此实施了北伐。虽然这样，宋朝对北伐的战役比平定南方数国的战役来看，是更重视的，从皇帝和宰相都亲自出征就可以看得出来。北汉得以支持下来，也有一些偶然因素，如郭无为的内应没有起到多大的作用；大水灌城时偶然出现的草团堵住了水口；连绵不停的暑雨降低了士气和战斗力；不知道大水浸泡城墙之后，水一撤城墙就会倒塌，没有再坚持一下，等等，都是一些偶然因素。其中最重要的因素是连绵的暑雨给军队造成了严重的妨碍，不单后勤运输大大地增加了难度，使得前线军资难以为继，更重要的是军士们多得了腹泻，严重地降低了战斗力。宋军如果再坚持下去，固然有可能破城，然而旷日持久，将近半年的战争实在耗尽了宋军的战斗力、财力和耐心，如果宋兵恋战不退，军队的士气丧尽，黄河又再泛滥的话，后果实在难以设想。赵匡胤和赵普未必会完全忽略了这些严重的问题，只是付出了如此巨大的代价之后，两手空空地回来，实在心有不甘。李光赞的奏折，正好起到了一个台阶的作用，他们也借坡下驴，知难而退了。从万全的角度考虑，这是识时务的明智的做法。

十三、平定南汉

据《续资治通鉴长编》卷十记载：

"（开宝二年闰五月）壬戌，车驾发太原。"

"（六月）壬午，次邢州。"

"癸未，以右补阙大名王明为荆湖转运使，将用兵于岭南也。"

"癸巳，车驾至自太原。"

从以上时间表来看，是赵匡胤在班师途中就开始了灭南汉的军事准备。然而由于北伐战役大伤元气，军力疲惫，府库空虚，所以到开宝三年（970）九月，才开始了实际的军事行动。

在广东地区，一个因参加镇压唐末农民起义军而起家的军人刘隐，从905年以来形成了一个以广州为中心的割据势力。随后他又把势力范围扩大，包有潮、容、邕、韶诸州。到917年，其弟刘龑尽有岭表之地，于是建立南汉，改元乾亨。到958年，刘龑的孙子刘继兴袭位，改名刘铱，改元大宝。

刘龑和他的继承人都很荒淫残暴，政刑苛酷，赋敛繁重，胡作非为。刘铱把政务都交宦官处理，臣下凡有他认为的哪怕是很小的过失，即处以宫刑，他认为某人有才能，他想重用这人，也处以宫刑，就是后宫嫔妃也穿戴上男子衣冠参与朝政。又作各种残酷的刑罚，除了经常用毒酒杀人之外，又作烧煮、剥剔、刀山、剑树之刑，或者让犯人斗虎抵象。又设立各种名目的苛捐杂税，老百姓凡要入城，就得交一文钱；琼州的大米，每斗要交税五文钱。又设置了一个机构，叫作"媚川都"，专门为宫廷采集珠宝，有三千人。凡是要采集海底的珍珠、玳瑁之类，就在人脚上用绳索拴上石头沉入水底，在当时没有任何潜水设备的条件下，有时要下潜到五百尺（唐宋时一尺约合三十一厘米，五百尺约一百五十米）的水底，因为超过了人的极限，许多人被活活淹死。而刘铢所居的宫殿的梁栋之上，全以玟瑠珍珠装饰，真是穷极侈靡。[①]

刘铢的官吏也是非常难做，常须提心吊胆，一不小心，就有被杀的危险。乾德三年（965），宋军伐蜀，南汉非常惊慌，幸亏有位邵廷琄率南汉兵屯于洸口，严阵以待，国内才得以稍稍安定。而不久，就有人投匿名信诬告邵廷琄"将图不轨"，刘铢既不做调查也不做对证，就派使者赐邵廷琄死。士兵们排队于军门见使者诉冤，保邵廷琄没有反的行为，请加调查，使者不听。邵廷琄死后，军心更加涣散。

乾德四年（966）年底，南汉的宦官、北面招讨使吴怀恩于桂林督造战舰。吴怀恩督役严厉，稍有马虎，或制造不合适，就严厉捶挞工匠。这一天龙舟制成，吴怀恩亲临一一详细检查，旁边有个怀恨在心的匠人区彦希，冷不防挥斧一斧把吴的头砍落在船中，由于出其不意，人都惊散。

吴怀恩死后，刘铢又用宦官潘崇彻代掌军权，做北面招讨使。不久又有流言说潘崇彻有反心。刘铢派使者郭崇岳去看虚实，嘱咐他若果如此，立即斩之。后郭崇岳因潘守卫森严，不能得手，刘铢便削去了潘的军权。如此一来，南汉有才略的众将多被谗言诬告而死，宗室也被剪灭殆尽，掌兵权的就只有几个龌龊宦官，"城壁壕隍，但饰为宫馆池沼，楼舰器甲，辄腐败不治"[②]。乾德中，宋军曾有一次南伐，俘获了十几个宦官，其中有个叫余延业的，形容猥

---

① 以上据王称《东都事略》卷二十三《刘铢传》。
② 《续资治通鉴长编》卷十一。

琐。赵匡胤问他在岭南做什么官，他说做扈驾弓官。赵匡胤命人给他弓箭，他使出了吃奶的力气，憋得红头涨脸，也没有拉得开弓。赵匡胤看了好笑，接着问他南汉的政治情况，余延业一一述说刘氏历代奢侈残酷的事情，赵匡胤听了非常惊讶，说："吾当救此一方之民。"之后不久，又接到道州（今湖南道县）刺史王继勋的报告，说刘𬬭肆为昏暴，民被其毒，又几次来犯境，请出师南伐。因朝廷的注意力在西北，不想马上对南汉用兵，所以宋朝谕告南唐，让南唐主李煜传达宋朝廷的意旨，让刘𬬭先献出湖南旧地，结果刘𬬭置之不理。

开宝三年（970）九月初一，朝廷任命潭州防御使潘美为贺州道行营兵马都部署，尹崇珂为副，道州刺史王继勋为行营马军都监，遣使征发诸道之兵，向贺州（今广西贺州）城下进发，大举南伐。

南汉兵久不战斗，军备废弛。宋军一路进军顺利，在富州大败南汉兵万余众，克富州，进抵白霞。贺州刺史陈守忠遣使告急，南汉上下一片恐慌。刘𬬭赶紧派他最信任、最得力的大宦官龚澄枢驰往贺州鼓舞士气，当时士兵长期守边，都非常穷困，听说朝廷来了大官，都以为必然有大的赏赐，结果龚澄枢拿来的是一纸空诏，众心失望，怨声遍城。龚澄枢害怕，忙乘小船逃回，宋军遂包围了贺州。

刘𬬭听得消息，急忙召大臣商议对策，官员们都请求起用潘崇彻指挥军事，但潘崇彻自被削夺兵权以后，已心灰意冷，以眼睛有病为由推辞，刘𬬭只好以伍彦柔率兵增援贺州。宋军听得伍彦柔军到，即退后二十里，埋伏了奇兵。南汉兵的船夜泊南乡河岸侧，第二天一早，伍彦柔挟弹登岸，坐于胡床上指挥，仿佛王昭远的气派。正在作威作势，不料伏兵突起，一阵猛杀猛砍，伍彦柔之兵大乱，十死七八，伍彦柔也作了刀下之鬼。宋军拿伍彦柔的头给城中人看，贺州城守军仍坚守不降。随军转运使王明对潘美说："当急击之，恐援兵再至，则为所乘，我师老矣。"诸位将领还在犹豫，王明早已顶盔披甲，率领护送军资的兵卒百余人和丁夫数千，带了填土的工具，把城壕填平了，直抵城门。城中守军害怕了，于是开门出降。宋军搜集舰船，声言要顺流到广州。刘𬬮昼夜忧愁，无计可施，只好加潘崇彻为内太师、马步军都统，领军三万屯贺江防守。但当宋军径往昭州（今广西平乐）时，潘崇彻只是拥众自保而已，并不出来阻截。宋军破南汉的开建寨，攻下了昭州、桂州（今广西桂林），十一月，宋军又攻克连州（今广东连州），至此，原属湖南的桂、连、昭、贺四州，都已落入宋军手中。刘𬬮等人认为，宋人取得了湖南旧地，恐怕已经达到了南征的目的，该罢手了。没想到宋军继续长驱直入，直攻韶州（今广东韶关）。南汉都统李承渥率兵十万，部署于莲花峰下，驯象为阵，每一象乘数十人，各执兵器，每战都以象在前冲突，以壮军威。宋军开始很害怕，后来组织强弓硬弩进行密集射击，大象奔溃，身上乘坐的兵都颠坠地上，反而践踏冲击了李承渥率领的南汉军，南军大败，李承渥勉强逃得性命，宋军又取得了韶州，俘其刺史辛延渥。

宋军使辛延渥劝刘𬬮投降，南汉朝廷上众说纷纭，六军观容使李托坚决反对投降，这使得许多人都非常害怕。刘𬬮也只好走一步是一步，幻想出现奇迹，他命军民在城东挖掘壕堑，准备防宋。环顾左右，无有可以领兵的统帅。

官中有个老官媪推荐他的养子郭崇岳可用，刘铱也就身边无骏马，暂且把驴骑，命郭崇岳为招讨使，率军六万屯防马径。[①]

开宝四年（971）正月，宋军又连克英（今广东英德）、雄（今广东南雄）二州，南汉都统潘崇彻也投降了宋军。刘铱见大势危急，只好遣使请和。潘美等怀疑是缓兵之计，反而更加紧行军，直至马径，屯兵双女山上，居高临下，俯视郭崇岳的寨栅。那郭崇岳自幼娇生惯养，后来就做宦官，哪里懂得什么兵书战法，运筹帷幄？所率领的又多是韶州和英州败兵，早已成为惊弓之鸟，没有什么斗志。有个植廷晓见宋军欺人太甚，想率兵出战，郭崇岳坚决不肯，只是坚壁自守，一天到晚祷祝鬼神而已。

刘铱见郭崇岳也指望不上，只好三十六计，以走为上，取十来只船，想载金珠宝贝和嫔妃们入海逃跑，还没出发，就被宦官乐范和卫兵们把船偷了自己逃走了。刘铱各条路都绝了，只好命右仆射肖潍、中书舍人卓惟休到宋营求降，潘美也不跟他们谈判，马上就派人把他们押往京师。刘铱见肖潍等一去不返，越加恐惧，一面让郭崇岳加强防守，一面又派他的弟弟判六军十二卫刘保兴率倾国之兵去做最后一搏。植廷晓对郭崇岳说，北兵乘胜而来，锐不可当，我们的兵虽然多，但不奋战也是坐以待毙。于是他领前军据水为阵，让郭崇岳殿后。当宋军渡河的时候，植廷晓奋力前突，力战而死，郭崇岳兵败回寨栅。王明对潘美说，敌军用竹木编成寨栅，我们若用火攻，乘乱进军，是为万全之策。潘美于是命丁夫们每人带两支火炬，天黑后悄悄逼近敌军寨栅。到预定时

---

① 据《续资治通鉴长编》卷十一。

间，万炬齐发，又值大风助火势，南汉军大乱。宋军乘势突击，汉军大败，郭崇岳死于乱兵之中，刘保兴逃回。龚澄枢和李托、内侍中薛崇誉商量说："宋军之来，不过是贪图我国的珍宝，我们就全部烧光，让他们得座空城，肯定就不会长驻，自己就回去了。"于是放火烧宫殿府库，一夜都烧做一片白地。

开宝四年（971）二月初五，宋军兵临广州城下，刘铱素服出降，潘美根据朝廷的旨意没有捆绑他。兵入广州之后，俘虏宗室、官属九十七人，和刘铱一并软禁在龙德宫。有一百多个宦官穿了盛服，摇摇摆摆地要求拜见潘美等人。潘美说，我奉诏伐罪，正为这些人，传令一律斩首。捷报传到京师，群臣称贺，大排宴席。此战自开宝三年九月初一命将兴师，到开宝四年二月初五刘铱投降，共计五个月零四天，得六十州、二百四十县、十七万零二百六十三户。

根据赵匡胤的意旨和赵普等人的安排，大赦南汉境内罪囚；过去的官署机构仍旧保留；无名赋敛，一概废除，开宝三年以前所欠租赋，一概免除；亡命山林的，释罪招抚；吏民僧道被调发的，一切听其自便；民贫者发粮赈济；而宋军的俘获，各还其主；俊奇的人才，地方上要访询，有高才逸行，原来不愿在南汉为官的，地方官要上报；庙宇祠堂等，都加营护。就命潘美和尹崇珂同知广州，又在广州设市舶司，以潘美和尹崇珂都兼任市舶司使。废除"媚川都"等苛暴行政，休息生民。[1] 同时调了一批官员作为通判，充实岭南地区的行政力量。

这年四月，潘美派人护送刘铱等一概亡国的俘虏献于京师。到京后，赵

①据《续资治通鉴长编》卷十二。

匡胤派吕余庆劾问南汉反复无常、出尔反尔以及焚烧府库宝货之罪。刘铱把一切责任推到龚澄枢、李托和薛崇誉身上。又派人问龚澄枢等人这到底是谁的主意，龚等不答。谏议大夫王珪对李托的脸上边吐唾沫边打耳光说："昔在广州，机务并尔辈所专，火又自内中起，今尚欲推过何人？"龚澄枢才不得不服罪。

进行了献俘太庙的仪式之后，赵匡胤又使卢多逊宣诏宣布刘铱的罪状，刘铱说："臣年十六僭伪号，澄枢等皆先臣旧人，每事臣不得自由，在国时，臣却是臣下，澄枢却是国王。"说完伏地请罪。赵匡胤命斩龚澄枢、李托、薛崇誉于千秋门外，赦免刘铱之罪。不久，又封刘铱为右千牛卫大将军，封侯赦罪，俸外另给钱五万，也算是格外开恩。刘铱其人生得"体质丰硕，眉目俱疏，有口辩，性绝巧"，他曾用珍珠串结鞍勒为戏龙之状，赵匡胤让传示给工匠看，无不惊服。赵匡胤赏给他一百五十万钱之后对左右说："铱好工巧，遂习以成性，倘能移于治国，岂至灭亡哉！"

有一次宴会，赵匡胤和刘铱先到，其他官员还未来到，赵匡胤先赐给刘铱一卮酒。刘铱在国时经常用这种手段毒死臣下，这次以为赵匡胤是以其人之道还治其人之身来了，吓得捧着杯哭，求免一死，不要让他喝这杯酒。赵匡胤说："朕推心置人腹，安有此事？"拿过酒杯，一饮而尽，刘铱大惭。

赵匡胤南征北伐的历次军事行动，赵普没有一次不是参与决策、部署，平南汉之役也不例外。但如果打开当时的地图就可以看到，南唐占据今江苏一带，若论远近，自然是南唐距北宋边境较近，为什么宋军要舍近求远，越过南唐打南汉呢？恐怕原因有二：一是南唐事宋谨慎，诚惶诚恐，唯命是从，而南汉则不听宋的指挥；二是南唐为政尚还平和，不似刘铱那么残暴，所以赵匡胤"吾当救此一方之民"，也是一个原因。①

十四、困弱南唐

南唐与周世宗一场大战，受到沉重打击，不但丧失了淮南江北的土地，而且全国的民心士气也受到严重摧挫，视后周与后起的北宋如洪水猛兽，但求自保，不敢言战。

赵匡胤陈桥兵变，登基立宋，这时南唐还是李景（即李璟改为景）在位，赵匡胤曾派使者告知宋朝代周的消息。建隆二年（961）六月，也就是在赵匡胤之母杜太后去世的同月，李景死，太子李从嘉即位，改名煜，这就是历史上闻名的风流皇帝南唐李后主。

李煜上台登基，自然要处理与周围政权的关系，若论疆土，在当时的十国之中，除了后蜀，就是南唐了，尽管前几年被后周割去了淮南，仍然比其他国家大，但即使如此，也仍然不足与宋抗衡。经过夺权建立的宋政权不仅没有被李筠、李重进的叛乱搞垮，反而通过对叛乱活动的荡灭，更使新兴的政权巩固、强大和自信。南唐的情况却是每况愈下，尽管李煜做了皇帝，但民心和士气并没有得到鼓舞，面对如旭日东升、咄咄逼人的宋朝，南唐的君臣们都觉心

① 据《续资治通鉴长编》卷十二。

寒。讨论的结果，还是要遵照原来的国策，见风使舵，委曲求全，不让宋朝有发动战争的借口。国策既定，就在九月派中书侍郎冯谧为使，去宋朝贡。到了汴京，献上李煜亲笔表章，陈述说自己本性淡泊，无意于王家富贵，不得已而继位，根本没有什么野心，对奉事大国也不敢怀有二心。因为与吴越为邻，所以先表自己的态度，以免被吴越诬陷，引起大国的怀疑。赵匡胤看了表章大喜，回复的诏书用了亲切的口气。以前周世宗取得江北后致书江南，建议两国关系要基本上像唐朝和回鹘可汗的关系一样，称呼对方国主，这一次却用了诏书的形式，这就至少说明宋朝已不把南唐当作一个独立的有皇帝的王国来看了。从此，宋朝对江南的皇帝书信都称为诏。

李煜登位以后，于国政人事方面也做了一些调整，分封几个皇弟为王公，命右仆射严续为司空、平章事，以吏部尚书、门下侍郎、知枢密院汤悦为右仆射、枢密使。文武各有升赏。又以其弟李从善为司徒兼侍中、诸道兵马副元帅，李从镒为司空、南都留守。令各司四至九品的无职事官，每日轮两三人在内殿，开陈几条建议。开始，许多人听了都觉得这样可以沟通舆论，使下方的意见可以达于皇帝，可是后来见公布了许多事情而不见实行，都感到失望。

宋初与南唐之间，来往颇为密切。周世宗收淮南时，南唐的投降兵将有许多人家在江南，宋就遣使请南唐访求遣回；在南唐的降兵中，有些老弱伤病者，宋朝也一并送回南唐。凡是一应节日或大的庆典，南唐总是礼数周到地派使者备礼庆贺。宋朝呢，也适度地表现出一种大国风度，经常派使者回赠礼品，并允许李煜追谥其父李景为"明道崇德文宣孝"皇帝，庙号元宗。

赵普与宋太祖策划了先南后北的战略决策。宋强兵壮马，伺机南伐，寻找借口，先平荆湖，后平西川，无不如摧枯拉朽，一举荡平。然而李煜事宋唯谨，礼数无缺，一时倒也不便下手。因为宋军力虽强，到底还是打着个仁义治天下的幌子，不便兴无名之师。因此宋朝就先放着南唐，先把其他的小国扫平再说，这也就是赵普、赵匡胤商定的战略。

然而这段时间里，南唐在李煜的统治下，并没有一点儿起色，反而是每况愈下。

在人事方面，唐司空、平章事严续受到谗毁，出为润州节度使。这时的机密大事多归枢密院裁决，宰相只是一个摆设。中书舍人、枢密副使陈乔也是软弱无能，属吏勾结权幸，为非作歹，陈乔只能睁一眼闭一眼地混日子。这样的官，不久一直升到门下侍郎、枢密使。乾德三年（965）九月，光穆圣章皇后钟氏去世，卫士们应当服丧服，却找不到白布，只能给钱充用。后来德昌宫有房屋塌坏，发现了大批布匹，足足有四十间，足见管理的混乱。江南本地处江浙一带，笼山泽之利，非常富有，但府库钱粮物资管理混乱，不可查考，刘承勋掌管宫中事务，盗用不可计数。虽然国家有大批财富，老百姓却经常忍饥挨饿，有了灾荒，国家不知赈济，大批饥民逃往宋境。

唐后主李煜精于诗词，通晓音律，可以说是学识渊博。他常命两省侍郎、谏议大夫、给事中、中书舍人、集贤勤政殿学士每晚分别在光政殿值班，与他谈古论今，吟诗作词，直至半夜。李煜又特别信佛，中书舍人张洎是个没有什么真本事的文人，投其所好，一见面就对李煜大谈佛法，因此深得李煜重用。

李煜又在皇宫之中造佛寺，把李景留下来的嫔妃都度为尼姑。自己退朝之后，就穿上僧服，朗诵佛经，即使疲劳憔悴，也坚持跪拜不懈。僧人有犯法的，法律部门想依法处置，李煜认为这样反而不能去恶，只让犯人礼佛三百即作罢。有人说寺塔佛像装饰得奢侈，李煜觉得有些过分，僧人就说，陛下也不读《华严经》，哪里知道佛家的富贵？国内由于上行下效，礼佛敬佛成为风气，当时的大臣都持戒食素以奉佛，只有中书舍人徐铉不然，但也绝好鬼神之说。

开宝元年（968），李煜用汤悦为左仆射兼门下侍郎、平章事。不久，又以勤政殿学士承旨、兵部尚书、修国史韩熙载为中书侍郎、百胜节度使兼中书令。汤悦是个庸碌之辈，只是谨慎周到，顺着李煜的意思办事。韩熙载就是中国一幅名画《韩熙载夜宴图》中所描绘的主人公。韩熙载在南唐群臣中，还是个有头脑、有胆识的人物，他上疏论刑政的当务之急、古今变化之势、灾祸之变，还呈上他所撰写的格言。李煜看了，亲自写手诏予以表扬，但实际上却不实行。韩熙载觉得大厦将倾，独木难支，也就纵情声色以自污，把自己混同于一般官僚以避祸。《韩熙载夜宴图》是一幅写实作品，表现的就是唐后主让他做事，他不肯，后主派人去看他做什么，韩熙载就设宴置妓，混入的画家画了图回去汇报了李煜，李煜也无可奈何。

李煜也好美色。他的周皇后有个妹妹，年轻貌美，李煜就收在宫中。周皇后病危的时候，忽然看见妹妹进来，得知实情后，连气带病，香消玉殒，李煜就纳其妹为新皇后。韩熙载等人都作诗讽谏，李煜也不管不顾了。李煜自从得了新人，沉湎于声色之中，日日吟诗填词谱曲。监察御史张宪上书，大意说，您大建教坊，广开宅第，下诏叫下面廉洁奉公，在宫苑却极尽奇巧华丽。街道上都议论皇上把户部侍郎孟拱辰的宅子赐给教坊使袁承进的事。过去高祖曾想拜一个跳舞的胡人安叱奴为侍郎，全朝传为笑柄，您现在虽不拜袁承进为侍郎，但赐给他侍郎的居宅，事情也差不多了。李煜看了，赐给张宪帛三十匹，以示嘉奖，但始终也不改过。

自宋军伐北汉失败回师的那天起，赵匡胤和赵普已经开始策划伐南唐的事情了。

开宝二年（969）六月，李煜派其弟吉王李从谦来进贡。当时赵匡胤还没有回到汴京，就在胙城县会见了唐使。当时南唐的水部员外郎查元方作为李从谦的秘书随行，赵匡胤就派知制诰卢多逊主持宴请李从谦于驿馆。卢多逊趁和查元方下围棋的时候问查元方："江南的情况究竟怎么样？"查元方严肃地说："江南事大朝十余年，极尽君臣之礼，其他的事我不知道。"卢多逊被顶得很尴尬，只好说："谁说江南无人。"

开宝三年（970），宋军伐南汉。伐南汉的发起，实际与南唐有关。李煜为讨好宋朝，就命他的知制诰潘佑写了一封几千字的信，劝南汉刘铄归顺宋朝，派了给事中龚慎仪为使者。刘铄见信大怒，囚禁了龚慎仪，写回信给李煜，信中骂李煜为虎作伥，并连宋朝也捎带着说了一些气愤的话。李煜把这封信送给赵匡胤，才引发了南伐的军事行动。

宋军南伐的胜利，对南唐实际上是一个沉重打击。在此后李从谦来朝贡的时候，李从谦还大摆宴席宴请宋君臣，贡献的珍宝器币，都比以前多了好几倍。开宝四年（971）十一月，李煜派他另一弟弟郑王李从善来朝贡，上表请求把宋朝称呼江南的唐国主改为江南国主，改唐国印为江南国印，下诏的时候不必再称为国主，可直称名字。在江南国内，李煜也把所有官制官员降了一等，下诏书不再称"诏"而称教，改中书、门下省为左、右内史府，尚书省为司会府，御史台为司宪司，翰林为文馆，枢密院为光政院，降封各王为国公，官名号也都依次降等。在每年赵匡胤生日的"长春节"，都贡献三千万钱。连占城、阇婆、大食各国派使节送来的土产礼物都不敢擅自接受，都要派使者送到汴京。这一切都是南唐怕落得南汉的下场而采取的讨好行为。

南唐的军民，实际上也不都是愿意坐以待毙的，南都留守建安人林仁肇就是一个。林仁肇精通兵法，很有威名，算得上江南将领中的人杰。在宋军远道南伐南汉，将要北归之际，林仁肇秘密上表献计说："淮南各州的戍兵不过千人，兵力薄弱，宋军前年伐蜀，今年又取岭表，往返数千里，师老兵疲。我请求给我几万精兵，从寿春渡过江北，占据正阳，借助淮南思念故国的民心，可以恢复江北旧境。纵然他来援兵，我据淮水与之对垒，也不怕他。起兵的时候，可以对外说是我举兵外叛，这样事情成功，国家得利，如果不成功，您可以族灭我全家，以表明陛下并没有反叛宋朝之意。"李煜听了，思前想后，觉得成功的把握极小，只能导致更快的败亡，因此不敢答应。

客观地说，林仁肇此计，虽有胆，却不能称为有识。南唐经世宗时一败，已成惊弓之鸟，朝野上下，铮铮敢战者寥寥无几。朝政腐败，小人当政，皇帝软弱无能，一旦举兵，宋朝势必命李煜与宋军南北夹击，单凭林仁肇一军，几乎必败无疑。因此林仁肇的计策，只能算是一种孤注，李煜虽然胆小，但想的却是一种客观情况。

另一个是宜春人卢绛，他屡次到枢密使陈乔那里献策，陈乔用他做沿江巡检。他到处招纳勇士，练习水战，屡次击败吴越之兵于海门，缴获战舰几百艘。卢绛曾经对李煜说："吴越是我们的仇敌，将来总有一天会引导宋军来攻我们，我们必须先灭掉它。"李煜说："吴越是大宋朝的附庸国，怎么敢对它加兵呢？"卢绛说："我请求让我假装以宣、歙二州叛乱，陛下声言讨伐，并且向吴越借兵，兵到则共同夹击，吴越必然会灭亡。"李煜也不敢用。

既不敢进行军事反抗，总得想个法子，因为危机是越来越重了。宰相汤悦献计说："现在宋朝有两个人最有权势，一个是皇帝，一个就是宰相赵普。赵普一人之下，万人之上，专决朝政，操纵国计，事无大小，说一不二。如果能让他在其中起作用，为江南说话，那么江南可保无事。"李煜说："卿此言倒也有理，不过那赵普对宋皇赤胆忠心，休戚一体，怎能得他为江南说话？"汤悦说："钱能通神。赵普对宋皇虽然忠心，又有雄才大略，但臣已访得他是个爱钱之人，据说还做些违法谋私的捞钱买卖。如此看来，他不会不收。"李煜说："一切由卿安排。"

于是，汤悦打点了五万两白银，设法送到赵普的相府里。赵普看见这么多白银，已知江南的意思，待要退回，有点舍不得；待要收下，这么多银子送了来，倘若秘而不宣，万一有风声透露到皇帝耳朵里，也不好解释。思前想后，第二天上朝时把此事禀明了赵匡胤。赵匡胤说："这笔钱不可不收，你只要作书答谢，给使者一点赏钱就可以了。"赵普说："人臣无私受，这种事江南人传开，会说我们的坏话。"赵匡胤说："大国之体，不能自己削弱，应当让他们觉得高深莫测。"于是赵普得了银子，复书来使，表示谢意。李煜君臣得了回书，自以为得计，彼此庆幸。①

实际上赵匡胤知道了这个事之后，反而起到了相反的效果。他最反对大臣交通外国，尽管赵普已经禀明原委，他却对江南君臣心中冷笑。但此时要动兵，还有一个障碍，那就是江南的名将林仁肇，林仁肇不但有胆略，在军中也很有威望。江南人南唐枢密使陈乔曾说："让林仁肇在外领兵，我在朝中调度，国土虽小，敌人也不易攻下江南。"如果他们将士同心，江南确也不容易攻取，于是日日与赵普商议。赵普既受了江南的银子，正要向皇帝表明自己的忠心，于是想了一条反间计，对赵匡胤说："此事不难，陛下听说过蒋干盗书，周郎计诛蔡瑁、张允的事情吗？我们也可以如此办理，具体事宜，我可以安排。"赵匡胤大喜，两人详细地安排了实施细节。

开宝五年（972），宋朝派人带了珠宝，收买了林仁肇的亲近之人，偷出了林的画像。二月江南进奉使李从善再来的时候，宋朝派人宴请。罢宴之后，接伴使将江南使人引到一间豪华的大宅第里休息，这间宅第虽然豪华，却没住人，空空落落。正游览间，使者一抬头看见厅上挂着一幅画像，很眼熟，于是仔细打量。接伴使问道："这是什么人，难道你认识吗？"使人说："是我江南的南都留守兼侍中林仁肇。"接伴使说："林仁肇已与我朝说好，要待机来降，

---

① 据《续资治通鉴长编》卷十二。

先令人送来画像为信物。"又指着这所大宅第说:"这就是我朝为他准备下的,他来之后,就把这所宅子赐给他。"使者只是唯唯含糊应答。这个使人并非李从善,原来,这次来使后,赵匡胤不放李从善回去,任命他为泰宁军节度使,在京师赐给他一栋宅子。

使者回去,说明郑王李从善已被留在北方,李煜君臣更是恐慌。使者又声称有秘密大事禀报,对李煜单独汇报了在客馆里的所见所闻。李煜大惊,联想到前不久林仁肇要求起兵进攻宋朝,莫不是为宋朝起兵伐唐制造借口?莫不是想带几万兵投降宋朝,削弱南唐?越想越怕,越想越像,急忙召汤悦数人商议。此时韩熙载已死,这几人都是些没有主见、没有谋略的人,哪里知道这是北宋的借刀杀人之计?因此一致决定除去林仁肇。为了不发生意外,先由李煜召他回京,慰劳赐宴,宴席上林仁肇还献御宋之策,哪知酒食里面下了毒药?回到家中,毒发而死。林仁肇当时是江南名将,国家干城。林仁肇不明不白地死去,更使江南军民心头一寒。陈乔痛心疾首地说:"形势这样危急,还自杀忠臣,我不知哪里是我的葬身之地了。"

李煜自毁干城,尚不知这是反间之计。但来自北宋渐渐逼近的阴影,却使他坐立不安。因此,他外表越显恭顺,而暗中却下令准备战宋,招兵缮甲,安排兵将,防备突然的袭击。宋朝让李从善传信回去,劝李煜到宋朝的京师汴京朝见,李煜也不肯往,怕直接被扣押起来,只是增加每年的岁贡而已。

开宝六年(973)四月十八日,宋派能言善辩、智谋多端的翰林学士卢多逊为江南生辰国信使,赴江南考察情况。卢多逊到江南,很得李煜君臣的欢心。等到回国时，船泊在宜化口，他使人去对李煜说："我朝廷重修天下图经，史馆中就缺江南诸州的材料，请各给一本带回去。"李煜不知是计，立即派人加紧缮写，命中书舍人徐铉等人通宵校对，完整地送给卢多逊。卢多逊得书后，立即返宋，这样，他不费吹灰之力，把江南十九州地理形势、军事防守、户口多少的详细资料，尽数搜罗到手。在返回途中，他就做了详细研究，一到京师，立即去见皇帝，献上图书，详细分析了江南情况，说明是南伐的时候了。赵匡胤大喜，对于卢多逊的才干谋略非常赞许，从此有意让他担当重任。[1]

总之，在赵匡胤和赵普的困弱政策下，南唐日渐萎弱，国势每况愈下，而宋朝则在紧锣密鼓地准备饮马长江、直下江南了。即使李煜君臣再恭顺屈膝，亡国之祸也还是就在眼前了。

但也正是在这时，宋朝廷上发生了重大的人事变动，这就是独相十年，权倾满朝的赵普罢相事件。

十五、于利不能免俗

唐中叶，出现了安史之乱，这对富庶到极点的盛唐的财富是一场浩劫。安史之乱以后，社会始终处于动荡、战争之中，又经唐末一场混战，社会的财富更是毁灭殆尽。随后的五代如走马灯一样地你上我下，你方唱罢我登场，社会

---

① 据《续资治通鉴长编》卷十四。

财富一直是贫乏得很，根本没有机会积累，所以当时官吏倒也比较朴素，没有多少人能成累世巨富。

宋朝建立以后，家底也不厚，宋太祖赵匡胤提倡简朴，反腐倡廉，严惩贪官污吏，因贪污受贿官倒、非法牟利而受惩罚者史不绝书。如：

建隆二年（961）八月，永济县主簿郭颐因贪赃一百二十万，被判弃市；

建隆三年（962）三月，有一个叫法迁的尼姑私用本师财物，事情牵连到河南府判官卢文翼、法曹参军桑植，结果卢文翼被除名，桑植被判连停两任官，尼姑免死而已；

同年八月，蔡河务纲官王训等四人因用糠皮土沙掺在军粮里，被人告发，凌迟于市；

乾德二年（964）五月，屯田员外郎、知制诰高锡因私受节度使郭崇贿赂，被人告发，被贬为莱州司马；

过了三天，宗正少卿赵砺又因贪赃被决杖削籍为民；

十一月，又有文思使常岑被决杖黥面，刺配沙门岛。副使宋延思决杖，配隶陈州，罪名是监守自盗；

……

以上例子，只是随手翻书所见而已，可见宋初对吏治十分重视。

赵普自为相之后，所得俸禄在所有的官员里面是最高的，即使是薛居正、吕余庆等参知政事，仅比他官位下一等，俸禄也只有他的一半。加上平时赵匡胤给他的赏赐，更加富有。有钱了，赵普就开始大造宰相府。

建造宰相府，工程可谓浩大，占地不少。因要建在好地方，自然没有这么大的空地做宅基，为了买宅地，负责工程的人便依仗权势，强行买人田宅，引起宅主的怨愤，以致后来雷德骧在赵匡胤面前，直接谴责赵普。

由于东京汴梁地处人烟稠密的中原平原，周围无山无林，造工程浩大的宰相府需要大批木材，尤其是一些栋梁之材，城内外便没有那么多可用的了，价钱也很昂贵。于是，赵普便派亲信官吏赴西方采购木材。

原来陕西、甘肃一带，在过去有很多大树。史书上常见到"秦宫汉阙"的说法，秦宫是指阿房宫，建得宏伟无比，其主宫殿的中央都可以竖起五丈高的大旗，东西长三里，南北五百步。汉宫殿也极其雄伟，其长安城中主要的几座宫殿，占了城内的大部分面积。建章宫建在长安城外，周回二十八里，宫前双阙，高达七十多丈，内部主宫殿的跨度，达三十五丈（约合八十一米）。从秦起直到唐朝，长安大部分时间是中国的首都，是中国政治、经济、文化中心，那里多次营建规模宏大的宫殿，这些建筑都需要极高大的木材，长安周围就有这样的森林。都城之所以建在渭河平原一带，其周围有丰富的木材资源是一个重要原因。到宋朝时期，建都汴梁，周围没有充足的木材，于是仍由西部采运。那时渭水平原在今陕西境内，大木和森林已基本伐尽，然而在相当于今甘肃天水以北一带还有大树和森林，当时是西北一些少数民族所居之地，这些木材给当地人带来了很大的经济收益。到宋朝派尚书左丞高防知秦州时，主持设置了采造务，辟地几百里，筑堡垒，使三百人防守，与诸戎人以渭水为界，渭水以北属于诸戎，以南属于宋，每年采大树一万来棵，供应京师的建筑。运输采用水运，把木材连成木筏，沿渭水入黄河，直漂到开封。这些木材因经过国家做出努力得来的，所以都是专为官用，不入民间，由官府禁贩秦、陇大木。然而赵普利用权势，派了亲信去购买木材，连成巨筏，运至京师，这实际上已经是以权谋私的行为了。后来木材用不完（在购买时就故意多买），就在城内卖了，又收入不少钱。

有时在西部木材未到的时候，赵普便收买当地的木材。在当时河南府每年都要向民间派交木材，后有一度供应不上，赵匡胤曾派主管部门查问原委，答案就是因为宰相修宅买木，使得货源分流，其时赵普正受重用，赵匡胤就下令等赵普修建完府第再上供。

赵普建房第，竟然能影响了皇宫的修建，可见其规模之大。史书上记载说：韩王（赵普后封韩王）治第，麻捣钱一千二百余贯，其他可知。麻捣就是在房宅建好后抹墙用的灰泥中掺入的增加韧性的东西，多是碎麻、棕毛，总之是些不值钱的东西，一千二百余贯钱的麻捣想必数量非常宏大，所以古人才郑重其事地记下来。

据《宋稗类钞·奢汰》记载：建成的宰相府从外面看并不奢华，不但没有高大的门楼牌坊，反而非常简朴，外门都是柴荆所制，不设正寝。一进大门，只是小厅事三间，正堂七间，左右各三间厢房。厅事前设十把椅子，式样古朴，一般来了客人，座次排列，都由赵普亲自布置。东西廊房前，凿有三眼水井。赵匡胤到洛阳，亲临赵普家，初见柴荆，还叹其简陋；之后又到堂筵，便不言语；再到后花园，但见每进一层，便觉更加宏丽，越加出奇。尤其后园亭台楼榭，既精巧，又雄丽，京师没有其比。于是带点嘲讽的口气说："此老子终是不纯。"家中所藏之酒，凝如胶漆，掺上水方可饮用，馨烈倍常。

追求奢华，不合赵匡胤的思想和作风。赵匡胤本人比较崇尚俭约。破蜀之后，孟昶率家属到京师，后孟昶死，把他的供帐等物收归宫廷，赵匡胤检视孟昶的日常用具，见有一尿器，用七宝装饰，赵匡胤立即命人将它砸碎，说："如此奢侈，能不亡国吗？"他自己常穿洗过多次的衣服，服用和车轿都很朴素，不尚奢华，寝殿上用的是青布边的苇帘，宫中帘幕也没有过多装饰。有一次他把麻鞋、布衣拿出来赏赐给左右，说："这是我过去穿用的。"恰好开封尹赵光义正在旁边，就劝他说："陛下服用太草草。"赵匡胤严肃地说："为人不能忘本，你不记得在甲马营中时候的事了吗？"

赵匡胤的第三女永庆公主出嫁右卫将军、驸马都尉魏咸信（魏仁浦的儿子），回宫时曾穿着贴绣铺翠襦的衣服。赵匡胤见了对她说："你把这个给我吧，今后不要用这种装饰。"公主笑着说："这几根翠羽能值几文钱？"赵匡胤说："不然。公主穿戴了，宫中和皇戚必定会仿效，京城翠羽价格就会提高，老百姓为求利，辗转贩卖，伤生渐广，实在是你开的头。你生长在富贵之家，应该惜福，怎么可以开这种造恶的头呢？"公主惭愧谢过，又同皇后问赵匡胤说："官家做天子这么久了，难道不能用黄金装饰轿子，坐了出入？"赵匡胤说："我以四海之富，就是宫殿都用黄金装饰，也可以做到，但考虑到我应该为天下守财，岂可妄用？古语说以一人治天下，不以天下奉一人，如果总是从自己的享受考虑问题，让天下人敬仰你什么呢？不要再说这种话。"赵匡胤既然自己这样想，自然对赵普的作为不以为然。

赵普不光在西京洛阳的宅第是如此，在东京汴梁的宅第也如此豪华。赵普在朝中独揽大权，操纵国政，当时普天下无人不知，所以南方的小国如南唐、吴越都争相贿赂他，给他送金银财宝，企图通过他掣肘，使赵匡胤改变吞并这些小国的想法。赵普也半推半就。这些事情被赵匡胤知道了，就影响了他们君臣之间的关系，对赵普的态度也有所改变。

有一次赵匡胤与赵普议论事情，意见不一致，赵匡胤就感叹，要是有后唐桑维翰那样的宰相就好了。赵普说，即使桑维翰在，陛下也不会用他。意思是说桑维翰爱钱贪财。赵匡胤说，如果用其长处，也该护他的短处，这种人眼孔小，赐给他十万贯钱，就塞破他的屋子了。言外之意对赵普也是如此看，认为赵普是一个贪财好利的人。后来赵普的罢相，与这些事情有很大的关系。

十六、与人结怨

赵普独居相位，排斥政敌，渐渐地目空一切了，这引起了许多人的不满和妒恨，也引起了一些权势人物的不满。

首先，赵普没有处理好与赵光义的关系。赵普和赵光义共同策划了陈桥兵变，都有拥戴之功。并且，赵普参与了杜太后床前遗嘱，金匮盟誓，知道赵光义是将来的皇帝，按说应对他非常客气才是，然而，赵普却认为赵匡胤未必真把皇位让给他弟弟。赵光义也是一位相当有才略的人物，又是既定的皇位继承人。他一直身居要职，为开封尹，也就是说，相当于京城的行政首脑，深得信任。赵普没有深入地结交他，反而仗着自己和赵匡胤亲密无间的关系，没把赵光义放在眼里。二人逐渐地产生了许多矛盾。

在早先，赵普还是很倚重赵光义的，在讨伐宋初的李筠叛乱时，他还通过赵光义去向赵匡胤请求随驾亲征。这时他与赵光义关系还不错。但他为相之后，渐渐地就放开手脚，不再顾忌与赵光义的关系。在朝廷上，他的位置排在赵光义之前，他也不表示一下谦逊之意。后来，因为姚恕一事，更加深了这种矛盾。

姚恕本来在赵光义的开封府为判官，干练有才，颇受重用，是赵光义的得力助手。有一次，他去谒见赵普，正赶上赵普宴客。赵普的把门人仗着宰相的威势，竟不给姚恕通报，姚恕大怒而去，赵普知道后，也觉得此事不妥，赶忙派人追上姚恕道歉。姚恕不能谅解，更不回头，因此赵普深恨姚恕。可想而知，姚恕不光是他个人的身份，在某种程度上他还是赵光义的人，也代表着赵光义，让姚恕吃了闭门羹，也等于驳了赵光义的面子，赵光义知道了自然也不满赵普。后来澶州知州杜审肇缺一个通判（州的副长官），赵普就乘机请求派姚恕去。姚恕是赵光义的得力臂助，加之已经知道他与赵普结怨，这回赵普的推荐，明知是挟嫌报复，为了保护姚恕，赵光义曾尽力争取，想使赵匡胤改变主意，谁知赵普一力坚持，使赵匡胤左右为难。既然提举百官主要是宰相的职责，赵匡胤如果准了赵光义的请求，难免有偏向骨肉，以私废公之嫌。最后，姚恕终于被派到澶州，赵普胜利了。但因为很小的嫌怨，硬去报复，且不投鼠忌器，硬生生地在这件事上与赵光义形成势不两立的情况，赵普未免因小失大，不计利害。

事情并未到此为止。澶州治所在今河南濮阳附近，正是黄河大堤之下。开宝四年黄河在澶州决口，冲坏了不少民田民宅。赵匡胤非常恼火，他派人下去追究官员为什么不及时汇报的责任，使者顺着赵普的意思，多加罪名，回来后又经赵普奏论，杜审肇被免归私第，而姚恕却被就地正法。从他被派到澶州，还不到二年。并且，处斩姚恕，是匆促施行的，赵普怕赵匡胤改变决定，在奉旨的当天就将姚恕处决，甚至直至斩杀之后，也还没有告诉家属。其家属偶然在河中见到一具死尸，身上还穿了朝服，方知道姚恕已被处了死刑。当时人们都认为姚恕罪不至死，知道内情的人都说赵普趁机报私怨。因为一件小事即害人一命，赵普实在太阴狠了点。此事赵光义知道了心里也肯定很难受，知道是赵普的关系。

赵普心胸狭隘，他极少能宽容别人。他对以前冒犯过他的人总是在不动声色之间叫你付出沉重代价。他曾多次提起，请赵匡胤追究和迫害那些在他未做皇帝前得罪过他的人，赵匡胤说："不能这样做。如果在天子宰相未显时，大家都能辨认出来，那么大家都去寻找追随未来的天子宰相了。"此后赵普再也不敢在赵匡胤面前提起此事，然而他自己并没有像赵匡胤那样的胸怀，放过对他不满的人。这样做的结果，也使他的威信和形象受到损害。

赵普没有认识到，耿耿于怀的私怨，是一柄双刃剑，他在伤害别人的同时，对他自己也会构成伤害。他得罪了赵玭，得罪了雷德骧，这后来都对他失去相位有直接关系。他的另一个危险的政敌是卢多逊。

卢多逊是怀州（今四川金堂）人，周显德（954—959）初年进士。建隆三年（962）以本官知制诰。乾德二年（964）权知贡举，管理科举事务。开宝元年（968）加史馆修撰，管理史馆事务。开宝二年（969），宋北征太原，卢多逊被命知太原行府事。卢多逊当时很年轻，比赵普小十一岁。

卢多逊博览经史，知识丰富，才思敏捷，文章写得也好。他又精明异常，好术数，常常巧发奇中，谋略过人，城府较深，善于投机奉迎。他是个很有政治头脑，还有野心的人，在他值史馆的时候，他就利用这个条件去博取赵匡胤的赏识。赵匡胤好读书，常让人到史馆取书来读。卢多逊预先安排史馆人员，让他记下赵匡胤所取书目，也准备同样的书给他送来。他拿到书之后，就连夜阅览，有时直到天亮，这样，他就预先了解了皇帝正在阅读的内容。赵匡胤读了书，或是有一些问题不清楚，或是有所感慨，必然向身边的学士们或朝臣们问起一些事情，这时，卢多逊有备而发，侃侃而谈，对答如流，旁征博引，深中要旨。赵匡胤不了解内中奥妙，只以为卢多逊学穷天人，无所不晓，就非常器重他。其他一起的官员也佩服得五体投地。卢多逊不仅有这些小聪明，从他陪伴来使、计取江南图籍来看，也确实机智过人，这样，他大有后来居上之势，成为赵普的一个危险政敌。

卢多逊与赵普结怨，可以追溯到赵普为枢密使时，那时卢多逊是一个年轻的翰林学士。一天，偶然一起奏事，赵匡胤提出一事，赵普读书少，不熟悉典故，从旁极力称美，而卢多逊却在一旁不慌不忙地指出事情的原委，结果赵匡胤派人检视，果然与卢多逊说的一样，于是很生气，用笔在赵普脸上抹了几下，说："你什么时候能赶上他！"赵普退朝后一宿不敢洗脸，第二天上朝还黑着脸，直到赵匡胤命他洗去，他方才敢洗去。经此一场羞辱，赵普自然对卢多逊怨隙甚深，所以赵普每每找机会报复，只是由于赵匡胤对卢多逊信任日增，不好动手，所以始终没有把卢多逊赶出朝廷，然而两人的矛盾已是日趋公开，最后终于势如水火。卢多逊为翰林学士之初，就开始拉帮结派，他几次劝户部员外郎王祜帮他一并攻击赵普，王祜不干，并劝他也别这么做。王祜说："以前唐朝时宇文融和张说有矛盾，宇文融在皇帝那里诬毁张说，张说被排出朝廷，结果后来张说东山再起，宇文融随即倒台，你对付赵普也很危险啊！"卢多逊不但不听，还忌恨王祜。

卢多逊是翰林学士，翰林学士全都是知识渊博、文才华美的文人，其职务是备文学顾问，并经常去给皇帝上课，叫作侍讲。卢多逊少年英才，很得赵匡胤宠信，因此经常给赵匡胤讲书，他借这个机会，经常搜罗一些关于赵普的缺点、毛病，在赵匡胤面前吹风。当然，他所讲的，许多是事实，但也有添枝加叶、捕风捉影的事。他讲赵普如何强买田宅，如何贩木牟利，如何报复与自己有芥蒂的人，后来，就讲赵普如何压制同列、专横跋扈、结党营私，甚至不把赵光义放在眼里，说赵光义的坏话，离间皇帝与皇弟的关系。赵匡胤是个英主，自然不会偏信一面之词，但不幸的是，赵普在这些事情上，都有辫子可抓，再加上赵匡胤自己的耳闻目睹，对赵普不能不疑，这样，原来君相一体的亲密关系受到了伤害，赵普的地位开始动摇了。

十七、君臣疏远

赵普与赵匡胤之间的关系，从滁州起直到开宝三年（970）初，是一种亲密无间的关系。不独赵匡胤待他像左右手一样地使用和信任，事无大小都与他商量，才决定和施行，赵普对于赵匡胤也是竭尽所能，知无不言，敢于负责，敢于决断。尤其是在他为相以后的八年中，更是以天下事为己任，总揽万机，决事如流，充分显示了他出色的处理国事的才能和宰相的素质。

在赵普独相的前些年，赵匡胤视赵普为心腹，宋朝事体，赵普能当半个家。赵匡胤对赵普也倾心委任，大力支持。对于不满赵普的话和攻击赵普的言行，赵匡胤听了非常反感，不惜把这些人排斥放逐，甚至处以刑罚。

乾德五年（967），左监门卫大将军、权判三司赵玭被罢免。赵玭是个忠直粗人，不会拐弯抹角，不会阳奉阴违，因此许多事情看了觉得不对，都不管场合地反驳，有时叫赵匡胤很扫兴，然而赵匡胤却能包容他，不予处罚。但赵玭看不惯赵普的独断专行，每每面折廷争，却使赵匡胤不能容忍，决然地将他罢免。

开宝元年（968），屯田员外郎、判大理寺雷德骧又因反对赵普受到惩罚。雷德骧是大理寺的实际首脑，坚持依法办事，然而他手下的官员却不听他的，不依法办事，常根据赵普的意旨擅自增减刑名，上下其手。雷德骧不能容忍，想面见赵匡胤禀明事情原委。没等召见，就直到讲武殿上当着赵普等人的面直陈其事，声色俱厉，不加掩饰，然后又直斥赵普强行买人田宅，聚敛财贿。虽然形式有些激烈，但都在理。赵匡胤听了，不但没有追究赵普的责任，嘉奖雷德骧的敢言，反而大发雷霆，骂雷德骧："鼎铛也有耳朵，难道你没听说赵普是我的国家重臣吗？"随即抄起柱斧向雷德骧脸上砸去，一下子打掉雷德骧两颗上门牙，血流满口，又呼喝左右拖出去，处以极刑。在众臣的劝解之下，怒气稍息，让人把他放了，只说他滥加人罪，责授商州司户参军。[①]

这时，赵匡胤还是非常注意维护赵普的权威，听不进反对赵普的言论。但后来赵普并没有因为发生了这些事而有所收敛。随着一些新的事情的发生，情况渐渐起了变化。

前文曾述及左监门卫大将军赵玭，因反对赵普而被罢免三司首脑职务。罢官之后，他并不服气，连上密疏，要求觐见皇帝。赵匡胤对这些密疏一概不理，留中不发，权当不知。赵玭见没有效果，就断定是赵普在皇帝面前说了坏话中伤他，于是径直到阁门去把以前所受的诰命退回，这事使赵匡胤非常生气，下诏勒令他退归私第，赵玭请求退居郓州（今山东东平），也没得到批准。

赵玭脾气非常倔强，被勒归私第后，越想越恼，一把无名火忍耐不下，心想既然皇帝护着赵普，我也不通过皇帝了，舍得一身剐，敢把宰相拉下马。于是，在开宝四年（971）三月的一天，他先到朝门前等候，待赵普入朝时，他

---

① 据《续资治通鉴长编》卷九。

当街拦住赵普的马，直斥赵普的短处，把他所知道的赵普的不公不法之事一一责问。由于是上朝时间，围了很多人，消息传到殿上，赵匡胤非常重视，立即派人召赵玭、赵普二人到便殿当面对质此事。赵玭毫不忌惮，放言指斥赵普贩木材牟利等事。赵普则说如果有此事，一定是负责买木材的相府的人员所为，他并不知。赵匡胤听了，还是很恼火，因为即使是如此，赵普也难脱责任。于是派阁门的人员促集百官，打算下制斥逐赵普。由于事体重大，他下诏询问太子太师、前宰相王溥等人的意见，并问赵普应该担负什么罪责。王溥写了自己的意见，请阁门使奏报皇帝。赵匡胤接过一看，奏折上只写了五个字："玭诬陷大臣。"这五个字解脱了赵普的危机。因为事情是这样，即使赵普的属吏真是贩卖木材，追究到赵普，也不过是个约束不严之罪。而一旦因为一介狂夫拦马一骂，皇帝就把个国家元勋、当朝宰相撤职，似乎有失体统，但如果不了了之，事情已闹到这么大，总须有个结论。于是赵玭又一次当了牺牲品，赵匡胤不责赵普，反斥责赵玭前番加人以罪，因念旧劳，不忍追究，只免去三司职事，后屡次上书不报，便心生怨恨，诬陷大臣，咆哮朝廷，目无纲纪，难饶其罪。因命武士拖下去打，又命御史就在殿廷之上拷问。赵普不愿此事闹得不可收拾，因此设法营救，使赵匡胤的怒气渐消，才了结此事。[①]

这件事已经说明了一个问题，要是以前，此事赵匡胤决不怀疑赵普，甚至连问也不用问，赵玭就会受到处置。这次赵匡胤竟大动肝火，当廷就要议逐赵普，说明赵普的被信任程度已大不如前，君臣之间也不再是两位一体的关系，

---

① 据《续资治通鉴长编》卷十二。

即使赵普还是宰相，但赵匡胤心中已存芥蒂，他的地位已不是牢不可破了。

随后，连续发生了两件事情，使赵匡胤耳闻目睹，更加对赵普不满。一是开宝四年（971），江南国主李煜送五万两银子贿赂赵普，希望赵普能左右和阻挠赵匡胤的南伐计划。赵普禀报了这件事情，赵匡胤说："此不可不收，只要回信答谢，并少给其使者一点财物即可。"赵普还继续辞让，赵匡胤说："大国之体不可自我削弱，应该使他感到高深莫测。"后来江南李从善入觐，赵匡胤命人秘密地送给他同样数目的五万两白银。从这件事上看，赵匡胤表面上似乎没有说什么，赵普也主动讲明了原委，然而不得不考虑到，如果按赵普的本性，收纳五万两白银犹恨少，巴不得不用禀明；但五万两银子是个大数目，难以掩人耳目，倘若是个反间计，那还了得？因此赵普不得不报。赵匡胤以同样数目的银子给李从善，除了是一种对江南的威慑手段之外，也还有一种朝廷无事不晓的效果，使李煜君臣惶恐不安。不过这相当于朝廷给了赵普这么多银子，赵匡胤心中也难免有些不快。

第二件事性质相类，开宝六年（973），赵匡胤再次驾幸赵普的相府，这一次也没有事先通知他，是突然性的临幸。赵普一家慌忙接驾，然而忙乱之余，赵普颇有些不自然，似乎有点紧张。赵匡胤落座之后，从容地问道："方才见卿家廊庑下有几瓶东西，不似境内出产，不知是哪里来的什么稀罕物？"这一问正中要害，赵普慌忙站起答道："吴越王钱俶，派人送来十瓶海物。因方才送来，尚未开看，不知究竟是什么海物。"赵匡胤说："海物必然是好东西，打开看看不妨吧？"赵普无奈，即命人搬来启开。及打开众人看时，哪里是什么海物？原来满满十瓶都是光灿灿的成色十足的瓜子金，足有千两，赵普一时非常尴尬，不知所措。

原来，五代时杭州一带，是吴越旧地，唐末农民大起义时，旧军人钱镠在杭州一带组织了地方武装，对农民起义军进行镇压，到后来，他就凭借这支力量在浙江流域及太湖周围的十三州之地建立了吴越割据政权。在此后的八十多年里，钱镠和他的继承人都进行比较温和的统治，没有过分地剥削农民，因此这里生产发展，人民富庶。北宋初期，是吴越王钱俶（原名钱弘俶，后为避赵匡胤父亲赵弘殷讳，改为钱俶，949—978 年在位）在位。北宋建立之后，吴越君臣见北宋规模深广，气概宏远，不敢与之为敌，所以一直对宋取讨好和奉事的态度，生怕让宋找到借口，起兵讨伐。这时赵匡胤南方只有南唐和吴越、北方只有小国北汉未平，吴越深感地位岌岌可危，末日不远，因见赵普专断朝政，炙手可热，认为他也许能左右赵匡胤南伐的企图，因此对赵普百般贿赂。史书上所见虽只有这一次被赵匡胤碰到，然而赵匡胤偶一光顾即碰上这十瓶瓜子金，其他贿赂又不知有几次。这次赵普因皇驾来得突然，掩饰不及，被当面揭穿，当真是百口莫辩，惶恐万分，纵然是沉毅果断，决事如流，在这种情况之下，也难以措手，只好据实禀报，说："刚刚送到，臣还没有看过来信，实在不知是什么东西。"赵匡胤沉吟片刻，一摆手说："受之无妨，他们以为宋朝廷的国家大事，都由你书生说了算呢！"[①]赵普只好遵命收下，后来两京中的一处宅第，据说就是用这些瓜子金建造的。

① 据司马光《涑水记闻》卷三。

　　我们细细玩味赵匡胤的话，就不难发现，赵匡胤的口气中，对赵普的倚信已大不如前。以前事无大小，皆由赵普咨决之，这回他说"朝廷大事，都由你书生说了算"，说明他已从南唐和吴越给赵普大量贿赂的事情上看到了赵普在朝廷中的权势，对赵普弄权也有了警觉，起了防范之心，不会再对赵普言听计从了。

　　其实，在此之前，赵匡胤对赵普已有所保留。在宋代，中书与枢密，号称两府，一个掌政，一个掌军，地位显要，最为关键。赵匡胤以兵变夺得国家政权，最忌讳的就是大臣勾结，形成帮派势力和裙带关系。当时宰相是赵普，枢密使是李崇矩。当年赵普由枢密使升为宰相，李崇矩即接任赵普为枢密使。李崇矩见赵普与当朝皇帝交谊深厚，地位牢固，于是对赵普加意交结，私下往来密切。赵普有两个儿子，长子赵承宗，为羽林大将军，次子赵承煦。李崇矩将他女儿嫁与赵承宗为妻，中书与枢密的首脑结为亲家，是轰动一时的大事，消息传入宫中，赵匡胤很恼火。按以前的惯例，宰相和枢密使奏事，一般同在长春殿等候奏对，二人可以一起在那里等候，并谈论一些事情。赵匡胤听到二人结为亲家的消息后，就命令他们二人分开奏事。这么做的目的，实际上就是防止他们天天见面，商量事情，也表明赵匡胤对赵普起了提防之心。

　　就在将二人分开不久，又发生了一件事：李崇矩门下有个门客叫郑伸，其人阴险狡诈，没有德行。而李崇矩为人却很纯厚。李崇矩是凭军功升上来的，军事上较有才干，为人很好，史称他："性纯厚寡言，尤重然诺。"依他这种性格，自然很鄙视郑伸的为人，因此渐渐疏远。郑伸在李崇矩门下十年，没有升迁，怀恨在心。有一天，他竟然上朝击登闻鼓，告李崇矩私受太原人席羲叟的黄金，私托翰林学士扈蒙为席羲叟取得科举的甲科，并以军器库使刘审琼作证。赵匡胤从来最痛恨的就是为官贪赃枉法，尤其事关科举，赵匡胤更是敏感。以前科举考试完了之后，中选的进士们都要先到主考官那里谢恩，赵匡胤认为这是树恩私门，是朝官结党营私的一个方式，因此他下令凡考试结束后，中选者都要先到朝堂之上向天子谢恩，从而使中选者成为"天子门生"，只知忠于朝廷。郑伸此举，实在险绝，况且，登闻鼓也不是随便敲的，非有重大冤情或重大紧急情况不能敲，如果所告不实，肇事者必受重责。今郑伸击登闻鼓越显得事非寻常。鼓声一响，赵匡胤赶紧派人传入问讯，郑伸一说，赵匡胤顿时勃然大怒，立召刘审琼讯问，刘一一为之辩明，说郑伸纯系诬告，赵匡胤的怒火才渐渐平息下来。按李崇矩的为人来看，似乎确实不会有这种事情，因为李崇矩并不爱财。他后来调往最南疆的琼、崖、儋、万四州都巡检使，麾下军士听说那里蛮瘴之气厉害，许多人有去无回，都不敢去，李崇矩为此将家中金帛器皿几百万分给军士。所以，从情理上看，李崇矩不会为贪一点钱财去冒险。赵匡胤虽释去了此疑，但终因此二事的接连发生影响了李崇矩在他心中的形象，因此在开宝五年（972）九月，李崇矩被免去枢密使职务，罢为镇国节度使。同时，郑伸却被赐给同进士出身。[1] 这一免一赏，说明李崇矩的罢免确是由郑伸引起，然而真正的原因，恐怕还在于他与赵普的关系过分密切。开宝六年（973）三月，李崇矩又受到处分，被"责授"为左卫大将军。这一次李

---

[1] 据《续资治通鉴长编》卷十三。

崇矩的降职，史无明言，但估计仍与赵普的失宠有关。

李崇矩的贬放，在赵匡胤看来，是消除大臣结党的一个行动，从客观上来看，也是削弱赵普势力，最终排斥赵普的一个前奏。据《续资治通鉴长编》卷十四载："自李崇矩罢，上于普稍有间。"就是说，从这时起，君臣之间已不是以前的关系，而有了矛盾。

俗话说"福无双至，祸不单行"，自赵普在皇帝那里失宠之后，祸事接踵而来。前文曾提到以前有个判大理寺雷德骧被责打，放逐为商州司户参军。当时的商州刺史因为雷德骧做过尚书郎，对他很尊礼。可是后来换了奚屿为知州之后，为了讨好赵普，对雷德骧很不客气，到任后，大咧咧地接受雷德骧的参拜，略不还礼。雷德骧觉得受不了这种屈辱，因此口出怨言。奚屿听说后大怒，处处对雷德骧吹毛求疵。有的人又讨好奚屿，说雷德骧曾写文章怨骂朝廷，奚屿便一面召雷德骧说话，同时派官吏到他家里查抄，抄到手后，立即给雷德骧上了枷锁，将事情具状上奏。赵匡胤知道雷德骧耿直，也不深责，只是将他削籍迁到灵武（今宁夏灵武西南）。

这件事，赵普未必指示过奚屿要他这么做，然而奚屿认为这么做合乎赵普的意思。雷德骧连续遭贬审，都与赵普有关，雷德骧的儿子雷有邻认为这是赵普在后面一手安排的，因而对赵普恨之入骨，日夜搜求赵普的过失和把柄，想报复赵普。

有位秘书丞王洞，是雷德骧同年进士，与雷家算是世交，雷有邻经常去他家造访。一天，王洞拿钱托雷有邻去买半铤白金，并对雷有邻说："这是给胡将军的。"胡将军是赵普中书所属的堂后官胡赟，胡和李可度同为堂后官许多年，有些人经常请托他们办私事，雷有邻也常到胡赟家，彼此都认识。这时朝廷颁发了一份诏书，允许应摄官三任而自然卸任者报表给吏部，引试录用。雷有邻曾与一个前摄上蔡主簿刘伟交往，知道刘伟虽经三摄，但一任不是自然卸任，他的哥哥刘侁为他伪造了印鉴文件得以上报。于是雷有邻为报复赵普，一并告发王洞贿赂胡赟、李可度，刘侁为刘伟造伪印鉴文件以及宗正丞赵孚曾在乾德年间选授西川官，借口有病不到任，全都是宰相赵普一手庇护，方能狼狈为奸，贪赃枉法。此时事情凡牵连到赵普，赵匡胤便特别恼火，立即命令司法部门将上一概被告下御史狱核实。同时，"上始有疑普意矣"[1]。这里，"疑"，是怀疑赵普弄权谋私，瞒上欺下。他开始感到赵普的权力对他的皇朝构成了威胁，在背后搞了不少名堂。经下狱审问，情况基本属实，判刘伟弃市（死刑），赵孚、刘侁、胡赟、李可度等一并决杖除名，并且，胡赟和李可度还被抄没家产。同时，命参知政事吕余庆、薛居正共升都堂，和宰相赵普共议政事。以前，为了突出赵普独一无二的宰相地位，曾明命吕、薛等不押班、不知印、不升政事堂，只是备位而已，这次诏命，提升了二人的地位，加强了其作用，实际上是分了宰相的权力。雷有邻通过告发以上诸人牵连赵普而有功，被升为秘书省正字，并得到厚赏。从此后，雷有邻屡屡上疏告发别人的阴私，使许多人受到惩罚。不久他得了病，据说是白天看到刘伟入室索命，用杖打他的背，因此连呼救命，声闻于外，过了几天就死了。

---

[1]《续资治通鉴长编》卷十四。

十八、首次罢相

一连串不利于赵普的事件接踵而至，形势越来越严峻。"赵普之为政也，廷臣多疾之。"[1]赵普专权多年，压制了许多人，引起了许多人的不满，他们一见赵普与皇帝有了矛盾，于是纷纷搜求赵普过失，落井下石，一齐攻击赵普。而赵普曾经迫害过的仇家也活跃起来，想报仇雪冤。

卢多逊在赵匡胤心目中地位越来越重要，越来越受到信任。赵普独相，对卢多逊的发展显然不利，卢多逊很想扳倒赵普，然后自己就有可能取得相位，因此，他对排陷赵普非常积极。凡是召对，必历数赵普的错误和缺点，说赵普曾用边角隙地私下换取皇家的蔬菜园地，又说他大建相府，广建府第，经营旅馆商店，与民争利，非常贪婪。赵匡胤见有根有据，不能不疑，况且他自己这段时间与赵普的关系越来越疏远，谗言易入。他又不愿只凭一面之词就下论断，因此去问知制诰李昉。李昉说："臣的职责是管起草书诏，赵普的作为，我不得而知。"赵匡胤听了，一阵沉默。赵匡胤问李昉，实际是有一定倾向性的，他心中已有了成见，其实是想在李昉那里得到进一步的证实。李昉的回答，他显然不满意。

自从雷有邻告发案后，"普恩益替"，赵匡胤又进一步下诏，让薛居正和吕

---

[1]《续资治通鉴长编》卷十四。

余庆与赵普轮班掌管相印，轮番押班奏事，实际上是把宰相让三个人轮流做，相权轮流掌，到这时，一个宰相分成了三个宰相，正式结束了赵普独相的局面。这时是开宝六年（973）六月二十五日，离诏令薛、吕同升政事堂才隔三天。①

开宝六年八月二十三日，左仆射兼门下侍郎、平章事赵普，罢为河阳三城节度使、检校太傅、同平章事。

赵普为相，自乾德二年（964）正月到开宝六年（973）八月，计九年零七个月，将近十年。在这近十年中，从赵普初相到李崇矩罢枢密使（开宝五年九月，972 年）期间，是赵匡胤和赵普同心同德、建纲立伦、励精图治的时期，这段时间约八年零八个月。"普独相凡十年，沉毅果断，以天下事为己任，故普得成其功。"②自李崇矩罢枢密使职务起，到赵普罢相为止的约一年时间里，是君臣由疏远到疑忌，由疑忌而罢免的阶段。

值得指出的是，按宋朝的惯例，一般大臣的罢免，经常是由大臣自己先提出申请。大臣如果觉得自己不受信任，或自己说的话、提的建议不被采纳，便以有病等借口提出辞职，皇帝还要一本正经地再三挽留，尽管是虚情假意，之后才批准辞职。赵普没有上任何的辞职奏章，突然宣布解职，实际上就表示是因为有错误而撤职。其罢相的制书说：

---

① 据《续资治通鉴长编》卷十四。

② 同上。

代天治物，厥功既成。仗钺临戎，所委尤重。虽弼谐而是赖，且劳逸以惟均。眷惟孟津，介于河洛，素为奥壤，况乃近藩。爰命台绅，俾分阃寄。（具官赵普）昔在霸府，实为元勋。治当草昧之初，首赞经纶之业。千载起兴王之运，十年居调鼎之司。帷幄伸谋，股肱宣力。爕和万汇，已施济物之功，镇抚三城，适表藩坦之实。帅坛受任，相任兼荣，永隆屏翰之权，更励始终之节。①

这篇制文翻译过来就是：顺应天意整顿天下的大业已经成功，掌着皇帝的仪仗镇守之任更重。虽然要依赖你辅弼朝政，但是劳逸应该结合。河阳三城地近孟津，介于河洛之间，向来为心腹重地，况又是靠近朝廷的藩镇，所以才任命朝廷重臣，委以重任。赵普昔日就在皇上的幕府，为实际上的开国元勋。当还没开基立国之时，就首先参与了缔造宋朝的大业。千载王业，襄赞兴起，十年之间，独居相位。运筹帷幄，辅弼朝政，总理万机，已使万物受惠，镇抚三城，正体现出出任大藩的显赫。帅坛上拜将受任，兼任使相更加荣耀。（希望）永远兴隆藩业，善始善终。

从制文上看，内容有些空洞，赞誉实在勉强，没有充分地肯定赵普十年相业。但总的看，没有批评的话，说得比较委婉客气，尽量把出镇三城说成是光荣的重任。在宋代，凡是以检校官兼中书令或侍中或平章事，都称为"使相"。使相在唐代还署敕，五代以来就已不参与朝政大事，只是在大朝会时排在本班

————————
① 《宋大诏令集》卷六十五。

（文官在文官班），在正衙谢则押班，宋代更成为一种荣誉衔。赵普开国旧臣，以使相的名义去位，已是一种特殊的恩典。

赵普去相位，结束了十年独相时期，也结束了他最富创造力、作用最大的辉煌时期。

赵普一罢相，以前与赵普有仇有怨有芥蒂的，纷纷落井下石，形成了一种墙倒众人推的局面。赵匡胤耳边听到的都是诋毁赵普的话，卢多逊说得最多。赵匡胤对赵普的印象也越来越坏，越来越生气。这时，只有参知政事吕余庆为人正派宽厚，为赵普解释开许多事情，说了赵普的功劳与长处，使赵匡胤怒气稍消，如果不是吕余庆，赵普恐怕会面临第二次贬责。

这一年，赵普五十二岁。

第四章 再起再落

一、河阳节度使

赵普罢相，出为河阳三城节度使。治所设在孟津（今河南孟州）。

尽管罢相制书上说他立有开国大功，为国家的创业立基出了大力，应该有劳有逸，卸下重担，到河阳去休养，但赵普明白，这是失宠被罢免。

这时，许多人见赵普得罪，便纷纷落井下石，欲使赵普永世不得翻身。他们因赵普与赵光义关系不睦，于是说赵普曾议论过赵光义，对赵光义颇不以为然。这话传到赵普耳朵里，他深知此话的厉害。从当初的情况来看，赵普地位甚高，在朝班中排在第一位，与赵匡胤的关系比赵匡胤与赵光义的兄弟关系还亲密，在私下言谈中露出一些轻蔑、贬低赵光义的话，挑一些赵光义的毛病是完全可能的。在君相关系亲密无间之时，这些话并没有太大的威胁，然而现在赵普已经失势被逐，远离京师，众口铄金，三人成虎，岂能不怕？更何况这些人挟怨报复，添枝加叶，后果堪忧。思前想后，他写了一封信，派亲信直接送到赵匡胤手里，信中说道："外人说臣轻议皇弟开封尹（即赵光义），皇弟忠孝全德，与您哪有什么矛盾？您知道，在昭宪皇太后病重之际，臣曾预闻顾命大事，知臣者君，请您明察。"[1]赵匡胤看了书信，将信收藏在原来昭宪皇太后死前所立誓书的金盒子里，没有张扬此事。

---

① 据《续资治通鉴长编》卷十四。

赵匡胤怎么想的？他也许知道外人关于赵普的话并非空穴来风，但他能体会到赵普有些话是为了维护他赵匡胤的利益而说的，他也知道墙倒众人推，许多人是别有用心。他不想再张扬此事，以免扯出皇太后的临终遗命。所以，他没有再过问此事，也没有追究赵普，此事不了了之。

赵普出镇河阳，尽管罢相制书上尽量强调镇守河阳三城的意义如何重大，实际上是一个闲职。赵普在这段时期无所作为，一般也不过问朝政，过着比较闲散的生活。无疑地，这种闲散生活不符合赵普的性格，他习惯了在相府和政事堂上发号施令，决断大政。一下子闲下来有种严重的失落感。这是他第一次处于逆境之中。

就在赵普在河阳期间，朝廷上的人事发生了重大的变动。

这年九月，皇弟开封尹赵光义被封为晋王，这是宋朝所封的第一个真正意义上的王，充分突出了赵光义的特殊地位。同时，赵匡胤的第二个弟弟赵光美由山南西道节度使兼侍中；皇子（赵匡胤的长子）贵州防御使赵德昭为山南西道节度使、同平章事。

赵普之后，最有资格任宰相的是吕余庆，吕余庆在赵匡胤幕府的资格比赵普还要老。他早就追随赵匡胤，谋划军机，屡建功劳。赵匡胤也非常信任他。自赵普为相，他就被任命为仅次于宰相的参知政事。他虽在赵普之下，但任劳任怨，兢兢业业，与赵普合作得还不错。赵普罢相后，众人群起而攻之，全仗他为赵普辩明，人们都佩服他的雅量。不过，他这时身体不好，有了重病，连上表章，要求准予辞职，于是在九月罢为尚书左丞。后在开宝九年（976）病逝，年五十岁，他的弟弟后来也做了宰相，就是"大事不糊涂"的吕端。

开宝六年（973）九月，薛居正和沈义伦一同拜相。薛居正和吕余庆同为参知政事，至此时已经九年，资格略次于吕余庆。他的长处是文章写得好，知识渊博，作过《旧五代史》；沈义伦原来是户部侍郎、枢密副使。二人拜相的头衔，薛居正为门下侍郎、同平章事，仍监修国史；沈义伦为中书侍郎、同平章事、集贤院大学士，薛居正居沈义伦之前。随即，又下诏令晋王赵光义排朝班时位置排在宰相前面。

赵光义封晋王，薛、沈拜相，都是同一天的事。这一天还有一位与赵普一生关系重大的重要人物也得到了升迁，这就是卢多逊。卢多逊自翰林学士、兵部员外郎、知制诰拜为中书舍人、参知政事，离宰相位置已是一步之遥了。

卢多逊在赵普的罢相事件上起了很大作用，他的父亲卢亿警告过他不要攻击赵普。但卢多逊不听。卢亿做过少府监，人虽年纪大了，但见识高明，非常清楚与赵普结怨是一种危险的游戏，对卢多逊的所作所为非常反感。他曾说："赵普是我朝开国元勋，而小子去诋毁他，必有后祸。如果有祸，必然连累我。如果我死得早，不看见他的败落，这对我来说就是幸运了。"卢多逊升为参知政事，他不但不喜，反而转忧，因忧得病，在这年十二月就去世了。

赵普出镇以后，以前有些被赵普压制和因与赵普关系不和而免官的人恢复了地位，雷德骧被任命为秘书丞，判御史台三院事。紧接着，又有诏书宣布：中书、枢密使、三司及诸司官吏在此以前凡有"诈欺官司、乞取钱物"等作奸犯科主事，一律赦免，今后不许再犯，如有发现，必有重罚。这份诏书有两个意义：一是这些官署在赵普的统属之下，许多官吏有违法犯罪行为，颇有点拨乱反正的意味；二是特赦诸人犯罪，不必惊慌，可安心照旧办公，颇有点胁从不问、既往不咎的意思。

宋朝的人事更动，并没有减轻江南的压力。南伐的军事准备工作仍在进行。赵匡胤在讲武池设立水师，常亲临观习水战。卢多逊带图书走后，李煜才醒悟过来，后悔莫及，派人打听得知卢多逊献计，宋皇帝训练水师，有南伐之意，很是害怕，派使者来表示愿受封策，进一步确定君臣关系。赵匡胤不愿搞这些虚套，他想让李煜来朝见，将其扣留，逼江南屈服，不战而降人之国，因此派了阁门使梁回去相机劝李煜入觐。梁回到了江南，找个机会对李煜说："朝廷今冬有柴燎之礼，国主是不是来助祭？"李煜聪明绝顶，岂不知话外之音？他也看出此去怕是有去无回，因此婉言辞谢，并请梁回多多致意皇帝，不能前往。

梁回回来后，宋太祖见此计不成，遂决意动武。此时正有一个江南人来求见，提供了重要的情报，这个人就是樊若水。以前，樊若水在江南多次上书言事，提出建议，李煜不能采纳，于是樊若水决计投奔宋朝。为了准备见面礼，他就装做渔夫，在长江采石一带用小船载着丝绳，一头拴在江南，然后将船划向北岸，往来数十次，把长江宽窄、深浅情况摸得一清二楚，然后到汴京献取江南之计。赵匡胤大喜，于是按樊若水的建议，在荆湖造大舰和黄黑龙船几千只，准备用船载军队渡江。一面借吴越钱俶派人来入贡的机会，对使者黄夷简说："你回去对元帅说，请元帅训练兵甲。江南倔强，不来朝见，我要出师讨伐。元帅应该帮我，前后夹击，不要听信那些'皮之不存、毛将焉附'的话。"又命人在薰风门外建造豪华的大府第，说是南唐和吴越之主，谁先来朝，便把这所宅第赐给谁。在吴越第二次派使者孙承祐来的时候，约定了出师日期。

赵匡胤一面部署兵将，一面寻找出兵的借口，他决定派使者李穆明征李煜入朝。李穆到江南后，宣布宋朝的谕旨。李煜见形势危急，不得已想服从命令。光政使、门下侍郎陈乔和清辉殿学士、右内史舍人张洎苦苦阻止，说此去必然被留，国家怎么办？这两位都是江南最有权势的人物，最受信任。李煜再见李穆便说有病，百般推辞，说："谨慎地奉事大国，为的是全济之恩，如果这样逼迫，有死而已。"李穆一听，便晓以利害说："朝不朝见，是你的事。但朝廷兵甲精锐，物力雄富，恐怕难以抵挡，应该三思，不要后悔。"李煜君臣虽然很气愤，但这也是实情。于是在开宝七年（974）十月派其弟江国公李从镒、水部郎中龚慎修携带大量贵重物品上贡，并且买宴宴请宋朝官员。赵匡胤则一律把他们留下，并不回信。

在九、十两月，赵匡胤频频调兵遣将，命颍州团练使曹翰、宣徽南院使曹彬、侍卫马军都虞候李汉琼、判四方馆事田钦祚、山南东道节度使潘美、侍卫步军都虞候刘遇、东上阁门使梁回等领兵南下。关于这次统帅的人选，赵匡胤也考虑得很慎重。鉴于破蜀时统帅王全斌纵兵抢掠百姓，杀害降兵，吞没府库钱财，造成蜀兵起义的前辙，赵匡胤决定派同时入蜀但秋毫不犯的曹彬来做统帅。临行前，曹彬率诸将向赵匡胤告辞。赵匡胤说："南方之事，一切委托于卿，切勿暴略生民，一定要广施威信，使其自动归顺，不须猛攻。"又从怀中取出一封封口的信给曹彬，说："方针都在里边，自潘美以下有罪，只要开读此信，直接斩之，不须奏闻。"其他人都大惊，战栗而退。随后，赵匡胤命曹彬为升州西南面马步军战棹都部署，潘美为都监，曹翰为先锋都指挥使，率军直趋池州（今安徽贵池），同时，以吴越王钱俶为升州东南面行营招抚制置使，派客省使丁德裕以禁兵一千人为其前锋，并监吴越军，引吴越军队进围常州。

此时因上游荆湖一带皆为宋境，因此曹彬率水军由蕲阳渡江，沿江而下连破峡口寨、池州、铜陵、芜湖、当涂，进屯采石矶（今安徽当涂西北）。以前，为渡运大军，建采石浮桥，宋军先于石牌镇按樊若水提供的数据造浮桥。江南君臣听到宋军造浮桥，张洎说："自有典籍以来，没听说有这种事，必不能成。"李煜说："我看也是儿戏。"于是根本不放在心上。及曹彬军到采石，移石牌镇浮桥到采石矶，尺寸一点不差，不到三天，两岸固定住，浮桥造成，宋军过江，如履平地。十二月，金陵戒严，下令去开宝年号，动员民众献财、参军备战。

开宝八年（975）正月，曹彬率军进攻金陵，李汉琼率军渡秦淮河南，攻拔水军水寨。潘美军到秦淮河边，江南水陆军十多万，背城列阵。当时船舰还没集中，潘美就说："我提雄兵数万，攻无不克，战无不胜，这一带水算得什么？"于是拍马下水，宋军跟上，江南兵大败。一部分唐兵想夺取浮桥，又被杀散。曹彬连败江南兵于城下，夺得战舰数千艘，金陵危急。与此同时，吴越兵也攻破常州，进逼京口。

南唐金陵城内，陈乔、张洎与李煜谋划，因城池坚固，请坚壁清野，叫宋军进退不得。李煜信为妙计，所以宋军入境，李煜并没很着急，每天在后苑与僧道诵经讲《易》，不理政事。军书告急，宋军围于城下的消息，都被徐元楀等压住，所以宋军围于城下几月，李煜尚茫然不知。这时有战争经验的老将都已死，皇甫晖的儿子皇甫继勋年纪尚轻，却被委任为神卫统军都指挥使，他见宋军兵临城下，不但不想报父之仇，反有降宋之意。听见江南兵败就喜，谁想出城与宋军作哉，他非打即骂，因此将士离心。开宝八年（975）五月，李煜偶然出外巡城，见城外军营罗列，都是宋军旗号，不觉大惊失色，于是收斩皇甫继勋。皇甫继勋虽死，凡兵机军令，都是张洎等人从澄心堂发出。张洎本是书生，只尚空谈，哪里懂得军事。又召神卫军都虞候朱令赟以上江兵入援，朱令赟拥兵十万屯湖口，迁延不进，诸将请战，他也不许。幸亏此时宋军锐气已去，再加上宋皇赵匡胤派李煜弟李从镒和李穆回国劝降，命宋军诸将暂缓攻城，城中方得苟延残喘。

这时宋兵因江南潮湿，军中又流行病疫，赵匡胤打算让曹彬退屯广陵，休息士马。卢多逊反对这么做，赵匡胤也不听。恰在这时，有个名叫侯陟的犯罪官吏从南方来，想走走卢多逊的门路减轻罪过。卢多逊叫他立即上急奏陈述江南军事。侯陟一见赵匡胤就大声说："江南平在朝夕，陛下为何罢兵？愿急取之，如误陛下，夷臣三族！"经他一陈述，赵匡胤便决定继续攻城。李从镒到江南后，劝李煜出降，陈乔、张洎等又死死拦住，认为金陵固若金汤，宋兵黔驴技穷，必将退兵。李煜不降，李穆只好回来复命。此时金陵外有两支南唐兵，一是上江兵，由朱令赟率领；一是往援京口的军队，由侍卫都虞候刘澄率领。刘澄胁迫将士开门投降宋军。不久，朱令赟的水师终于出动，来烧采石浮桥，进一步想解金陵之围。宋军行营步军都指挥使刘遇率兵攻击，朱令赟见势危急，放火拒斗；不料北风大起，大火反烧南唐军，宋军大胜，生擒朱令赟及战棹都虞候王晖等。金陵只有这一支援兵，溃败之后，金陵已成为一座孤城。

此战之前，李煜听得润州兵降宋，越加恐惧，派江南名士徐铉北上要求宋朝退兵。徐铉知识渊博，口若悬河，是有名的雄辩家，又是满腹的理直气壮，一路上打好腹稿，想凭三寸不烂之舌，把宋朝君臣说得理屈退兵。北宋大臣们听说来使是鼎鼎大名的徐铉，谁都不敢出面接待，怕说不过他。这时赵匡胤指定一个人，说就让他去。大家一看，这个人不懂诗书，口拙少言，平日三杠子压不出个屁来，都不明白赵匡胤的意思。徐铉见了宋方接待使，口若悬河，理直气壮，但此人只是唯唯诺诺，并不反驳，也不讲理，反让徐铉一肚子理都变成了对牛弹琴，众人方知赵匡胤用人之妙。[1] 后来赵匡胤亲自见他，徐铉重申旧说：李煜以小事大，如子事父，没有过失，陛下师出无名。赵匡胤说，照你所说，父子难道可以分为两家吗？徐铉又递上李煜的自诉表章，赵匡胤装模作样地看了看说，你主所言，我一句也看不懂。徐铉也无可奈何。

之后，李煜又一次派人入贡，要求缓兵。朱令赟败亡后，李煜又一次派徐铉北使。徐铉见到赵匡胤，再言李煜只是有病，不能入朝，并不敢拒诏，请求缓兵以全一邦之命，反复陈说，非常动人。赵匡胤与之辩论几番，说不过他，恼羞成怒，于是就搬出了狼吃小羊的逻辑，说："不必多说，江南又有什么罪？但天下一家，卧榻之侧，岂容他人鼾睡乎！"徐铉一见，无法讲理，只好又回

---

① 据《宋稗类钞·君范》。

江南。^①

就在徐铉往返之间，南唐军又在城下连吃败仗。城中士气越加低落。曹彬围金陵自春到冬，并非没有能力攻坚，实在是怕攻破城双方多死伤人，因此总想逼李煜投降。李煜一面请以他儿子为质入朝，一面只拖时间，不见动静。到了十一月底，曹彬下了最后通牒，说二十七日攻城。李煜仍然不听。

曹彬在行阵之间，赵匡胤几次让使者传话给他：不要伤害城中人，如果南唐兵做困兽之斗，李煜一家，也切勿加害。曹彬想出一计，在攻城前夕忽然病倒不理军务、不见诸将。诸位将领来探视，曹彬说："我的病药石是治不好的，只需诸公共同立誓，破城之后不乱杀一人，我的病不治也会好。"于是众将都立誓不杀。开宝八年（975）十一月二十七日，金陵城破，曹彬整军直到宫城之前，李煜只好奉表请降，与群臣迎拜于门。曹彬安慰他，让他随意多取金宝，否则以后既为宋臣，俸钱有限，日子怕不好过。之后，曹彬安民封库，派使者奏捷，共得十九州、三军、一百零八县、六十五万五千零六十五户。

南唐平定后，小国没平的只有吴越和北汉了。

二、斧声烛影

赵普虽常在河阳，然而并非一切不闻不问，他还时刻注视着国家事务的进

---

① 据《续资治通鉴长编》卷十六。

展、朝廷局势的变化。有时朝会，也还要到京师述职朝拜。即在平时，和赵匡胤也还有书信来往。南宋李心传所著的《建炎以来系年要录》记载了这一时期赵匡胤给赵普的一封信：

> 朕与卿平祸乱以取天下，所创法度，子孙若能谨守，虽百世可也。[1]

写这封信的时间，必然是在这三年之内。因为在此之前，赵普一直在京师，没有外出，赵匡胤有事，可以天天相见。若果事情紧急，还可以直去家中，当然不必写信。再往后，赵匡胤已死，更不可能写信。从口气上看，赵匡胤对赵普的作用充分肯定，语气和缓、怀旧，恐怕已对赵普消除了怒气和不良印象。

赵匡胤是个武将出身，身体情况本来很好，不知为何在开宝九年突然染病。这场病究竟是什么病，没有明确的记载，反正来势凶猛，夺走了这位开国皇帝的生命。

关于赵匡胤之死，可以说是中国历史上的一大疑案，众说纷纭，扑朔迷离，如同雾里观花，看不确切。正史和实录一律不载，只有一些笔记野史偶有记载，但也都神神秘秘、虚虚幻幻，附之以神仙道士，令人不得要领。据《国史符瑞志》记载：赵匡胤有病，感觉很厉害，就命内侍王继恩在建隆观设黄箓

---

[1]《建炎以来系年要录》卷六十一，文渊阁四库全书本。

醮（一种祭祈仪式），请一位道士张守真降神，即请天神附体，指示事情的发展和结局。张守真在天神附体时说："天上宫阙已成，玉锁开。晋王有仁心。"说完便昏睡过去。宋真宗时的翰林学士杨亿《谈苑》记载大体相同，并说赵匡胤听了张守真的话，认为是妖言惑众，想杀他，不料还没来得及杀，就碰上了斧声烛影之事，自己先死了。据江南僧人文莹所著的《湘山野录》说，赵匡胤和赵光义还没显赫的时候，曾和一位道士游于关河，道士无姓名，有时自称"混沌"，有时又说是"真无"，没钱的时候，就在口袋里掏，越掏越多，一人常常喝醉。这个人每在醉中说出"金猴虎头四，真龙得真位"的话，像是一种预言偈语。后来赵匡胤"受禅"那天，正是庚申正月初四，申是猴，这年正月属虎，正与他的话符合，因此赵匡胤对他很迷信。开宝九年，这位道士忽然光临，赵匡胤大喜，引入密室，二人促膝畅饮。赵匡胤说："我早就想见你，为我决定一事，不是别的，我寿命还有几年？"道士说："只看今年十月二十日夜是阴是晴，晴，可延十二年，不然，则赶紧准备后事。"后来赵匡胤牢记此话，于这天晚上到太清阁望天气，初时很晴，赵匡胤很高兴，谁知过了一会阴云四起，天气陡变，雪雹骤降。赵匡胤大惊，便急步下阁，立即派人开门，召晋王赵光义入见。进入大寝殿后，摆酒对饮，把宦官、宫妾全部赶得远远的，众人听不到他们说些什么，只见烛影之下，太宗一会站起来退到一边，躲躲闪闪，好像在推辞什么事。饮完酒后，已是三更，雪厚数寸。赵匡胤起来拿柱斧戳雪，对赵光义说："好做，好做。"之后便解衣就寝，据说还"鼻息如雷"。是夜赵光义留宿宫中，五更时侍者发现太祖已经归天了。

此段记载中有许多漏洞，十月二十日夜是阴是晴等事，一个道士如何能预先得知？赵匡胤既然病重，还能若无其事地登阁观天、摆酒对饮、柱斧戳雪？何况太宗也不会在宫禁之中。

根据王禹偁《建隆遗事》第十一章记载，又是另一种情况：

赵匡胤病重，急派宫中使者召宰相赵普、卢多逊入宫，见于寝阁。赵匡胤说："我知道这次病好不了了，要见卿等，是因为有几件事还没来得及实施。你们拿笔砚来，按我的话记下来，以后一定要实行，我死也瞑目。"于是赵匡胤口述，赵普等记下，都是一些济世安民之道。赵普等呜咽流涕说："这些我们依圣训执行就是了。但有一件大事，没见陛下说及，就是储嗣（继位人）未定，陛下倘有不讳（去世），诸王中该立何人？"赵匡胤说："晋王。"赵普等说："陛下艰难创业，终致太平，自有圣子应当受命，未可议及昆弟也。臣等认为大事一去，后来王位就不会再回来了（即再回到赵匡胤子孙一系），陛下应当慎重考虑。"赵匡胤说："我上不忍违背太后的慈训，下因为天下刚刚安定，想让年龄大的君主来统治。我的主意已定，愿你们为我倾心辅佐晋王。"于是拿出御府的珠玉赐给赵普等，让他们回去。第二天，赵匡胤即死于长庆殿。后来的宋太宗赵光义听说赵普等有这种奏议，非常怨恨。继位后将卢多逊贬死岭表，而赵普则送美女入宫，取媚太宗，得以保全。

著《续资治通鉴长编》的李焘详细考校后，认为这种说法很可疑，说王禹偁的《建隆遗事》一书是赵普的仇人卢多逊一党所著的伪书。理由是当时赵普早已不在京师，也不是宰相。何况书中第七章已说在建隆之初，杜太后召赵匡胤、赵光义、赵光美、赵普等共同约定兄死弟继，赵普告天地宗庙，既然是已经约定的事，赵普又何必再请求？

李焘说得有道理，但是说到赵普一定没有在赵匡胤床前顾命，一定不会请求赵匡胤立自己的儿子赵德昭为皇帝或储君，则理由不充分。因为赵普虽出镇河阳，但未必一去不回，有些重大节庆，还要回朝朝见。再说，赵普出镇，并非一定叫他兢兢业业地管理三城军政。使相在宋代已是一个荣誉衔，罢相诏书中既说让他去河阳是均劳逸，那说明赵普在河阳不一定躬亲细务；更重要的是，赵匡胤和赵普虽因事而不愉快，导致罢相，毕竟他功劳巨大，二人情谊非同一般。从上述赵匡胤给赵普的信中可以看出，赵匡胤还是很推重赵普之功，认为是他们两人缔造了这个国家，制定了这个国家的制度。在这种情况之下，赵匡胤可能对赵普时常惦记，关系可能比较好。卢多逊的父亲死前，怕赵普以后东山再起，危及卢家，不是没道理的，可能他知道当时赵匡胤对赵普还是很信重，预感到赵匡胤可能会再起用他（当时赵匡胤不满五十岁，还没有得病），因此才惊忧而死。再者，赵普在赵匡胤家族中毕竟影响重大，关系特殊。赵匡胤母亲死时，曾受委托，让赵普作证。赵匡胤为人至孝，他既然在母亲临死时确实答应了传位给赵光义，那他在临死前处理后事时叫来赵普，也不是没有可能，甚至是合情合理的，因为当时只有赵普是见证人，是誓书的监督执行者。

另外，李焘说既然前边已有了金匮誓书，赵普又参与了盟誓，当时没提出异议，怎么赵匡胤死前，又向赵匡胤建议不立晋王赵光义。这也未必就这么绝对。赵普一贯忠于赵匡胤，他把所有的精力和才能都贡献给了与赵匡胤共同缔造宋朝的事业，确实是为赵匡胤设想。赵普一贯反对传位给赵光义，他之所以没有在杜太后死时提出异议，这是因为他认为杜太后毕竟是女流，赵匡胤雄才大略，可能在传位问题上会有自己的见解，不会受誓书的束缚。另外，他当时地位还不高，也许觉得自己还没有资格参谋立储君的事。所以他不提出纠正。

说赵普反对立赵光义为继位皇帝，是有许多根据的。赵普为相后专断朝政，没有刻意地交结赵光义，忽略与赵光义的关系，这说明他认为赵匡胤不会真的传位给他弟弟，所以他不屑于去讨好赵光义。因此他在一些事情上与赵光义不和，甚至结怨。他为相之后，对国君传位这个重大问题上造成的许多历史教训，一定认识得很清楚。嫡长子继承制成为传统，兄死弟继会带来许多严重问题，他都知道。如果说建国之初，五代之时的混乱局面刚刚结束，立年长国君有必要的话，到赵匡胤死时已过了十六七年，天下基本稳定了，赵普更有理由反对兄死弟继。我们以后还会看到，赵光义在考虑接班人的时候，与赵普商量，想立其弟赵廷美（即赵光美，因赵光义做了皇帝之后避光字讳改），赵普就说："当初太祖传弟不传子，就是一误，陛下切不要一误再误。"这充分说明赵普当初就反对传位赵光义。他这样说，实际上等于承认了他当初的反对态度，也证明了传位于赵光义也是赵匡胤病重时的安排。

由于正统的国史与实录都没有写明赵匡胤死时当晚的情况，赵匡胤兄弟谈话时没有人在眼前，所以留下了一个极大的疑团。再加上又有"斧声烛影"的记载，在宋代这事就成了一大疑案，宋人就开始怀疑这里面的不正常情况。只是由于为尊者讳，无人明说，到了后来，人们怀疑赵匡胤就是死于赵光义之手。还有人干脆就怀疑赵普参与了赵光义的谋杀策划，整个"金匮誓书"之事就是一个捏造出来的弥天大谎，并进一步断定赵普就是这场谋杀的谋主。[1]

其实"金匮誓书"一事，恐怕不能否认它的存在。最有力的证据就是赵匡胤做皇帝十七年，始终没有提及立太子的事，赵普等人也未提及。按照传统，这是不正常的，如果不是有"金匮誓书"，将难以解释。另外，赵匡胤在罢免赵普之后，即封赵光义为晋王，又让他排班在宰相之上，权势地位，都非常显要。赵匡胤如果不想立他为继承人，不可能不考虑到这样会对未来的继承者造成极大的威胁。以后又恩宠屡加，在开宝九年六月，赵匡胤为赵光义建晋王府，又因为晋王府地势高，水上不去，便步行到晋王府，亲自布置监督提水工程。有一次赵光义在宫中醉酒，赵匡胤亲自扶他上马，并对近臣说："晋王龙行虎步，且生时有异，必为太平天子，福德非吾所及也。"也说明赵匡胤一直把他看作继承人。

通过以上分析，去掉稗官野史中的迷信成分，我们大体上可以看出这样的发展过程：

赵匡胤身体不好，感到病得厉害，就把赵普从河阳召回。当病重的那一天，召见赵普，嘱咐后事。此夕赵普提出立赵匡胤儿子为继承人的问题，赵匡胤不同意。第二天晚上又召见赵光义，当面告诉传位给他。赵光义走后，当天晚上，赵匡胤就崩逝。

开宝九年（976）十月二十日，赵匡胤于四鼓时分被发现死于万岁殿，宫

---

[1] 见朱重圣《赵普对宋初国事之影响》，载台湾《史学汇刊》第14期。

中顿时一片慌乱。宋皇后派王继恩出召赵德芳（赵匡胤次子，当时在京师），王继恩是内侍，知道赵匡胤有意把皇位传给赵光义，于是不去找赵德芳，径直去找赵光义。赵光义闻报大惊，与王继恩冒雪步行到宫中，不待通报，直到寝殿。皇后见赵德芳没来，来的是赵光义，知道赵光义已经控制了局势，只好称赵光义为官家（称皇帝的话），并说："吾母子之命，皆托于官家。"赵光义说："共保富贵，不要担心。"①

赵光义即位，大赦天下，上赵匡胤庙号为太祖，封皇弟永兴节度使兼侍中赵廷美为开封尹兼中书令、齐王；皇子赵德昭为永兴节度使、武功郡王；贵州防御使赵德芳为山南西道节度使、同平章事。又加宰相薛居正为左仆射，沈伦（即沈义伦，为避赵光义讳改）为右仆射，卢多逊拜为宰相，具体名义是中书侍郎、平章事，枢密使曹彬为同平章事，楚昭辅由枢密副使接替曹彬为枢密使。

又下诏，凡是各官阶、州县军名与赵光义名有重复的字一切改去。把开宝九年改为太平兴国元年。又下诏让赵廷美和赵德昭在朝堂排班时排在宰相之前。

这一切职务变动，都没有提到赵普，也可能赵普不是京官，没有参与国丧事务。太平兴国二年（977）三月十一日，赵普又来到京师，谒太祖陵，十四日，授太子少保，留在京师，结束了三年多的外放。

---

① 据《续资治通鉴长编》卷十七。

三、京师散人

赵普重返京师，时年五十六岁。

这次返京，只不过是形式上的返回，赵光义并没有任命他实际的职务，虽然不久从太子少保升为太保，但太子太保也只不过是一个虚衔。他实际上是处于"奉朝请"的状态。奉朝请，在宋代就是免去职务守本官，逢一、五日朝见皇帝。可想而知，过去权倾满朝、不可一世的元勋重臣，年龄又不老，仅仅跟在朝班里点点卯、跑跑龙套是什么滋味，尤其是对于赵普这样权势欲强又极有能力的人。他当然不甘心沉沦下去。无奈时运不到，宋太宗并不想重新起用他，又有许多政敌在防备他的复起，他也无可奈何。本传描述他的情况是"郁郁不得志"。

宋朝的统一事业，在宋太宗手里照旧进行着。

首先是平海节度使陈洪进，在太平兴国三年（979）四月纳土归降。陈洪进也是一个旧军人。平海军原名清源军，治所在今福建泉州。后为陈洪进割据一方，成为一个土皇帝。然而他始终没有建国立号，称孤道寡。太平兴国三年，由于宋军平了南唐，显示出不可抵御的力量，陈洪进地小人少，见昔日十国纷纷并入宋土，统一趋势不可避免，就接受了他的幕僚刘昌言的劝告，上表纳土归降，交出所管的漳泉二州、十四县、十五万一千九百七十八户、军士一万八千七百二十七名。赵光义封陈洪进为武宁军节度使、同平章事，陈洪进的几个儿子也都封刺史、团练使等官。①

吴越助宋出兵，两面夹击南唐，立了大功。钱俶来朝见，赵匡胤给他很大的荣宠，赐他可以剑履上殿，入拜不称名，处于一个王的地位。但在钱俶回去的时候，赵匡胤给了他一包东西，告诉他回去的路上秘密打开观看。钱俶遵嘱半路上打开一看，不觉吓出了一身冷汗，原来都是宋朝一些大臣要求留住钱俶、软禁起来逼他投降的奏折。赵匡胤给他看的目的，一是表示自己对他的厚恩和宽容，其真正目的是吓一吓他，让他自动地认清时务，主动上表归地。

太平兴国三年三月，钱俶又来朝见。赵光义大排宴席，宴请钱俶，之后又让齐王赵廷美等屡次宴请。这次钱俶入朝，几乎带来了他国库里的全部珍宝，分为五十个层次进献，有犀象、锦彩、金银、珠贝、茶绵及服饰器用之物，价值无法计算。钱俶的意思是不来还不行，来了就多带钱宝，收买宋朝君臣，得到他们的欢心，不为难他，还让他自由自在地做土皇帝。宰相卢多逊等力劝赵光义绝不可再放虎归山，放龙入海。所以礼物献了三十多进，朝廷仍然没有放的意思。到了四月，陈洪进来纳土，对钱俶造成了更大的压力。钱俶不得已，又上表献上吴越的军队簿籍，并请求免去吴越国和天下兵马大元帅的封号，免去书诏不名的待遇，只求返回本地，赵光义仍然不许。钱俶不知道怎么才好，崔仁进劝他说："朝廷的意思已经很明白了，大王如果不赶紧交出土地，大祸就要临头了。"钱俶的左右臣僚还争着说不可以这么做。崔仁进厉声说："现在在人家掌握之中，去国千里，除非长着翅膀才能飞出去。"钱俶无法，只好按

① 据《续资治通鉴长编》卷十九。

崔仁进所说的，交出管下十三州、一军、八十六县、五十五万零六百八十户、兵十一万五千零三十六人。开始此事是钱俶和崔仁进决定的，其他人都不知道，等到赵光义接受已毕，众人才明白他们的国家不存在了，于是千余人一齐哭道："我们大王是回不去了。"赵光义封钱俶为淮海国王，下属的重要臣僚均有封赏。[1] 于是吴越也平定了，五代十国只剩了正统的宋和一个北汉。

赵光义见不用一年，江南一统于宋，于是就想一鼓作气，扫平北汉。赵光义对皇弟齐王赵廷美说："我一定要攻取太原。"到会集两府大臣，要商议出兵的时候，又问曹彬说："以前周世宗和太祖皇帝都亲征太原，以当时的兵力没有攻克，难道是太原城真那么坚固不可攻克吗？"曹彬说："世宗时，史超败于石岭关，军心震动，所以回师。太祖顿兵于甘草地中，军人多患腹泻，因此中止，并不是城池不可近前。"赵光义说："我现在出兵，你以为会怎么样呢？"曹彬说："国家兵马精锐，人心感戴，若出兵吊伐，如摧枯拉朽，有什么攻不下的。"于是赵光义更拿定了主意。宰相薛居正等反对，说："周世宗和太祖都没攻下，只好退兵。太原一块小地方，得了不足以增广领土，放弃了也不足以为患，陛下要再三考虑。"赵光义说："现在事情虽同而时势已变，彼弱而我强。过去先帝破此敌，迁走那里的人，正为今日之事。我主意已定，你们不必多言。"于是开始调兵遣将，派潘美为北路都招讨制置使，为总的统帅。派崔彦进攻城东，李汉琼攻城南，曹翰攻城西，刘遇攻城北。同时派常参官发邢、贝、洛、泽等州军队赶赴太原。

----

[1] 据《续资治通鉴长编》卷十九。

太平兴国四年（980）二月，赵光义御驾亲征。本来赵光义是想让齐王赵廷美掌管留守之事，因为吕余庆的弟弟开封府判官吕端劝他说："主上栉风沐雨，亲临行阵，王爷地处亲贤，应当表率扈从，不适宜掌管留守事务。"因此，由宰相沈伦为东京留守，兼判开封府事。

此时北汉自上次赵匡胤北伐以来，政治上不但没有改进，反而越来越黑暗，小人和皇亲当政，一批忠勇正直的臣僚将士不是杀就是逐，良将就只剩了刘继业。再加上赵匡胤上次撤军时迁走了数州百姓，国家粮钱税收更少，更加贫困。因此宋军一路上连战连捷，直到城下。辽朝听到消息，派了万余精骑来增援，被郭进在石岭关打得大败。太原城中又向辽朝发出告急求援的蜡丸书，又被郭进截获，把送信人拉到城下让城上看，城中人愈加胆寒。

攻城时，赵光义亲自到太原城四面去视察攻城战具情况，并在后半夜发起攻击。攻城的日子里，赵光义常常亲自顶盔贯甲，亲冒矢石，指挥作战。左右有谏止者，他就说："将士们都争先效命于锋镝之下，我岂能袖手旁观。"如此一说，众军听得，都勇气百倍，以一当百，冒死登城。几十万兵一齐放箭，几百万支箭一会儿就射完了，太原城上，箭如猬刺。大将们也不避危险，率先登城。城南主将李汉琼率众爬城，头盔上中了好几支箭，又射中手指，伤得血迹斑斑，还力战不下。

五月初一，赵光义亲临城西南，夜督诸将攻城，天将黎明时，攻陷了羊马城。北汉的宣徽使范超来降，结果外面的宋军以为他是出战，一顿乱刀剁成肉酱。城中人又因为他出降，把他的妻子都杀死扔出城外。即使这样，也还有北汉将领出降，如马步军都指挥使郭万超等。

五月初四，赵光义又到城南，对诸将说："明日中午，在城中吃饭！"然后自己写信给北汉主刘继元。这次据说赵光义又堵坝灌水，五月初四这天城东南角坏，水灌进了夹城中，北汉主刘继元大怒，亲自督众背土填塞。晚上，城上升起一缕白云，呈现一个人的形状，有人说这是破城的前兆。五月初五，赵光义又亲自动员，宋军红了眼，潮水般地涌上城去，赵光义见军心太愤怒，怕城破后发生屠城事件，暂时约束众军少退。这时城中人还想抵抗，左仆射马峰卧病在家，叫人抬了去见刘继元，流着眼泪向他陈述兴亡是有定数的，统一的大势已定，人力难以回天。刘继元思索半天，无可奈何，长叹一声，于是决意出降。赵光义看了很高兴，立即命人入城抚慰。

此时刘继元已降，但刘继业不听命令，还据城苦战，赵光义爱他勇猛，不忍硬攻，就命刘继元招他降顺，看到刘继元的亲信来传达刘继元的意思，刘继业大哭一场，北面再拜，之后才脱下盔甲来见。赵光义厚加抚慰，让他姓原来的姓，改名杨业。后为北宋著名的杨家将祖宗。赵光义入城后，对从征的钱俶说："你能保全一方归顺我，不致血刃，深可嘉赏。"

十国的最后一颗硬钉子终于拔除了。宋又取得十州、四十一县、三万五千二百二十户、兵三万。这次攻太原又历经数月。[①]平定北汉之后，上下欢喜非常，赵光义作《平晋赋》，群臣也作和，又迁徙民众于新并州，不等老百姓走出城，就在城内放起火来，结果烧死了不少人。

---

① 据《续资治通鉴长编》卷二十。

四、赵德昭之死

936 年，割据太原的石敬瑭以出卖燕云十六州的土地和人民为代价，向契丹请来了援兵，推翻了后唐政权，建立了后晋。从此，留下了一个燕云十六州的问题。宋太祖赵匡胤建宋后，就考虑到夺回燕云十六州，建立统一的国家。为了解决这个问题，他建立了一个"封椿库"，想不经战争，而用多年积累的布帛为代价，赎回燕云十六州。如果契丹政权——辽朝不答应，他就用库中财帛为奖赏，每两匹帛买一个契丹士兵的人头，以这种奖赏为代价夺回这片土地。在未解决十国的割据政权之前，宋朝不愿与辽开衅，打算把这个难题留到最后解决。可惜没等到解决这个问题，赵匡胤便去世了。

这次宋太宗赵光义攻取了北汉，与燕云十六州之间再无障碍，这个问题又摆在赵光义的面前：是乘胜进伐燕云呢，还是暂且回兵休整，养精蓄锐，整兵重来？出现了两派意见。宋兵攻太原，并没有像曹彬说的那样如摧枯拉朽，而是以几十万大军顿兵坚城之下攻了累月，粮饷将尽，军士也锐气丧尽，几乎要卷甲退兵，着实地碰了个硬钉子。其实，太原城内，兵才三万，以几十万对三万，还打得这么艰苦，说明宋兵战斗力并不强。之所以能扫平江南、后蜀，只不过南方的政权和军力实在太软弱了。而要对付顽强勇猛的北方士兵，宋军便有些力不从心，只不过在最后关头，刘继元投降，宋军才得以奏凯。但这么勉强争取来的胜利，却使宋军中的许多人产生了骄傲情绪，不把敌人放在眼里。

契丹是唐时北方逐渐发达起来的一个少数民族。自从太祖耶律阿保机缔造政权之后，国势日强，疆土日大，挟北方兵强马壮之势，几次侵侮中国，对中原人民造成了极大的侵害和威胁。辽朝与北汉不同，它幅员辽阔，士马强悍，宋军想乘势夺取燕云十六州，是要与这么个大国直接对抗的。

赵光义看不到这一点，他只想到了胜利，只愿意听赞同的意见。他提出要北伐契丹，袭取燕云，毕统一中国之功于一役。当时许多将领还是挺明智的，基本上都反对直接北伐，但怕逆了赵光义的意旨，也都不敢直接反对。有一文官（据王得臣《尘史》说是赵昌言）说："直取幽州，不过是热鏊子翻饼，不费吹灰之力。"这时铁骑指挥使呼延赞说："书生之言信不得，这个饼难翻着呢！"殿前都虞候崔翰又说道："此事不能再来一次了，乘此破竹之势，取之很容易，机不可失。"赵光义一心想乘势北伐，听到赞同的意见，也不管大多数将领的态度，即命枢密使曹彬商议调发屯兵，并遣使调发京东、河北诸州军储到行营备用。

由于这次北伐是草率决定，攻取太原的功劳还没有颁赏，军士多不积极，护卫的六军有些都不能按时到达，惹得赵光义很生气。大军北进，燕云人民是很欢迎的，一路上开始比较顺利，许多关城纷纷开门投降，迎接宋军，即使碰上一些契丹兵也都取得了胜利。六月中，到达幽州（今北京）城南。到达的第三天，就分派将领攻城，宋偓在南，崔进在北，刘遇攻东面，孟玄哲攻西面，命潘美知幽州行府事。

赵光义此次伐燕云、攻幽州，采取的是兵贵神速、远道偷袭的战略，并没有准备做长远打算，只想猛攻猛打，一举攻下幽州。因此宋兵一到城下，就立即组织攻坚。攻击是非常猛烈的，在攻城的十二天中，赵光义五次亲临城下督战。

这时是七月，辽朝的国主是人称"睡王"的穆宗。穆宗荒于田猎饮酒，不理政事，晚上饮酒作乐，通宵达旦，白天便睡觉，午后方起。南京（辽称幽州城为南京）被围攻的消息传来时，他正在打猎，丢下随从，逃归行帐，就想放弃南京。有个号称舍利郎君的于越（辽朝官名），请率五千兵马驰援，军士们夜间手举两支火炬，白天举两面旗帜，飞奔幽州。

当时幽州城中的情况确是非常危急，难于支持。辽朝权知南京留守韩德让非常紧张，与知三司事刘弘等日夜守御。城中人怀二心，有个指挥李札勒存出城投降，更加剧了危机。看来城防似乎摇摇欲坠，宋军破城在即了。

这时情况突然发生了变化，辽南院宰相耶律沙、惕隐耶律休哥、南院大王耶律斜轸已分别率援军逼近幽州！

七月初五，宋太宗到城西北隅指挥攻城，一支辽军在耶律沙的率领下接近宋军，开始攻击。宋军在太宗的指挥下还击。由于宋军人多，辽军抵敌不住，宋军追到高梁河（今北京西直门外）。这时，耶律斜轸、耶律休哥的兵马突然出现在宋军的左右，横击宋军于高梁河上，耶律沙又勒兵杀回，三军夹攻，宋军乱作一团，将找不到兵，兵找不到将，将也找不到皇帝，飞箭如雨，各自逃命，宋军大败。辽军组织精锐，专往皇帝车驾处冲杀，宋军抵挡不住，赵光义骑马飞逃，马又被射倒，自己身上也中了两箭。此时只有高琼护持在身边，将马给赵光义骑坐，狼狈逃回涿州。在涿州刚想收拾残兵，耶律休哥又率兵追到，宋残兵已成惊弓之鸟，一触即溃，宋太宗仓皇乘毛驴车逃跑。所有皇帝的车驾、服御、从人宫嫔一律陷没，丢弃的兵仗器甲、粮草不计其数。幸亏混战中耶律休哥受了三处伤，伤重不能穷追，赵光义才得以逃脱。这一仗宋军损失了几万人。[①]

当赵光义在幽州城下时，有一天晚上刮大风，军中发生了慌乱，这其实是军心不稳，没有斗志的表现。军中出现夜惊是大事，弄不好可能发生大溃营，将领们非常着急，急忙向赵光义报告，但这时却不知皇帝到哪去了。众人更加惊慌，有人提议国不可一日无君，为挽救危局，不如立赵匡胤的长子赵德昭为皇帝。后来知道了赵光义的所在，此议当然也就烟消云散了。虽然如此，赵光义听到了非常不高兴。后来回到京城后，因为很久没有赏攻克太原的功劳，将士私下颇有怨言，舆论也认为不赏是不对的。赵德昭听了很替赵光义着急，于是建议速行太原之赏。赵光义正因为高梁河大败和议立赵德昭为皇帝的事耿耿于怀，一听赵德昭为众人请赏，不由得勃然大怒道："等你自己做皇帝，赏也不晚。"赵德昭听了这话，惶恐万分，一肚子委屈无处可诉，面如死灰地退回宫中。问左右护卫人员："有带刀的吗？"都回答说在宫中不敢带刀。赵德昭默默地进入茶酒阁，顶上门，不让众人进来，然后拿水果刀自刎了。左右听见

---

① 据《宋史·太宗纪一》。

里面动静不对，又不敢打扰，后来怕是出事了，有人大着胆子透过窗纱一看，才知赵德昭已自杀了，急忙报给赵光义。赵光义一听，也很惊悔，到现场抱住赵德昭的尸首大哭道："傻孩子，怎么就到了这个地步！"于是追封魏王，收拾入殓。

通过这件事可以看出一个问题，赵光义对自己的皇位非常敏感，尤其牵扯到最有资格继承皇位的赵德昭，更是如此。德昭之死也可能是赵光义始料未及的，但德昭之死使他的皇位减少了一个极大的威胁，未尝不是拔去了一颗眼中钉。德昭之死是宋廷皇位斗争的结果，这个事件给了赵普一个启发，使赵普得到了一个东山再起的切入点。

这年十月，赵光义下诏，齐王赵廷美晋封秦王，宰相薛居正加司空，沈伦加左仆射，卢多逊兼兵部尚书，枢密使曹彬兼侍中。还因为杨业熟悉边境之事，洞晓敌情，命他知代州兼三交驻泊兵马部署，赵光义密封了些箱笼等赐给他，赏赐是比较厚的。同时，凡是参与平太原的幕僚将士都各有升赏。

五、虎落平阳

权力斗争是很残酷的。卢多逊与赵普在以前就有矛盾，赵普的罢免，卢多逊起的作用很大。赵普心里也很清楚，并且在朝官中也几乎是无人不晓。赵光义做了皇帝后，卢多逊因为善于体察揣摩皇帝的心理而继续得宠，手握重权。

他知道自己与赵普已成水火之势，不能两立。如果赵普重新掌权，他的下场不会太好，所以他也千方百计地抑制赵普，使赵普永远不能翻身。他继续一有机会就揭赵普的短，对赵光义说赵普的坏话，因此赵普即使在京师，也不过是逢重要节日或场合到朝廷上点个卯，成了一个备受冷落、可有可无的人物。赵光义风闻赵普反对赵匡胤传位给他，也对赵普很冷淡，所以赵普连续几年一直处于郁郁不得志的境地。

赵普有个妹夫叫侯仁宝，他父亲侯益家居洛阳，有堂皇的府第，大片的良田，所以侯仁宝不愿处理政务，只愿与文士交游，过着悠闲自适的生活。当赵普为宰相时，他得以管理西京洛阳，过得很得意。赵普被罢免，他也失势了，受到了卢多逊的排挤。卢多逊为了打击赵普，就以赵光义的名义调侯仁宝知邕州（今广西南宁），侯仁宝无法，只好赴任，一去就是九年。当时邕州僻远，人们视为畏途，那里天气炎热，北方人极不习惯，在那里非常容易得病，许多人都死在岭外。人们都把那里视为发配流放的地方。侯仁宝见九年之间还没有被召回朝廷的迹象，心里非常害怕死在遥远的异乡。正巧这时发生了一件事：当时的交州即现在的越南，还是中国的附属国，交州国主的继承，都要经过中国皇帝的认可。这时交州发生了内乱，大将黎桓推翻并杀死了原来的主帅，夺得了政权。这在当时中国官员的眼里是不合法的。于是侯仁宝上了一个奏疏，说交州主帅被害，国内动乱，可以用偏师攻取。希望朝廷允许他回朝面奏详情，以商议攻讨。

当时卢多逊专朝廷大政，一手遮天，中书省接到大臣们的表章，不先告诉卢多逊、取得卢多逊的同意，就不敢上报给皇上。在这种情况下，侯仁宝的奏章自然要先经过卢多逊。卢多逊知道侯仁宝想通过皇帝召问详情的机会，借机想法留在京师，他还认为这是赵普在幕后出谋划策。因此他把侯仁宝的奏表上达给赵光义之后，就一直注意观察赵光义的表情，见赵光义果然大喜，想让驰驿召侯仁宝上奏，他就赶紧上前奏道："交趾内乱，这是天亡他们。朝廷想讨伐他，应当出其不意，出兵袭击，这就是所谓的迅雷不及掩耳。如果先召仁宝，必然暴露南伐之意，如果蛮寇知道了，据山海之险预先准备，恐怕就不易攻取了。不如就命侯仁宝掌转运使之职，经办此事，选将调发荆湖军士一两万人，长驱南下，势必万全，事情比摧枯拉朽还要简单。"

卢多逊一席话使赵光义打消了让侯仁宝回京陈奏的念头，也使侯仁宝重返中原的希望化为泡影。太平兴国五年（980）七月，赵光义命侯仁宝为交州路水陆转运使，兰州团练使孙全兴、八作使郝守浚、鞍辔库使陈钦祚、左监门卫将军崔亮为邕州路兵马都部署，再命刘澄、贾湜、王僎为廉州路兵马都部署，水陆并进。

十一月，交州黎桓派遣牙将江巨瑝、王绍祚带了地方特产来进贡，自言自己按照将士军民的请求，已经代管节度行军司马，权领军府事，求朝廷予以承认，赐予真命。赵光义知道他们这是听说宋朝出兵，想派使者以此阻止宋军继续前进，所以，就不做任何答复。

侯仁宝率军前进，一路比较顺利。太平兴国六年（981）三月，向朝廷报告说在白藤江口大败交州兵一万五千人，斩首千余，缴获战舰二百艘，铠甲以万计。于是侯仁宝率兵先进，并通知孙全兴、刘澄等一同进兵。但孙全兴拥兵于花步七十天逗留不进，等待刘澄，侯仁宝屡次派人督促，不见行动。后来刘澄姗姗到来，却又率军前进到多罗村就擅自退回，这样就把侯仁宝孤军留在了交州。黎桓听得只有一路军马，胆子便大起来。于是设计定谋，派人向侯仁宝假称投降，请侯仁宝进寨受降。侯仁宝本来是太常博士，一介书生，不太懂什么谋略，还想攻心为上。既不战而屈人之兵，大喜过望，也不做防备，结果进去后，连随从都被黎桓的伏兵杀死。又发兵攻宋军，宋军损失了主将，群龙无首，于是四散溃奔，有的被杀死，有的逃了回来。这时各军因不服南方的炎热和瘴疫，有许多病死，幸亏转运使许仲宣比较敢作敢为，把各军分屯各州，并不待朝廷批准，就开库赏赐，又买药医治军士，这才稳定了下来。许仲宣一面飞报侯仁宝战死，宋军败溃，一面上章弹劾自己擅开库发赏之事。赵光义认为他做得对，免予追究，并加安慰。许仲宣又上书劾奏刘澄、孙全兴等逗留不进等事。赵光义大怒，由于王僎病死，无法追究，其余刘澄与贾湜都于邕州城正法，处以死刑；将孙全兴等逮入监狱，孙全兴被处死，陈钦祚等都降官处分，发到边远地区。侯仁宝死于国事，赠工部侍郎，二子为官。卢多逊的阴谋得逞了。

卢多逊对赵普处处压制，总是叫赵普不舒服。侯仁宝本属文官，他有意安排他领兵作战，又远赴交州，几乎是送往绝境，赵普眼睁睁不能救，心中当然异常愤怒，对卢多逊恨之入骨。然而卢多逊对赵普在这方面的打击，并未到此为止。赵普的长子赵承宗，因前妻李崇矩女亡故又娶了赵匡胤的姐姐燕国长公主的女儿。当时赵承宗正知潭州（今湖南长沙），这又是一个远地方。赵光义为念骨肉之情，下诏特许他回京成婚，这总是人之常情，对赵普也是一种安慰。不料小两口正在新婚燕尔之际，蜜月尚未度完，卢多逊便向太宗赵光义上言，把赵承宗遣回潭州，这对赵普又是一次明目张胆的欺侮。[①] 赵普因此按捺不住怒火，他不能任人踩践，他要东山再起，只要达到这个目的，便不择手段。一场大事变又要爆发了。

六、东山再起

太平兴国六年（981）九月的一天（时薛居正已于这年六月病死），太宗忽然召赵普入宫。这是这几年以来未有之事，赵普认为必有非常重大的事情，他要抓住这个机会，夺回失去的权力。

是的，确实有重大的事情。赵光义在一片疑团中得了皇位，也非常注意周围人的态度。并且他不得不考虑，他死之后谁为继承人的问题。如果按封建社会的传统制度——嫡长子继承制，他应该传位给赵匡胤的长子赵德昭，因为毕竟赵匡胤是创业始祖，德昭是一脉正统。但赵德昭已由于他的训斥与挖苦，自杀而死，下一位就应该是赵德芳。但赵德芳也在太平兴国六年的三月忽然死去，时年二十三岁，赠中书令，封岐王。赵匡胤一脉，遂后继无人。根据杜太

① 据《续资治通鉴长编》卷二十二。

后、赵匡胤要立长君之意，采取兄终弟及的继承法，那么赵光义的弟弟赵廷美应该是继承人。赵廷美被封齐王，官居开封府尹，从安排上来看，赵光义有意遵循兄终弟及的模式，但他有点不甘心。有一天，他曾经就传位一事咨询过赵普，赵普当即坚决地说："太祖已误，陛下岂容再误耶？"①从赵普的立场来看，一朝天子一朝臣，如果不坚决站在赵光义的立场上，从赵光义的利益出发，他就不可能东山再起，所以，他力图打消赵光义的疑虑，力劝赵光义断了传弟的念头。

赵普之所以如此斩钉截铁，是因为他看穿了赵光义的思想。赵光义如果想获得传子的合理性，就要得到有权威的大臣的支持。赵光义自己做了皇帝，赵匡胤的两个儿子都死于非命，如果赵廷美做了皇帝，他赵光义的儿子恐怕处境也不会好，有例在眼前，他不得不防。这样，如何对待赵廷美，就成了他的一块心病。

这天，赵光义忽然接到内使奏报，说如京使柴禹锡、翰林副使杨守一有机密大事要求召见。得旨传入之后，柴禹锡等人要求屏去侍从，才密报秦王赵廷美狂妄骄恣，这几天有人在秦王府内外出出进进，行踪诡秘，像在策划什么阴谋，朝中权势大臣恐怕也有关系，并说还有内酒坊副使赵镕、相里勋为证。赵光义一听，感到事体重大，想起廷臣中只有赵普最是经过大风大浪，能断大事，这才派人召他来商议。赵普听赵光义讲了事情原委，沉思了一下对赵光义说："秦王系皇弟，事关重大，必不能即发，陛下必须谨慎从事。现在仅凭几

①《续资治通鉴长编》卷二十二。

人之言，尚不能定论，必须查有真凭实据，然后事情可一举而定。不过秦王若欲发难，必有大臣结党，若立即张扬，或打草惊蛇，反遗后患。若交与大臣，反是其党，更促使早发，也是不美。现在廷臣中，很难说谁靠得住，必须找一心腹大臣，先不动声色，从容行事，暗地察访，方可保万全。"赵光义问谁可当此大任，赵普慨然自荐道："老臣愿居枢轴（最重要的官职，指相位）以察奸变。"赵光义见赵普突然提出这个要求，也觉有些突然，沉吟片刻，说："卿且回去，容我再考虑定夺。"

赵普退回之后，觉得赵光义还没下定决心，他哪肯放过这个机会，于是连夜写密奏，其中说道："臣为开国旧臣，被权幸奸臣陷害，在陛下之前，必说臣阻挠陛下继位。臣在昭宪皇太后大行之前，曾与太祖亲聆皇后懿旨，亲写誓书告天地宗庙，力赞陛下继大位，岂有二心？况且臣出镇河阳之后，曾与太祖一信，言及有关臣对陛下的议论，纯属诬蔑。太祖知臣，很是谅解。如果不信，陛下可问宫中掌机密的官人。"赵光义看了密奏，果然询访官人，查得金匮誓书和赵普所上的自辩奏折，顿时悔悟。即下诏令赵普儿子赵承宗留在京师，又召赵普抚慰说："人谁能没有过错，朕不待五十，已尽知前四十九年之非了。"

太平兴国六年（981）九月十七日，赵普东山再起，拜为司徒兼侍中、昭文馆大学士，封梁国公。拜相制书说：

    协比耆德，皇王之大猷。图任旧人，邦家之令典。其有功高缔

创，望著岩廊，出领蕃宣，入奉朝请，与望所寄，嘉言孔彰。宜膺作砺之求，再授秉钧之寄。（具官赵普）建邦元辅，命世伟才，早践台衡，载更时序。萧何画一之法，著于庙堂，甘盘旧学之臣，屈在班列。朕方窟窣良弼，寅亮天工。询于元龟，历选群后，用烦旧德，弼予眇躬。外以镇抚四夷，内以平章百姓。康济庶务，当思舟楫之言，品题群材，俾适轮辕之用。佐佑寡昧，臻于治平，毋使魏、房、杜专美于前代也。①

制文大意是：赵普有开国缔造之功，威望著于朝野，出镇藩镇，入奉朝请，是众望所归。为了励精图治，应该再掌相权。赵普命世伟才，曾创立了如汉代萧何一样的制度，我正窟窣以求人才，经过虔诚谨慎地选拔，还是要用元老旧臣来做辅弼，外镇四方，内治百姓。治理政事，应想到"水可载舟，亦可覆舟"的古训，品评人才，要使各尽其能。辅佐我这个愚钝的君主，治国平天下，不要让魏徵、房玄龄、杜如晦那些历史上的名臣独占史册。

总的来看，这篇制文不如初次拜相的制文热情洋溢，更多了客气话。文中也没暗示到其他的内容。然而，赵普的再次入相，却预告了一个大的翻覆。

---

① 《宋大诏令集》卷五十一。

七、廷美之狱

赵普再次为相，与处理赵廷美的事情有直接关系。可是很长时间——约半年之内，赵普没有提出廷美的罪证。然而，赵普既是由这个原因上来的，当然要在此事上做足文章，另外，他要搞的主要对头是卢多逊。他要把卢多逊搞掉、搞惨。

太平兴国八年（983）三月初，金明池的水心殿造成，赵光义将要去泛舟游玩。这时，又有人来告密，说秦王廷美计划现在就要发难，如果不能举行，就要诈称有病在府，骗得皇驾去看，他将在府中埋伏兵作乱。赵光义听后，有些半信半疑。然而既关系到安全大事，当然一般不能冒这个险，因此宁可信其有，但是又不忍心公开此事。于是想了个办法，将赵廷美免去开封府尹职务，授西京留守，让他去守洛阳。这时人们都知道赵廷美的灾难到了，都像躲避瘟疫一样地避开他。平常，赵廷美总是从南府入朝，路过学士院门，如果见锁了门，每次都要派人隔着门问谁值班，小吏就报告值班人的姓名。然而这天值班的学士怕赵廷美又来问，干脆就大开院门，让廷美无由询问，待廷美走过，他们再锁上门。这时候，赵光义也还没有立即惩罚赵廷美的意思，因为廷美要迁到西京，可能要费些钱，于是赐给廷美袭衣通犀带，钱十万，绢彩各万匹，银万两，西京甲第一区，外京刺官阎据、河南判官王遹，钱各百万，这两个人是派去监视廷美的。

赵普正在稳步地、周密地、严厉地并不大张旗鼓地调查有关赵廷美一案的人员，尤其是那些附和卢多逊压制他的人。

三月十日，赵廷美被免去开封尹的职务，授西京留守。

四月初一，枢密使曹彬奉命于琼林苑宴饯赵廷美。

四月初三，告发赵廷美的如京使柴禹锡被任命为宣徽北院使兼枢密副使，杨守一为东上阁门使、充枢密都承旨。从来只有承旨，没有都承旨，加一都字，是表示对杨守一的特殊奖赏。

四月初四，第一批与赵廷美有牵连的人士受到了处置：左卫将军、枢密承旨陈从信被罢免为左卫将军，皇城使刘知信降职为右卫将军，弓箭库使惠延真降为商州长史，禁军列校皇甫继明降为汝州马步军都指挥使，范廷召降为唐州马步军都指挥使，有位定州人王荣降为濮州教练使，罪名全都是和秦王廷美来往并接受他的礼物。王荣还没出发的时候，又有人告发王荣曾对廷美的亲信说过"我不久就会做节度使"，这一条罪状把他开到了海南岛。

大规模的清洗还在后头。

赵普为相，并且是以帮助皇帝察奸谋、清君侧的身份为相，使卢多逊感到极大的恐慌。赵普也屡屡暗示让卢多逊自己知趣，赶紧下台。但卢多逊也知道，如果他下台，一切将任人摆布，根本没有机会申辩，所以他不敢贸然引退，还想搏一搏。这越加使赵普切齿痛恨。于是加紧搜集卢多逊的罪证。一天，赵普召钱惟浚到中书说："朝廷知道卢多逊求取元帅（曹彬）很多财物，现在没有立即宣布出来，是碍于元帅的面子。请开列他取去的元帅的财物，然后上报。"反复说了几遍，意思是一定要办。钱惟浚是曹彬属吏，回来向曹彬一五一十地禀报了，并且说："听侍中（赵普）的话，未必不是皇上旨意。"曹彬说："主上英明，如果大臣有过错，该怎么办就会怎么办，怎么还要借用我的具状才办？"钱惟浚很害怕，又与其他僚属共同劝曹彬说："不服从侍中的意思，恐怕会有不测之祸。"曹彬不听，找出当时所有给一些大臣的财务簿籍付之一炬，然后对钱惟浚等说："我受主上非常之恩，所以回朝之日（从平江南回来）凡是皇上所喜欢和使用的人，我都送给他们一些财帛代替地方特产。况且侍中以下人人有份，又不是单单一个卢相。岂有见人落井，又去下石的？你们年轻人不要干这种事。账簿都烧掉了，是祸是福，我自己担当。"后来太宗知道，问曹彬这个事，果然不是赵光义的意思。[1]

但是，朝廷上并不人人都像曹彬，赵普也决不会就此罢休。不久，赵普又向赵光义密奏，案情有重大进展，发现卢多逊与秦王赵廷美有密切往来，并有重大阴谋嫌疑。赵光义闻言大怒，四月初四，下诏降卢多逊为兵部尚书，逮入御史狱彻底追究。同时捕中书守当官赵白，秦王府孔目官阎密，小吏王继勋、樊德明、赵怀禄、阎怀忠等一干人犯，命翰林学士李昉、卫尉卿崔仁冀、膳部郎中知杂事滕中正共同审理。当然，总的还是在赵普的主持之下。

案情越加深入，据卢多逊供招：他多次派遣赵白将宫中机密大事，包括他

---

[1] 据《续资治通鉴长编》卷二十三。

与赵光义所计议的事泄露和报告给赵廷美。去年九月中，他又派赵白向赵廷美表示，愿皇上早日死去，我将全心全意地辅佐大王。而赵廷美又派樊德明回复卢多逊说，承旨的话正合我心意，我也希望官车早晏驾，皇上早归天。又私下赠给卢多逊弓箭，卢多逊都接受了。这种罪状，不必多，只有这么一条，就足以要了廷美的命，足以使卢多逊合家族诛。这就相当于十恶不赦之罪。至于阎密，开始他是廷美左右的人，赵光义即位后，他仍在秦王府，骄横不法，言语中多有放肆地指斥赵光义的地方。王继勋，这是廷美最亲信的官吏，曾经委托他访求声伎，王继勋仗着秦王府势力，到处敲诈勒索，赃污狼藉。樊德明平时与赵白来往密切，卢多逊通过他与廷美往来交结，传书递简。赵廷美又屡次派赵怀禄私召同母弟军器库副使赵廷俊一起议论密谈。阎怀忠是受赵廷美派遣，到淮海王钱俶那里索求犀玉带、金酒器等，阎怀忠又私受钱俶送给的白金百两、扣器、绢扇，等等。廷美又派遣阎怀忠带了银碗、锦采、羊酒等到御前忠佐马军都军头潘璘的军营去慰问军校，收买人心。经过审讯，这些人都供认了罪状。

十天之后，赵光义召集文武常参官（平时该上朝朝见的官员）到朝堂集议。赵普将这些天费尽心机调查、审讯得来的罪证公之于众，引起了极大的震动。以太子太师王溥为首的七十四人集议之后，上奏赵光义说：

> 谨案兵部尚书卢多逊身处宰司，心怀顾望，密遣堂吏，交结亲
>
> 王，通达语言，咒诅君父，大逆不道，干纪乱常。上负国恩，下亏臣

节，宜膏铁钺，以正刑章。其卢多逊请依有司所断，削夺在身官爵，

准法诛斩；秦王廷美亦请同卢多逊处分其所缘坐。望准律文裁遣。[①]

证据都在，官员们当然要依法办事。依照这些罪状，卢多逊和秦王赵廷美等都是犯了十恶大罪。如果是一般官员，恐怕要全家处斩。在这种罪状面前，谁敢替他们上前求情，说半句好话？何况群臣不知道这究竟是赵普的意思，还是赵光义的意思，或者是两个人共同的意思。二人之中，无论是哪个人都得罪不得，赵光义是皇帝固然触犯不得，因为罪状中主要的就是诅咒他早死，这种罪名对一个官员来说，那是比泰山还重的。得罪赵普也同样危险，事情几乎是由他自始至终主持，谁敢提出异议？都知道赵普与卢多逊结怨很深，替卢多逊求情就意味着得罪赵普，而得罪赵普的下场是谁都知道的，且不说以前姚恕等人死于非命，就说卢多逊不是现成摆着的吗？卢多逊身为宰相，气焰张天，一旦失势，猪狗不如。

再者，卢多逊专横跋扈，阴险毒辣，众人已怀怨在心，他落得身败名裂，许多人真是拍手称快。即使那些与他没有利害关系的元老王溥等人，也对他早已看不惯。所以奏议的文辞非常严厉，那明摆着是要他的命。

幸而据说宋太祖在太庙之中，立有一块石碑，这碑上刻有三条誓文，其中之一就是不杀言官士大夫。任何一个新立的皇帝，都要先去接受训诫，否则，就不配做宋皇室的后代，所以宋代很少杀文官大臣，最多的就是流放，罪越大

[①]《宋史·卢多逊传》。

流放越远。

第二天，判决下来了，皇帝的诏书是：

　　臣之事君，贰则有辟。下之谋上，将而必诛。（兵部尚书卢多逊）顷自先朝，擢参大政，洎予临御，首正台衡。职在燮调，任当辅弼，邦家之务，一以咨之。朕既倚成，汝合思报。而乃交结藩邸，窥伺君亲，指斥乘舆，谋危社稷。大逆不道，非所宜言。因遣近臣，杂治其事，丑迹共露，具狱已成。既有司之定刑，俾外廷而集议，佥以枭夷其族，汗潴其官，用正宪章，以合经义。尚念尝居重位，久事明廷，特宽尽室之诛，止用投荒之典。实汝有负，非我无恩，尔群臣当体兹意。其卢多逊在身官爵及三代封赠、妻子官封，并宜削夺追毁，一家亲属，并配隶崖州，充长流百姓，仍终身禁锢。纵更大赦，不在量移之限。其期周以上亲属，并配隶边远州郡禁锢。①

制文大意是：卢多逊深受大恩，位居宰相，不思报答，反而交结亲王谋逆。本应全家处斩，但因曾长期为朝廷工作，所以只处以流放的处分。除卢多逊本身的一切职务被撤掉外，家中以前所有的封赠和荣誉也一律追毁，全家流放崖州（今海南儋州）。他成了被长期流放的有罪百姓。此外，还终身禁锢，大赦也不放过。真是打翻在地，又踏上一只脚，叫他永世不得翻身。

---

① 《宋宰辅编年录校补》。

另有一件怪事，就是卢多逊家的祖坟，代代都在河南，本来林木茂盛。但在卢多逊被逮入狱的前一夕，忽然电闪雷鸣，雷火将林木全部烧光。如果真有此事，那就是人们将这两件事联系起来，认为是卢多逊作恶的报应。如果没有此事而民间盛传，以至于载于史书，这也看出是人们痛恨卢多逊，所以才编造出这种故事。

卢多逊在流放途中，有一次在路边旅店吃饭，这里有一位老妇人能谈许多京城旧事，卢多逊与她攀谈，她也不知眼前这个人就是卢多逊。卢问她为什么到了这里，老妇人说："我本来是中原士大夫家，有个儿子做某官，卢某人做宰相，指使我儿子违法做一件事，我儿子不服从，得罪了卢某人，就被借故全家流放到这里。不到一年，骨肉相继去世，只剩我老婆子流落山谷。现在我寄住在道旁，也不是没有目的的，那位卢相爷，陷害忠良，为非犯法，肆无忌惮，必然会败落、被流放，我没死之前，也许就能见到他经过这里。"卢多逊听了，默然无语，赶紧上路。① 到了崖州，知州事的是个凶横的军官，知道卢多逊女儿长得好，非要逼婚。卢多逊不答应，受了许多欺辱，后来，还威胁要杀害他们，卢多逊没法，最后终于把女儿嫁给了他。

卢多逊从崖州写的给赵光义的谢表中说："班超生入玉门，非敢望也；子牟心存魏阙，何日忘之。"听到的人都深为同情。到后来，卢多逊终于没有被从崖州召回，于雍熙二年（985）死于贬所，年龄才五十二岁。

对卢多逊是这样处置，秦王赵廷美也不会安然无事。接着，赵光义又下诏

---

① 据《续资治通鉴长编》卷二十三。

秦王府的男男女女的名号也要变动。原贵州防御史赵德恭——赵廷美的儿子等仍然称为皇侄，而廷美的女儿则被免去了云阳公主的称号，她的丈夫右监门卫将军韩崇业也理所当然地被免去驸马都尉的称号，遣往西京，与廷美一起安置。

赵普见赵光义并不严厉地处罚廷美，生怕有一天廷美重新恢复权势，那样他一家的下场恐怕比卢多逊还要惨，因此极力想置赵廷美于死地。于是在赵廷美谪居西京之后，就指使知开封府李符上言说："廷美不但不悔过自新，反而怨恨，请求准许将他迁到更远的州郡以防他变。"于是赵光义又降赵廷美为涪陵县公，安置到房州（今湖北房县）。同时，命崇仪副使阎彦进知房州，监察御史袁廓通判州事，各赏赐白金三百两，实际是派亲信大臣去监管赵廷美。赵廷美的妻子楚国夫人张氏也被削去封号。雍熙元年（984），廷美到房州，眼见自己罪名重大，不断贬逐，不知下一步又是哪里，日日担惊受怕，不觉忧惧成疾，终于一命归天。消息传到朝廷，赵光义又一次呜咽流涕，对当时的宰相宋琪、李昉说："廷美自少刚愎，长大后更凶恶。我因为与他是至亲，不忍绳之以法，使居房陵，希望他闭门思过，其实心中经常挂念，一刻也没忘怀。正想恢复他的旧职，怎么就突然去世了呢？真令人伤心啊！"他这一哭，其他人也跟着伤感。于是追封为涪王，赐谥号为"悼"，悼就是令人伤感的意思。赵廷美一死，再也没有可与赵光义一系争皇位的了。

卢多逊、赵廷美一案，是一个大案，连累了许多人。前面提到的赵白、阎密、王继勋、樊德明、赵怀禄、阎怀忠等人，一律斩于都门之外，并且抄没家财，家人都籍为官奴。同时，与卢多逊同为宰相的沈伦也被责降为工部尚书。

沈伦当时已经有病，请求免去宰相职务退休。赵光义与赵普认为他与卢多逊一殿为臣，十年之间，畏畏缩缩，只是龊龊循默，不能有所建树。尤其认为宰相应该察觉奸谋，而卢多逊包藏祸心，勾结亲王，搞阴谋诡计，他与卢多逊共事这么多年，竟安然坐观，毫不察觉，贪荣窃位，不知羞耻。所以即使已因病提出辞职，也要加以责罚。他的儿子沈继宗是由于他父亲的恩荫才升为都官郎中的，所以一并撤职。还有一个人是中书舍人李穆，也受牵连被降职。李穆和卢多逊是科举同门，关系密切。当年太祖赵匡胤称赞他的为人，但不知他能否担当大任，是卢多逊一力推荐，使他出使江南，宣示宋朝的意思，因应对得体，不辱使命，回来后升了大官。这之前秦王赵廷美被贬到西京，在朝堂上的应对答辞又是李穆给他起草的，被人揭发，因而被降职。李穆是个大孝子，受处分的事怕惊吓了他母亲，也不敢对母亲说，天天出门，只说是上朝，心情不好，也逐渐得了病。后来赵光义忽然见他憔悴得不像样子，又给了他个官做，可是由于他已病得厉害，很快就病死了。这是又一个死于此案的人，起码是他得病的原因。

另外，有一位管理粮料院的刘锡，因为看廷美可怜，擅自借给他几千斛米。赵光义非常生气，召来质问，刘锡连称死罪，赵光义还不算完，命左右拿大棍子打他，直到爬不起来为止。

至于那几个被杀死的人，他们的一些为官的亲属也都受到株连，赵白的两个哥哥赵和、赵知都被流放到沙门岛；西京留守判官阎矩、前开封府推官孙屿也被贬为司户参军，这二人都是赵廷美的属官，他们的罪名是辅导无方。

扳倒卢多逊，打掉了一大批异己势力，将对头整得永世不得翻身，赵普是拔去了眼中钉，踢去了绊脚石，报了一箭之仇，也是他政治生涯中的一大胜利。然而，赵普自己的人格也受到了伤害。在历史书中，几乎每本都写着："凡廷美所以遂得罪，赵普之为也。"① 就是说，凡是廷美的罪状，都是赵普的手笔。说白了就是赵普一手制造了卢多逊、赵廷美的冤案。

本来，卢多逊是赵普的政敌，但卢多逊这个人很有才，很有智谋，笼络君主的手腕也很高明，赵普多方设法想搞掉他，总是无机可乘，只好动用这种极毒辣的手段，诬他谋逆。自从宋太祖赵匡胤的两个儿子赵德昭、赵德芳不得其志，盛年夭折之后，赵廷美已经处于一种非常微妙、非常危险的境地。赵廷美手中没有兵权，作乱是作不成的，他每天对一些嫌疑避之唯恐不及，怎肯招惹是非？但赵光义不管他多么老实，也还是怀疑他，二人的关系很是尴尬。赵普正要利用这种疑忌做文章，把卢多逊除掉。赵廷美与卢多逊之间互赠东西，或许是有的，但如果说他们二人互相交换看法，都希望赵光义早点死掉，这就没有理由了。赵廷美可能有这种想法，但卢多逊正受重用，执掌大权，红极一时，他没有必要希望赵光义死。以他的精明，也不会对赵廷美说，尤其不会通过两个小官来回传递这种可以导致灭族的言语。

柴禹锡、杨守一很可能就是受赵普收买、指使的，他们一告发，赵普估计到当时的形势赵光义会找他商量，所以他一见到赵光义就自荐再任宰相，主持此案。卢多逊等人的供词，明显是逼出来的。并且，只有那一条是要命的罪

① 《宋史·宗室传一》。

状，其他事情都算不上是什么大罪过。

这事情是个冤案，恐怕赵光义心里明白，赵普心里更明白。赵光义在赵廷美死后对宰相宋琪、李昉说："廷美的母亲陈国夫人赵氏，是我的乳母，后出嫁赵氏，生廷俊。我因为廷美的关系，让廷俊做军器库副使。廷俊把宫禁中的秘密事透露给廷美。那一天西池要发生叛乱的阴谋，如果命御史台穷究的话，恐怕廷美是罪不容诛的，我只叫他居守西京。但廷美不思悔过，反而怨恨，出言不逊，才又让他迁居房陵，我是想保全他。至于廷俊，也不深加罪。我于廷美也没有什么对不起他的地方。"赵光义说这一番话，其实是推卸责任，欲盖弥彰。

赵普平白把一个亲王打成谋逆大罪，连累不少人，罪过深重，他心中也发虚。所以他死之前，总是看见赵廷美来索命。如果真有此事，就说明赵普真是心中有鬼，诬陷了赵廷美；如果没有索命之梦，这话是有人编造的，也说明有些明眼人已看出这是权力斗争，赵普顺应赵光义要搞掉赵廷美的想法，将赵廷美当成了牺牲品。

赵光义死后，他的儿子宋真宗立即追复赵廷美为西京留守、检校太师兼中书令、河南尹、秦王，其妻为楚国夫人，实际上等于为他翻案，只不过因为这个案是他父亲定的，他不好公开平反而已。

八、弥缝朝政

处理完赵廷美和卢多逊一案，赵普又做了一些善后的事情。

赵廷美被李符告发说不思悔改，因而又被赵光义进一步贬到房州之后，赵普认为李符的使命已经完成了，如果再在京师开封尹任上，恐怕说不定哪一天会泄露是他指使李符上言的底来，因此，他得便上了一本，说李符府中用刑不当，李符因此被贬降为宁国军司马，远远地开了出去。李符做人鹰犬，固然活该，赵普过河拆桥，卸磨杀驴，也是阴险，只苦了赵廷美这个受害者。

赵普这次入相，起因于赵廷美事件，这件事处理完之后，他就不那么重要了。

赵光义与赵普的关系和信任程度，远远没法和赵匡胤与赵普的关系相比。应该说旁观者清，当初赵普一直跟着赵匡胤，他围绕着赵匡胤转，最大的精力放在处理国事和与赵匡胤的关系上，所以他只注意赵匡胤的看法，只表现给赵匡胤看，其他的人就不大放在眼里，包括赵光义在内。这一来赵普的一些短处和缺点赵光义就看在眼里。

赵普重居相位之后，他的作用不再是那种独揽朝政、皇帝对他言听计从的宰相了，虽然还是独相，但皇帝已在着重发挥其他一些大臣如宋琪、李昉等人的作用，不再把权力放在一个人身上。赵普的作用不大像一个负实际责任的宰相而像一个顾问，经常与皇帝坐而论道，对于朝政，也不再那么有建树、勇于任事，像国初那么以天下为己任了。赵光义是把他作为一个老资格的官员谈论一些事情，请他谈谈他的看法，起个参谋顾问的作用，有许多事情，赵光义是亲自处理。

如太平兴国七年（982）五月，西窑务役夫夏遇喝醉了酒殴打队长杨彦进。赵光义把他们召到便殿，亲自讯问。杨彦进老老实实地说出他和主将牛鹗一向嫉妒夏遇，巧妙地设了机关诬陷他。赵光义大怒，斩杨彦进，把牛鹗刺配海岛。提升夏遇为十将，厚加抚慰。这显然是皇帝断以己意，不循法律，但赵普却率领官员祝贺赵光义明察隐微，没有对此提出异议，更没有当初驳斥赵匡胤"刑赏乃天下之刑赏，非为陛下一人"那种负责任的态度。

不久，赵光义对赵普说："我每读书时，常见古代帝王多自尊自大，规矩森严，谁敢犯颜陈述事情？如果不通达下情，就是自己闭塞自己的耳目，有的喜赏怒刑，怎么能让天下归心呢？"赵普回答说："帝王如果赏罚时没有出于自己的好恶私心，而欲内外无间，上求其理，下尽其诚，达到太平，不是难事。"赵光义又问："治民的道理，还有什么说法呢？"赵普说："陛下体谅生民，每当听到对老百姓有利的或有害的，都马上采取行动，古代圣王爱民之心，也不过如此而已。"

太平兴国八年（983）春天，镇州驻泊都监、酒坊使弥德超借故从镇州来，递上急变奏章说："枢密使曹彬掌兵权时间长了，将士归心，我刚从边塞上来，士兵们都说：'月头银是曹公给的，不是曹公，我们会饿死的。'"然后又说了一些其他的事，诬陷曹彬。"月头银"其实是赵光义为稳定边防军的军心而每月发给的银子，弥德超说曹彬以此收买人心，又引起了赵光义的疑心。当时参知政事郭贽极力为曹彬辩白，说不会有这种事，可能是诬蔑。但赵光义终究不听，将曹彬罢免为天平军节度使兼侍中。

弥德超是个小人，指望着告倒曹彬他就可以做枢密使，但赵光义为了赏他的告发之功，赐予他当枢密副使。虽然官位很高了，但他还不满足，大失所望。他的官和柴禹锡一样，两人都是告密出身，但柴禹锡告密在先，得官也在先，朝堂排班也排在他前面，这样他心里就很不受用，一肚子邪气没处发泄。有一天，他大骂枢密副使王显和柴禹锡说："我向皇上说了重大事情，有安定国家之功，只得到线头这么大个官。你们是什么东西，反在我前头，让我跟着你们学，我真感到羞耻。"不久又说："你们该当断头，我估计是皇上没有原则，让你们蒙混了。"柴禹锡等将这事告诉了赵光义，赵光义派人审讯，核实之后，把弥德超除名，连亲属一起流配到琼州（今海南海口）。贪心不足，落得如此下场。

弥德超开始得见赵光义，是因为李符和宋琪的推荐。后来赵普借故劝赵光义把李符贬为宁国军司马，弥德超在枢密院，多次为他鸣冤叫屈。这一次弥德超坏了事，赵光义讨厌他和李符是一党，干脆又把李符贬出岭南。因为卢多逊流放崖州，李符知道赵普想置卢多逊于死地，他即借陷害卢多逊来讨好赵普，还指望赵普把他召回来，就派人带信给赵普说，卢多逊所流放的地方朱崖，虽然远在海中，但水土挺好，而春州虽然稍近，但毒气更大，到这里的北方人一定是死，不如就把卢多逊迁到春州。赵普接到信后，也不回信，即以其人之道还治其人之身，请君入瓮，就把李符知春州，过了一年多，李符就死了。这又体现出赵普的性格。

弥德超被流放后，赵光义才悟到曹彬是受了陷害，对待曹彬比以前更加亲厚。由于这件事，他好几天上朝闷闷不乐，对赵普说："我因为听断不明，几乎败坏了大事，深夜自省，内愧于心。"赵普回答说："陛下知道弥德超有才干而提拔他，知道曹彬没有错误而给予昭雪，有功者赏，有罪者罚，物无隐情，事情明了了，立刻就决断，这是显示您的圣明，就是尧舜也不过如此罢了。"赵光义听了很高兴，不愉快的心情就烟消云散了。

赵光义有一天对赵普说："前代乱多治少，都是帝王的关系。我统治万方，固然不能家至户到，但提纲挈领，行其正道，保持一致，还是无愧的。以前克剥百姓的几百种弊政，我都下令除去了，再过五六年，应该将百姓的租税全部减免，你记着这话，不是放空炮的。"赵普说："陛下爱民之意，发于天心，只要自始至终地实施，天下幸甚。"

太平兴国八年（983）六月，赵光义又对赵普等说："唐代设置采访使，是想访察官吏善恶、人民疾苦。但所任命的人，官职高的则权势太重，官职低的又威令不行，并且所过州郡，应接不暇，哪能查清利害，不过是徒有虚名。哪比得上慎选群才，明确责任，有功有过，赏罚分明。而国家选材，最为重要，皇帝深居九重，哪能都知道，必须采访。如果说好的多，就是操行好。若选得一个好人，好处无限。古人说'得千良马不如得一伯乐，得十利剑不如得一欧冶'，这话特别有道理。我孜孜访求，就是为的求贤，求人才以充任使。"赵普说："帝王进用良善，实助太平之理。但说到选择人才，关键在于得法。因为君子和小人，各有党类，先圣们说的'观过各于其党'就是这个道理，不可不谨慎从事。"[1]赵光义听了很有同感。

观看这段时期的史书，多是这类君臣问答，这段时间中，恐怕这就是赵普的作用了。这种作用也有它的好处，那就是稳定。赵普见多识广，他的意见和经验对于赵光义的统治来说是很有好处的。但也看出，赵普很少有主动的建议和作为，多是附和与弥缝。可是此时赵光义还不完全是守成阶段，有许多事情仍未完善，只守成是不行的。卢多逊在位时，也是勇于有为，才受到太宗的倚重。沈伦不能有所建树，因此被贬。赵普呢？赵光义看他是元老重臣，也不能让他去躬亲细事，恐怕觉得有些不太得力，因此，他又想换马了。

九、再次罢相

太平兴国八年（983）七月时，中书省首脑中，赵普是宰相，郭贽是参知政事、中书舍人，宋琪也是参知政事。

郭贽和东上阁门使赵镕，过去都是晋王府的官吏，有同府之谊，也有点交情。有一次，赵镕托郭贽办点私事，郭贽不肯徇私，赵镕恼羞成怒，便想报复

---

[1] 据《续资治通鉴长编》卷二十四。

郭贽。他采取攻击宋琪属吏的办法，对郭贽的手下堂吏吹毛求疵，寻找过失，到赵光义那里告状，其实际目的是想让赵光义感到宋琪纵容部下渎职枉法。郭贽见赵镕恶人先告状，也到赵光义面前分辩，于是赵光义让他们两人当面廷辩，结果是赵镕理屈。赵光义一怒之下，把赵镕外放为梓州都巡检使。郭贽对赵光义说："臣受破格提拔的恩典，只能以愚忠报答。"赵光义笑了一声说："愚忠顶什么用？"郭贽说："虽然不能顶什么用，但总比奸邪要好。"赵光义听了便不怎么高兴。过了几天，他偶然应召入宫奏事，因为前一天晚上喝了不少酒，还没完全清醒，嘴里喷出酒气，说话时一点也不慎重，随便乱说。赵光义更生气，随后就把他降职为秘书少监，不久又外放为知荆南府。

郭贽被贬逐之后，中书就剩赵普和宋琪两个人。赵光义与赵普终究是心有隔阂。过去也曾有一些几朝元老，但许多是老臣新君，或老臣少君，这样才能合作得好。赵光义是个年长之君，自己又很有能力，跟赵普的关系便不能融洽。郭贽被贬逐时，赵光义对赵普的热情和倚信已日益减退。这样，中书这个行政中枢就处于一种不太得力的位置，因此，赵光义下决心另选宰相。

经过咨询，一些大臣推荐工部尚书李昉堪当重任。李昉在五代后晋时，曾做过太子校书；后汉时中进士，做过右拾遗、集贤院修撰；后周时，周世宗用他做屯田郎中、翰林学士；宋初为中书舍人，自开宝三年之后长期主持科举事务。赵光义即位后，又主持修撰太祖实录。太宗攻太原班师时，驾到常山，常山是李昉故乡。太宗召集公侯一起到李昉的老家摆宴，与民同乐，凡是李昉朋友亲旧都来参加，人们都认为这是莫大的荣耀。回京后迁为工部尚书。李昉是老资格的官员。赵光义选宰相，当时没有大才华、大智慧的人，出类拔萃的人也找不出来，资历就成了重要的条件。李昉最为老练，资历最深，就成为宰相人选，这也可见当时已不是创业时期，而是守成时期。宰相的主要事务，不是建立制度，开疆拓土，而是总率百官，稳定发展。

太宗并没有立即任命李昉为宰相，而是用他为参知政事，参知政事在宋代都称为执政。如果按年龄来看，当然是李昉居长，但如果以进入中书的时间来看，却是宋琪在先。如果两人同在中书，应该谁排班在前，谁排班在后呢？为了解决这个问题，又特地加宋琪为刑部尚书，而李昉则免去旧官，这样一来，宋琪就排在李昉之前了。这样，中书省的人员就成了赵普是宰相、宋琪和李昉是参知政事的序列。这种排法，表面上看与以前赵普任宰相、薛居正与吕余庆为参知政事相同，实际上却有很大区别，当时赵普独断政务，薛、吕二人在权力上、待遇上都不能与赵普相比，不押班、不知印、不升政事堂，二人只处于一种附属地位。而这时的宋琪、李昉二人与赵普轮流押班知印，同升政事堂议事，权力分散。而且，赵普名望虽高，但却不大躬亲细务，处于一种比较超脱的地位。在李昉进入中书以后的一段时间里，正值中原雨季。天气阴湿，连日大雨，陕西、河北、峡三路各州和开封周围，雨水成灾，到处告急。赵光义为此下诏大赦，凡是死罪以下都予赦免，又派朝臣郭守文塞堵决口的河堤，很长时间没有成功。赵光义与赵普商量："今年秋季庄稼长势很好，是个丰年，偏赶上黄河决口。防洪治水，未免要加重百姓的劳累。朝廷上的言官们提出，古代有时用把河堤外移的办法减缓水势，后来百姓们贪图堤内的沃土，有的就住在堤内，恐怕水大时会有冲走的危险，应该派人检查巡视。如果确实有长久的利益，就不要怕费劲重修。"赵普也表示赞成，并帮助选派人员。他们选派柴成务、葛彦恭沿河北岸，赵孚、郭载沿河南岸，西自河阳，东到海，共十州二十四县，都命令所属官府上报堤内民户、税数，并提出关于免赋迁民、兴复远堤的看法。赵孚等回来后，提出考察报告说："我们考察远堤情况，存者不到百分之一二，修整的工程浩大。我们认为治理远堤不如分水势，自孟津到郓州虽然有堤防，只有滑州、澶州最为狭隘，在这里可以用分水的办法：于南北两岸各开一河，北入王莽河入海，南入灵河通淮水，节减洪峰，像汴口的办法。这种分水河要按远近造闸门，随情况的变动开闭，以平均水量，通航运，灌农田。这样可以既防水旱之灾，又获富庶之利。"后来朝官们经过讨论，大体倾向于由于黄河决口，百姓元气大伤，无力开建这种浩大的工程，所以这个建议就搁置下了。由于问题没有解决，黄河决口没有堵好，赵光义表示深深的忧虑（也是因为开封处于黄河之旁，也威胁到开封），他对赵普说："修堤防，塞决口，长期不能成功。秋雨不止，百姓苦难，难道是我缺少德政，上天降下这种灾害吗？"赵普安慰他说："尧的时候，天下大水；商汤的时候，天下大旱，这是时运的关系。陛下勤恤民政，若自我谴责，这些下臣恐怕更不知怎么办了。请不要过度忧虑，等待天灾平息。"[1] 这年的水灾非常严重，直到年底，决口方才堵住。不久又决口。宋朝君臣们，包括赵普在内，真是伤透了脑筋。

太平兴国八年（983）十月二十八日，赵普第二次罢相，由司徒兼侍中罢

---

① 据《续资治通鉴长编》卷二十四。

为武胜军（治所在今河南邓州）节度使、检校太尉兼侍中。制文的前几句，是肯定赵普元老重臣、有缔造之功的套话，后几句说：

> ……朕畴咨老成，参用旧德，再授盐梅之寄，用师药石之言。弥缝之绩既彰，调燮之勤斯著。烦我耆艾，职兹枢衡。授以蕃宣，均其劳逸。用加掌武之秩，以增卫社之雄。大启南阳，夹辅王室。①

这几句话，细读起来很有助于理解这两年赵普再相的作用和地位。"畴咨老成"，是咨询老资格的官员；"参用旧德"，是说不尽用新人，也参用某些勋旧之臣，这里当然是主要指赵普。再下面的两句是说再起用赵普，来听取他的像针对某些病下的药方一样的言论。以上几句，都是说起用赵普，主要是为了让他起一个参谋顾问的作用，关键地方提供咨询、指导或批评。再下面"弥缝之绩"两句，最为重要，它说的是赵普在为相期间做了些什么。赵普这两年中就是起到一个弥缝的作用，把当时宋朝的不太严密的机构和行政关系完善，填空补阙，调整机制，起的是这个作用，而不是创建新的制度，处理什么大事。

赵普自太平兴国六年（981）九月再相，到太平兴国八年（983）十月罢相，几乎整整两年时间。当年他已六十二岁。

尽管赵普罢相不是出于自愿，也没有明显的失误，所以赵光义还是对这位元老大臣表示了特别的恩宠。十一月十六日，赵光义在长春殿设宴，为赵普

---

① 《宋大诏令集》卷六十五。

赴南阳饯行。宴席上，赵光义亲自作诗赐给赵普，诗中说的什么，没有任何记载，但肯定是对赵普的功劳加以充分肯定和一些很有感情的语言。因此赵普看了诗后，捧在手中，泪流满面，感慨地说："陛下赐给臣的诗，我当刻碑立石，与臣的一把老骨头同葬泉下。"这句话说得赵光义也动了感情，加意抚慰，叫他好好休养。第三天，赵光义对近臣说道："赵普对国家是有大勋劳的。我在一介布衣时就跟随他交游，现在他年纪大了，齿发衰了，不想再麻烦他执掌机务，选择好地方让他休养，有事情可以卧床而治，因此写诗说了这个意思。赵普感极而泣，使我也很伤感，差点落下泪来。"宋琪接着说："赵普昨天来到中书，手里拿着御诗，流着泪对我说：'这一生恐怕不会再到金阶上与君主对答了，只得来生再效犬马之力。'臣听了赵普的话，又听您这么说，君臣之间，全始全终，可谓仁至义尽了。"

此后，赵普赴南阳治所。过了四天，赵光义即以翰林学士李穆、吕蒙正、李至并为左谏议大夫、参知政事，枢密直学士张齐贤、王沔并为右谏议大夫、同签书枢密院事，提拔了一批人。

十一月，宋琪、李昉双双同日拜相。

十、胡旦事件

太平兴国八年（983）年底，滑州军民经过将近半年的努力，终于将黄河的决口堵上了。喜讯传到京师，群臣纷纷上朝称贺。正是在这种情况下，发生了胡旦事件。

过去朝臣中总有一些人喜欢歌功颂德，历代皆然。太宗平晋时，群臣上《平晋赋》，这次决口堵住，就有人上《河平颂》。作这种贺词的人当然不止一个，可是胡旦上的《河平颂》却引起了一场风波。胡旦是右补阙、直史馆。他的《河平颂》序略中说："古代的圣王，必有大灾难，然后显出大政大治，必然有大患，然后成大功业。贼臣卢多逊，私下泄露朝廷大政，与孽弟赵廷美诅咒皇上，肆行不道，共同策划阴谋。幸赖天地社稷之福，圣皇之灵，察觉而斥逐于朝堂之外。强臣赵普，恃功贪天，违理背正，罗织罪名，陷害豪杰，粉饰升平，掩饰皇帝的过失，阻塞贤士进用之路，使得皇恩不能远播，百姓受惠不广。太平兴国八年夏，黄河洪峰拥于积石，决口于滑州，淹没澶州，涤荡濮州，漂曹州，沉济南，灌于彭门，注于淮、泗，直到孟诸钜野，漫漫直到东海，野兽没有住处，禽鸟不能安居，人民更加悲惨。汉代的制度是，凡发生灾难，就要归罪于三公。皇上命有关部门明查旧典，放逐赵普于南阳；又命郭守文驱使军民，遵照圣上的决策，又堵又塞，筑起山一样的大堤，遂使狂奔的洪流，乖乖地回复故道。这正是由于圣明的皇上罢黜卢多逊，放逐赵普，防大患而制大灾，塞住了洪流，疏通了德政的壅闭，彰大圣才成了大功。"在颂文中，他又使用了"逆逊投荒，奸普屏外"的词句。

赵光义看了颂文，越看越气，大为震怒，召来宋琪、李昉等人，让他们传看颂文之后说："胡旦的颂文，词意悖戾。我自从将他拔到甲科，几次让他到外地做官，到哪里都没做好。知海州的时候，被部下告发，审讯已经核实，正赶上大赦，我取其才而免其罪，怎么竟敢如此凭空瞎想，信口雌黄？现在朝廷上这么多高才贤士，岂能容胡旦这种人排在侍从之列！赶快撵走！"随后，又把胡旦的颂文下到胡旦所在的史馆审议。中书舍人、史馆修撰王祐等人上言，认为胡旦指斥大臣，诽谤圣朝，以下讪上，应加流放。随后，朝廷下令将胡旦降为殿中丞、商州团练使。

胡旦有点糊涂，拍马屁拍在了马腿上。但公正地说起来，胡旦的话也并非全是胡言乱语，如果除去关于赵普的几句话，赵光义肯定不会怪罪，说不定还要赏给他官呢。但千不该，万不该，他不该说上赵普，把赵普说成大奸大恶，是皇帝下令，叫有关机构明举旧典，把赵普屏除到南阳的。卢多逊的贬逐、秦王赵廷美的败落，都是赵普一手造成，说赵普是贪天之功，岂不是要把这件功劳归于赵光义？而赵光义不愿背不义害弟的恶名。赵光义又是把赵普安置南阳，说是选择了好地方，一面又是宴饯，又是赐诗，又是一起流泪表示离别的伤感和依依难舍，简直是缠绵悱恻，情深谊重。好容易构成的这种君臣分离，又不伤感情的良好效果，全让胡旦的颂文给破坏了。按胡旦的颂文，赵光义前面所表演的一套是多么虚伪，多么假惺惺，多么令人作呕！这样赵光义看了岂能不恼火，难怪他连叫"赶快撵走"。[①]

胡旦在文中列举的赵普种种罪状，不能完全视为胡编乱造，第一句，说赵普"恃功贪天"，赵普既有开国缔造之功，又有一网打尽卢多逊、赵廷美之功，

----

① 据《续资治通鉴长编》卷二十四。

功劳是明摆着的，可赵普不是个谦虚的人，恐怕有点居功自傲也免不了。第二条"违理背正，构豪杰之罪，饰帝王之非，榛贤士之路"，也不是捕风捉影。有些人没有什么罪，但他得罪了赵普，或是赵普的政敌，那就可能被加上某种罪名，这样的例子，我们也已说过不止一个两个了。赵普"饰帝王之非"，最为恰当。从这一段史书记载看，赵普与赵光义谈话时总是顺情说好话，不失时机地恭维几句。赵光义经常沾沾自喜地告诉赵普又有什么治国的经验或成绩，如有一次说："有些军队很有管理生活的办法，主要是多方节俭，不太浪费。一般来说，怨怒起源于不足，这些军人贪而粗勇，考虑不周，如果让他们随便的话，恐怕双倍的衣粮也不够用，再供不上，就会做盗贼了。后晋、后汉时军粮都发红发霉不可食用，现在的军粮就是粟菽也是很好很精的了。"赵普说："朝廷岁漕江、淮粳稻，数量充足，军营中也没有克扣，陛下又教给他们管理生活的方法，使他们很丰足，岂能与晋、汉相提并论？"还有的时候如果赵光义觉得自己做错了什么，感到惭愧自责，赵普总是婉转劝解，为他的错误找出理由，找到根据，证明不是他的错误，以便他心安理得。赵普再相期间，一般对赵光义很少有温和的批评，更没有尖锐的批评和辩难。这样确实会导致皇帝沾沾自喜，以为自己总是正确，非常英明。其实，赵光义远不是一个非常完美的君主，他有很多缺点，至少当时很少有人敢向他提出批评，本身就是一个很大的缺点。有位田锡，是个敢言之士，他被排斥到相州，他又从相州上疏，提出许多意见。他指出赵光义对老百姓比较严苛，收税太多、太严密。又亲自管理一些具体的事情，频下圣旨，叫臣下惶惶不可终日。他认为君臣各有分工，又何必以皇帝的身份去做一些应该由臣下来做的具体事务？有这份精力，不如用在精心选拔人才上面。又指出赵光义的朝廷，有三件事叫人难以理解：一是官制混乱；二是御史台和大理寺职责颠倒；三是既放逐一些有罪官员，又不让他们搬家，使得他们一家不能团圆，儿子不能尽孝道。

说田锡的例子，只是说明赵光义有许多可批评的地方，赵普作为首相，却没有尽到辅导的责任。

至于胡旦颂文序的后半部分，说是历来朝廷上形成了一个惯例，凡是遇到大的天灾人祸，宰相都要引咎自责，自动要求辞职，这个确也可以看作赵普免官的一个原因。宋代后来也是如此。而赵普在黄河决口，秋雨为灾的情况下，没有任何自责的行为。赵光义可能也有这种考虑。胡旦所说，不能完全看作他自己的突发奇想，空穴来风，确也可以从中看到赵普罢相背后的一些真实原因。

十一、楚王事件

984 年，赵光义下诏改元，改为雍熙元年。这一年赵廷美在房州忧惧死去。雍熙二年，楚王赵元佐被废为庶人。

要说赵元佐，须从太平兴国七年（982）说起。这年七月，正是秦王赵廷美被贬往房州的一个月之后，赵光义封自己的长子赵德崇为卫王，次子赵德明为广平郡王。太平兴国八年十月，又将卫王赵德崇改名为赵元佐，赵德明改名为赵元佑。其他三个皇子赵德昌改名赵元休，第四子赵德严改为赵元隽，第五子赵德和改为赵元杰。第二天，也就是赵普罢为武胜军节度使的那一天，赵元佐由卫王晋封楚王，赵元佑由郡王晋封陈王，元休封韩王，元隽封冀王，元杰封益王，都加同平章事衔。这与秦王赵廷美被贬死、赵普罢相形成了明显对照。

就在秦王廷美被发现有罪的时候，谁也不敢给廷美讲话，当时的赵德崇极力为他开脱辩解，想救他这位可怜的叔叔。但终因赵光义决心已下，无力回天，秦王终于被贬。赵德崇目睹了这兄弟相残的残酷斗争，心灵上遭受了重大打击。后来听到赵廷美的死讯，就得了精神病，经常不去朝请，并且变得脾气暴躁，非常残忍，不遵法度。左右之人一旦有小的过错，就亲自动手用刀刺割，仆人或属吏从堂前经过，就用弓箭射他们。因此赵光义非常担忧，多次加以严厉的训诫，总不能改。这年的九月重阳节，见他的病稍好一点，赵光义高兴，便召几位王子到宫中宴射，由于楚王元佐病情不稳定，就没有让他参加，傍晚时赵元佑等从宫中回来，路过赵元佐的府前，赵元佐对他们说："你们和父皇宴射，不让我去，是父皇不要我了。"于是心中越加激愤，到了半夜，便把女人们锁在房间里，纵火烧宫，到天亮，烟火还没停止。赵光义断定这把火是赵元佐放的，命人将他召到中书省，令御史按问。粗壮凶恶的打手们往眼前一站，元佐立即全部招认，说了实话。赵光义派了内都知王仁睿对他说："你身为亲王，富贵已经达到顶点，为什么这样凶残！国家的法制，我也不敢徇私，父子之情，从今一刀两断。"赵元佐听了，无话可答。陈王元佑及宰相、近臣都号哭求情，赵光义也满眼流泪说："我每当读书，见前代帝王的子孙不贤不成器的，总是扼腕愤恨，哪想到我家也发生这种事。我为了祖宗国家，决不会放过他！"于是下旨废为一般老百姓，送到均州安置。后来他对宰相说："近来内外无事，正觉得心里轻松，谁想元佐放火，实在叫我糟心。"宋琪等人赶忙说："尧有丹朱，舜有商均，但也没有影响圣德。如果元佐没有心病的话，也不会这样，请陛下宽心。"过了两天，宋琪率文武百官一齐到阁门上表，请把元佐留在京城。开始赵光义还不允许，由于官员们的坚持，最后只好同意。赵元佐已走到黄山，召回后，安置在南宫，使人监护，不与外界联系。楚王府的官员赵齐、王遹、戴玄等检查自己辅导无方，上表请罪。赵光义说："朕亲自教训他还不听，难道会听你们的吗？"于是都让他们回去，一概不究。

楚王事件，是赵廷美一案的余波。至少可以说与赵廷美一案有因果关系。赵光义把廷美搞掉，虽然使皇位握在了自己一系手中，但死了兄弟，疯了儿子，也付出了沉重代价，作为案件执行人的赵普，也有着直接的关系。

十二、雍熙北伐

雍熙三年（986），是赵普被安置到南阳（今河南邓州）的第四个年头（实际上两年多一点）。

早在此前，即高梁河之败以来，宋辽之间大战未有，小战不断。辽兵乘宋兵之败，频频骚扰，到边境掳掠，宋兵也时常组织反击，老百姓终日惶惶。经大臣们讨论，太平兴国七年十月赵光义下诏，让诸沿边境州军县镇，不要寻衅滋事，力求守边务农。边境上严加巡逻，凡宋军出边所掠的牲畜帐族人口，都要送出塞外，罢战休兵，与民休息。赵光义对近臣说："朕每读《老子》到'佳兵者，不祥之器，圣人不得已而用之'，总是反复看三遍以为戒。帝王虽然以武功定天下，总须用文德治天下。"这说明，赵光义鉴于与辽的战争损失大而获利小，反躬自省之下，已觉得战争不可轻开，战争凶险太大，一旦失败，对国家元气伤害不浅，必须慎重又慎重。

太平兴国七年年底，辽国皇帝耶律明记去世，长子耶律隆绪继位（即辽圣宗），号天辅皇帝。耶律隆绪当时才十二岁，他尊称母亲萧燕燕为承天太后，临朝听政。萧太后与枢密使韩德让相好，在耶律明记去世前已有通奸的关系。耶律明记病危时，韩德让正将兵在外，他听到消息后星夜入京，率亲属赴行帐，安排大臣，立耶律隆绪为帝，因策立之功封为司徒、政事令、楚王，赐姓耶律，改名耶律隆运。不久又拜大丞相、蕃汉枢密使、南北面行营都部署，晋封齐王。不久又封晋王、尚书令，赐他上朝不拜，乘车上殿，常置护卫百人（在辽朝只有皇帝可置护卫）。耶律隆绪对他像父亲一样，每天派其弟问一次起居，看到他的营帐，就下车而入。

宋朝边境上的将领探听得消息，知雄州贺令图与其父岳州刺史贺怀浦及文思使薛继昭、军器库使刘文裕、崇仪副使侯莫陈利用先后上书，说："自国家北伐太原，而契丹背盟，发兵援助。如果不是天威兵力决而取之，这场战争不知要拖到什么时候。现在辽朝皇帝幼小，大臣韩德让专权，国人不满，正好乘机攻取幽州。"这一来，赵光义因高梁河惨败一度压下的收复燕云的雄心又死灰复燃。

雍熙三年春正月，赵光义正式提出亲征幽州的意向，命朝臣各抒己见。参知政事李至上书说："攻幽州是大战役，要准备充足的粮食，足够的攻城战具。这是很难办到的。如果圣上决心已定，那么陛下坐守京城，遣将往攻，这是上策；大名是河朔的咽喉要地，皇驾驻大名，扬言亲征城下，以壮声威，这是中策；如果想戴盔披甲，亲临前线，这是下策。如果陛下这样做，我会拽着您的衣服苦谏的。"宰相宋琪上书，表示了一种乐观的态度，认为"灵旗所指，燕城必降"。他说自己生长边塞，熟知辽国用兵之道。在分析了敌方的用兵方法、作战习惯之后，又分析敌我双方优劣，有针对性地提出了宋军应取的战略战术。赵光义认为他的建议很有价值，采纳了许多他的意见。

还在正月中，赵光义就开始调兵遣将。总的战略部署是：宋军数十万兵分三路，东路以曹彬为主将，率三万主力出雄州（今河北雄县），直指幽州城下，中路以田重进为主将，由定州（今河北定州）出飞狐（今河北涞源北），取蔚州（今河北蔚县）；西路以潘美为主将，杨业为副将，出雁门关（今山西代县北），攻山后各州，然后统一会师于幽州城下。进军的设想是：让曹彬主力军大张旗鼓造声势，吸引辽军南部的精兵防守和增援幽州，为其他两路创造条件，乘虚而入，扫清其他地区，再一起围攻幽州。大军出发前，曹彬等将领向赵光义辞行，赵光义又一再叮嘱说："只让诸将先往云、应，卿以十万余众声言取幽州，持重慢行，不要贪功邀利。敌人闻讯，必然集中精兵守幽州，顾不上应援山后了。"

大军于正月出发，三路分进，进展顺利。宋军的北伐战争，得到了燕云人民的热烈响应。边境的豪杰和骁勇之士竞相组织起来袭击辽兵，有的则夜入敌营，斩取敌兵的首级来领功。赵光义听后大喜，说："这种生长在边境，熟悉战斗的人，如果明立赏格，必然有许多勇士应募。"于是下诏：招募豪杰有能纠集士民以应宋军的，发给粮食衣甲；能擒敌人的首领来的，根据所擒者的官职高下授给爵位。如果抓来一个人，赏钱五千，提头来的，赏三千。能得到马的，上等马十千钱，中等七千，下等五千。平幽州后，愿在军中者优先录用，愿归务农的免租三年。诏书下达之后，民间应援活动更加踊跃。

不光人民，就是燕云十六州的守将和官吏，也多有开城响应和开门投降者。三月，寰州刺史赵彦辛开寰州城门向潘美西路军投降；朔州节度副使赵希赞率全城投降；应州节度使艾正、观察判官宋雄率应州全城投降，之后又攻克了云州；田重进中路军北进，围飞狐，辽定武军马步军都指挥使吕行德与其副将张继从、刘知进等投降。田重进围灵邱，守将穆超也开门出投。随后，又乘势攻蔚州，蔚州的左右都押衙李存璋、许彦钦等杀契丹将领肖啜理和辽兵千余人，擒监城使同州节度使耿绍忠，全城出降。一时之间，山后重要军镇，纷纷收复，东路曹彬大军也连克新城、固安，攻下涿州，兵势大振。三路大军遥相呼应，大有一鼓荡平之势。

　　捷报纷纷报到汴京，赵光义开始高兴，后来渐渐不安起来。曹彬军是北伐主力，按原定部署应缓缓前进。但他们在听到其他两路进军迅速，屡奏捷音的情况下，有些按捺不住了，觉得自己这边坐拥大军却毫无战绩，不免有些着急，于是在粮草运输接应不上的情况下围攻涿州。涿州是攻下了，可是没有军粮，过了十几天粮食吃完了，只好退至雄州，以接应粮草运输。赵光义正担心曹彬进军迅速，怕敌人袭断粮道，听到这个消息，不禁大惊："哪有敌军在前，而退军接应粮食的呢？太失策了！"立即派人止住曹彬一军，让他率军沿白沟河与左翼军的米信相接，养兵蓄锐以张西面两军的声势。等潘美扫平山后之后，会合田重进东下与曹彬、米信会师，集中三路大军攻幽州，以保万全。

　　然而曹彬手下的将领却不愿消极等待，他们似乎想起了"将在外，君命有所不受"的古训，极力劝曹彬也要攻夺城池，争取战果。于是谋划蜂起，甚至互相矛盾，曹彬把持不住，于是带了五十天的粮食，再往攻涿州（今河北涿州），由于敌军的阻击骚扰，离城虽才一百里，却走了二十天。有个敌将率领一万来骑兵与米信战，连战几天不分胜负，忽然派人来求降。上蔡令柳开对米信说："这就是兵法中说的'无约而请和'，肯定他另有诡计，应该猛攻才对。"米信迟疑不决。过了两天，敌人又来挑战，才知道敌兵是由于没有箭了，才施了这样一个缓兵之计。后曹彬虽然又攻取了涿州，但已成强弩之末，军粮又没有了，只好又商量退兵。

　　退兵时，曹彬想让部将卢斌带一万人守涿州，卢斌说："涿州深入北境，靠近敌人强大的幽州，孤立无援，又没有粮草，必不能守。还不如以这一万人结阵而退。"曹彬认为有理，于是让卢斌裹挟城中百姓从狼山而南，曹彬率大军南退。

辽朝面对宋军的来势汹汹，也调兵遣将，各处救援，命宣徽使布琳驰赴燕南，与耶律休哥共同布置防御，征发各道军兵赴援。又派东京留守耶律穆济统各军继进，而辽圣宗则和萧太后驻兵于涿州东北的驼罗口，命东征兵马为应援，林牙勤德守平州海岸，加强戒备。后来，辽圣宗又和太后进至涿州东五十里的地方，命诸将严防水道，不让宋军过河潜过涿州。

五月，曹彬和米信放弃涿州，退军回雄州。大军一退，产生了极大混乱，军队无有行伍，仿佛溃退一般。耶律休哥见宋军退，急忙率军追击，正逢圣宗和萧太后也率大军到来，两军夹击宋军于岐沟关，宋军大败，仿佛苻坚败淝水，曹操逢周郎，军士们只恨爹娘少生了两只脚，狂退不止，曹彬不能约束。辽兵追到拒马河，宋兵一拥下河，淹死不计其数，残兵奔向高阳，辽兵穷追不舍，随后追击，宋军死者数万，丢弃的戈甲如丘陵一般。在拒马河时，宋军人马自相践踏，知幽州行府事、右谏议大夫刘保勋马陷泥淖中，他的儿子开封兵曹刘利涉正督粮草随军，赶到跟前想把他父亲救出，结果反而一起被杀死在河中。殿中丞孔宜也随军运粮，溺死于拒马河。

宋军东路主力的溃败，直接影响到整个战局。实际上，宋军原定的作战部署已全部破产。因此宋太宗下令其他两路撤军。辽兵在东路大捷的鼓舞下，又夺回蔚州，杀宋军两万余人。乘胜克复灵邱和飞狐。宋军中路也退回境内。

西路军主力也退入境内，潘美派使节送应州、朔州的将吏和老人们到京。

赵光义亲自召见安慰。老人们都说："久陷边陲，有米不得吃，有儿子不得存养，想不到余年还能重见天日。"之后，赵光义派人传令，召东路曹彬、崔彦进、米信到京入朝；命田重进全军驻定州，潘美西路军驻代州。

宋西路军主力撤退时，应、云、寰、朔四州还在宋军的手中。辽朝在击败宋军东、中两路之后，又集中十万大军在南院大王耶律斜轸的率领下夺取这四州。宋太宗估计难以坚守，于是下令将四州人民迁往内地，命潘美和杨业所部负责护送。六月，辽兵越居庸关，夺得寰州，给掩护边民撤退的宋军严重的威胁。

在敌众我寡，敌兵锐气正盛，宋兵刚经大败的情况下，杨业对潘美和监军王侁提出："现在敌人兵锋很锐，不可与之作战。朝廷只让我们取几州的人民。我们只要领兵出大石路，派人通知云州、朔州守将，等大军离开代州那天，让云州人民先走，我军到达应州，敌人必然全部出动来抗拒，我们即可令朔州吏民出城，直入石碣谷，再派三千强弩列在谷口，用骑兵支援中路，三州民众，可保万全。"监军王侁冷笑一声说："领了几万精兵，竟然如此胆怯，我看尽管从雁门北川中，大张旗鼓地直向马邑。"军器库使、顺州团练使刘文裕也随声附和。杨业说："这不行，这是必败之势。"王侁说："听说令公当年刀劈契丹驸马、侍中、节度使肖咄李，生擒步军都指挥使李重诲，边境上都称你为杨无敌，怎么今天看见敌人就逗挠不战，莫非心中有别的图谋吗？"杨业说："我并不怕死，不过明摆着时势不利，白白地多死人而立不了功。既然你指责我不死，那么我先死就是了。"于是带兵从石碬路向朔州，走时，流泪对潘美说：

"此去必然不利，我杨业是太原降将，本来就该死，皇上不杀我，还让我做将帅，大恩难报。我并非纵敌不击，而是想找准机会立尺寸之功以报国恩。今日既然诸君指责我见敌逃避，那我就先死于敌。"又指着陈家谷口说："诸君在此布置步兵强弓，为左右翼作为增援，等我转战到此，即以步兵夹击援救，不然的话，恐怕就无人生还了。"潘美等答应了，就在陈家谷口排下兵阵，从早上等到近午，不见动静。王侁以为敌人败走，想去争功，即领兵离开谷口，潘美制止不住。随后潘美也率兵离开谷口，沿灰河往西南走了二十里。这时，后面传来了杨业兵败的消息，潘美不但不领兵往救，反而率兵退得更远。这就将杨业置之死地了。杨业率麾下勇士进到陈家谷，遇到了占绝对数量优势的敌人，但杨家军毫不畏惧地杀入敌阵，给敌人以重大杀伤。辽兵重重包围上来，越杀越多，杨业只得率军士突围，且战且走，身中多处伤。从日中战到日暮，一天没有饮食，人困马乏地勉强支撑到谷口，望见无人，即抚胸痛哭，回顾手下，连儿子在内，还有一百余人。杨业对他们说："你们都有父母妻子，没有必要和我一起死，逃命去吧，如果逃出，尚可以还报天子。"众军听了，人人落泪，都表示愿跟主将同生共死，没有一个逃去。杨业问左右，知道此处地名狼山，想到自己姓杨，羊入狼山，必死无疑。因此不做他想，率帐下军士决一死战，身受几十处伤。士卒一个一个地倒下，他亲手又杀敌数十人。敌人将杨家父子围在圈中，马重伤不能站立，终于力尽被擒。其子杨延玉和岳州刺史王贵也一并遇难。王贵死前，张弓四面射敌，箭不虚发，射杀几个人，箭射光了，赤手空拳还打死几十人，终于被杀。杨业被擒之后，辽兵百般诱降，杨业说："皇上待我恩重，正想保卫边疆杀敌报答，反为奸臣所嫉，逼令赴死，以致王师失败，我还有什么面目活在异国！"于是绝食三日而死。手下将士，没有一人生还。

由于作战失败，其他将领们几乎都受到了处分。赵光义命翰林学士贾黄中、右谏议大夫雷德让等召曹彬等追究战败责任，之后报告说："曹彬、郭守文、傅潜等违诏失律，士多死亡；米信、崔彦进违背部署节制，别道回军，为敌所败；杜彦圭不容军士吃饭，设阵不整，军多散失；蔡玉遇敌畏怯不击，换装逃跑……依军法都应该斩首。"经过百官集议，认为上述意见正确，应该正法。赵光义网开一面，宽大为怀，下诏降曹彬为右骁卫上将军，崔彦进为右武卫上将军，米信为左屯卫上将军，郭守文为右屯卫上将军，其余所议，一概贬责。

杨业的死讯传到朝廷，赵光义深为痛惜，因为赵光义爱杨业忠勇无双，熟悉辽兵军事，很是倚重。因此，将潘美削官三任，将王侁除名，配隶金州，刘文裕配登州。赠杨业太尉、大同军节度使。对其家厚赐金帛，录其子杨延郎等五人为官。①

雍熙北伐，是宋初的一次惨重失败，不光死了几万人，而且把宋朝君臣的锐气和自信心都打掉了，从此，再也没有人认真地提起收复燕云之事，宋军也从此"不敢北向"。这以后，宋朝便胆小保守，一味被动挨打。辽兵乘雍熙的大胜利，经常越界侵犯，掳掠人畜，残破州县，宋方也无计可施。最后，还是

① 据《续资治通鉴长编》卷二十七。

渐渐与北方对话，互开贸易，边境才渐渐稳定下来。

十三、忧国忧民

雍熙北伐，轰轰烈烈，惊天动地，失败得很惨，全国震惊。在这场战争中，作为宋朝开国元老、举足轻重的赵普做了什么呢？他是什么态度呢？

没有朝廷的使者告诉他兴兵北伐的消息，也没有人咨询他的意见，直到二月中大军已发，全国上下调发军士粮草，赵普才从调发的敕命上得知了进伐燕云的消息。

赵普当然对此事非常关心，作为这个朝廷的缔造者，他有着特殊的感情，以范仲淹的话来表达他的心情似乎会比较准确："居庙堂之高则忧其民，处江湖之远而忧其君。是进亦忧，退亦忧……先天下之忧而忧，后天下之乐而乐。"

赵普对平定十国是非常积极的，拟定战略，选派兵将，甚至随驾出征，亲历前线。然而对于收复燕云就不那么积极。以前太祖赵匡胤曾向他出示了一份收复燕云的建议书，赵普看了说："这必然是曹翰所为，收复是问题不大，可是谁来保守呢？"赵匡胤说："曹翰可以担当这个任务。"赵普说："曹翰可以，那么曹翰之后呢？"赵匡胤默然无语，于是再也没有对赵普重提此事。

赵普与赵匡胤和赵光义所处地位不同。首先，赵匡胤兄弟是皇帝，历来的皇帝都以统一海内为己任，似乎一处地方收不回自己的统治之下，就不算完成了统一，就不算一个完整的王朝，就留下了缺憾。赵普处于宰相地位，他更要从他负责的具体工作去考虑。其次，赵匡胤兄弟气魄大，目标远，空想的成分多一些；赵普则是一个负责具体事务的实干家，他不大说空话。再次，从当时的情况来看，赵普对宋辽双方的实力、国情实在是比赵匡胤更有真知灼见，了解得更为透彻和准确。在赵普看来，与辽直接接壤对抗是非常不利的，中间有个缓冲地带要好办得多。以前北汉是个缓冲地带，但不平北汉，似乎说不过去；然而平北汉，付出了巨大代价，劳民伤财，得不偿失，有名无实利，更使他坚定了自己的看法。最后，宋朝自罢去各位功臣老将的兵权之后，又实行了一系列限制将领们的自主权和在军中势力的办法，如更戍法和禁止将领在军中选拔自己亲兵的做法，都大大削弱了宋军的战斗力和应变能力，将领们在战场上束手束脚，只能不断地向皇帝请示，不敢自己做主指挥。军事体制僵化，成为宋军的致命弱点。宋太宗赵光义又自作聪明，总是事先做好战斗部署，画成阵图让将领们执行，遇上什么情况，开哪个锦囊，都规定得死死的。赵光义不顾兵无常势、水无常形、瞬息万变的战争形势，纸上谈兵，刻舟求剑，死板教条，遂使战机尽失，处处被动挨打。

赵普为削藩镇之权，解决藩镇跋扈难制的局面，下了重药，矫枉过正，后来却没有适当反弹，造成了宋代长期的可以说是整个北宋积贫积弱的局面。从宋辽当时的军事力量，尤其从战斗力来看，宋已不是辽的对手，防守尚且难于支撑，更不要说进攻了。宋军雍熙之败，关键在于整体战略上的轻敌。首先，宋廷大部分臣僚都以为辽朝主幼国疑，母后专权，可是他们并不清楚萧太后是个极厉害的女政治家，牢牢地控制着朝政。再一个是辽兵军事机动灵活，多用骑兵，行动迅速。更重要的是战场上中央不做什么预先控制，将领们可以放开发挥，掌握了战场上的主动权。赵普对这些情况心中都很有数，他听到朝廷轻易兴兵的消息，怎能不着急呢？

赵普一直以天下事为己任，对国家大事有强烈的责任感。但他当时的地位很微妙，是个受冷落的被摒出朝廷的大臣。兴兵这样的大事，没有跟他通气，咨询他的意见，这明显是赵光义已把他置之度外，不想听他的意见。在几乎是举朝赞同的情况下，自己独申异议，会不会更加扫大家的兴，犯赵光义的怒呢？过去的朝廷上，有许多忌讳，大家都在那里觉得稳操胜券，自己忽然说战争可能失败，会不会有人说自己是说不祥之语，涣散军心呢？种种的压力和危险摆在他面前。但是，强烈的责任感还是使这位老政治家提起笔来，给赵光义上了第一封奏疏。

赵普第一封奏疏的内容，史无明载，我们是根据他在第二封奏疏中有"前书谓兵久则变生，此不可不虑也"的字样来推断的。奏上之后，赵光义没有任何回答，反而不断地传来了各路捷报。但赵普感到这里面也许隐含着更大的危机，会导致宋朝的失败。因此，他在这种满朝乐观的情况下又一次提笔疾书，敲起了警钟。

赵普这封奏疏开头说，二月中，忽然来了朝廷使臣调运粮草，及至看完敕命，才知道要取幽州，而后虽听了不少捷音，还没有听到最后成功。随着天气渐热，师老兵疲，实在叫人担心。契丹为北方夷狄，难于辖制，历代明王都置之度外，任其逐水草而居。对于您来说，又何足介意。这次出兵，肯定是奸邪谄附之人上书邀功蒙蔽圣上，"致兴不急之兵，颇涉无名之义"。自从大发雄兵，去攻击群丑，"百万家之生聚，飞輓是供；数十州之土田，耕桑半失。兹所谓以明珠而弹雀，为鼹鼠而发机，所失者多，所得者少。就其得少之中，犹难入手，况是失多之外，别有关心"，这几句话说得很是中肯，一般大臣谏君，不敢这样率直。而赵普说的情况，也可以看出这次出兵对中原百姓的影响之大。由于调发军粮，几百万家的积累都送到了前线；由于动用民夫发运，几十州的农田都无人耕种了。即使得到幽州，这个小利，也是一块鸡肋，难于防守，况且造成的巨大损失，更是"别有关心"。

因此，赵普提出："臣今独兴沮众之言，深负弥天之过，愿颁明诏，速议抽军，聊为一纵之谋，敢献万全之策。"这就是说，趁着兵胜，见好就收。他的"万全之策"是什么呢？就是内修政理，富国富民，国家富强了，自然别人慕化，率土归顺，契丹也就无可奈何了。这就是他的无为而治的万全之策。（其实，这是不可能的，北宋最后灭亡的情况，就是对他这种说法的否定。）

赵普在奏疏中，还提出要追究首倡兴兵者的责任："臣又思陛下突然兴兵，必定是因为偏听。小人没有原则，只知道欺君求赏，事成则获利于身，不成则贻忧于国。昨来议取幽蓟，不知道谁是主谋？这种虚说狂言，必然会暴露，请找出首恶，明正典刑。"

赵普说这话，其实是在压赵光义，或者说批评赵光义，因为他清楚赵光义肯定对此事有欲望，因此才借题发挥。赵普知道，这奏章可能会触怒赵光义，所以他也说了自己上奏章的指导思想和写作过程："所贵诈伪革心，忠良尽力，共畏三千之法，同坚八百之基。臣欲露肺腑，先寒毛发，迟疑数日，未敢措辞。又念往哲临终，尚能尸谏，微臣未死，宁忍面谀。固知逆耳之言，不是安身之计，但以恩由卵翼，命直鸿毛，将酬国士之知，岂比众人之报？投荒弃市，甘从此日之诛，窃禄偷安，不造来生之业。"前几句是希望大家同心，如同保周八百年基业那样保宋。其次几句，可以看出他写这篇奏疏经过了激烈的思想斗争，几天之间，没敢动笔，一想到后果，就头皮发麻，最后终于下定决心，学习先贤，报答知遇之恩，宁可坚持正确意见而死，决不苟且偷生，是流放还是杀头，由您决定吧！

这篇奏疏，是在曹彬兵败之后了，但由于消息不灵通，所以赵普还不知道已经大败了。所以他见赵光义没有回信，于是又连上奏章，请求罢兵。这一次，他以自己耳闻目睹的情况，详细地说明了发动战争给人民生活带来的灾难。邓州五县，有四个县在山区，其中有五分之三的本地居民，五分之二都是没有土地的客户。这次因战争费用所做的摊派，共约十万贯钱，才可以运两万石粮食到莫州。老百姓典桑卖牛，十有六七，有卖掉孩子的，也有上吊自杀的，努力地做劝说工作，才能偶尔按时交纳。事情拖到现在，所用费用更多，如果再征徭役，肯定会导致大规模的逃亡，即使收复了幽州，又担心战争更加剧烈。战争才刚开始，人民负担便如此沉重，赵普看了心中很是不忍，他是从基层看到的情况，可以认为完全属实。由此而言，我们可以认为赵普的反对也代表了人民的利益。

赵普的这封奏议中，又一次说明了他为什么要提出罢战休兵，知无不言。他说："臣猥蒙二圣（指太祖、太宗）之深知，当两朝之大用，不唯此世，应系前生。礼虽限于君臣，情实同于骨肉。是以凡关启沃，罔避危亡。实思陛下实是天人，暂来尘世，是以生知福业，性禀仁慈，潜闻内里看经，盘中戒肉。今者愿忍一朝之忿，常隆万世之因，如或未止干戈，必恐渐多杀害。即曰民愁未定，战势方摇，仍于梦幻之中，大作烦劳之事。是何微类，误我至尊。乞明验于奸人，愿不容于首恶。"赵普晚年有点信仰宗教，他听说宋太宗看经吃素，就投其所好，说以因缘，说自己与赵匡胤兄弟的缘分似乎是前生注定，情同骨肉，所以凡事关重大，就不顾自己的安危。他又说赵光义实在是外世仙人，来到世上，请他注重因果报应，忍住杀伐的愤怒，止息干戈，保全性命，免得折损阴德、梦寐操劳。并进一步提出要惩办倡议者。

后来，战争的失败证明了赵普的远见卓识和正确性。赵光义召集枢密使王显以及副使张齐贤、王沔说："你们一齐看着我，看我以后还会做这样的事吗？"对于赵普的连连上疏，赵光义很感惭愧，他亲手写了诏书回答赵普说："我前时兴师选将，只是让曹彬等顿兵于雄州、霸州，裹粮坐甲，以张军势，等一两月后，山后平定，潘美、田重进等会兵东进，直抵幽州，合力围攻，使契丹亡党远遁沙漠，然后控制险要，恢复旧疆，这就是我的志向。无奈将帅们不遵守既定的正确部署，各行其是，领十万甲士出塞远斗，只贪图攻取郡县，又回师应接运粮，来回奔忙，被敌人偷袭，这是主将的责任。我本人继百王之末，粗致太平，只是可怜燕云百姓陷于夷狄，想救之于水深火热之中，并非穷兵黩武，你是应该明白的。现在边防之事，已经严加戒备，如果敌兵将来敢于进犯，必当尽歼族类，你放心吧。卿是社稷元老，忠言苦口，连续反复三次上奏，使我又是赞叹，又是惭愧。"

赵普接到诏书之后，又上表谢。先检讨了自己没弄清这是皇帝的意思，乱发狂言的错误，他说："昨者臣没弄清事情原委，就说了许多狂话。陛下亲自写诏，详细谈了圣明的谋略，我细细想来，这实在是上策。将帅若严格执行您的既定部署，肯定会平定戎狄，然而违反了您的部署，以致失败。现在边防既有准备，也没有什么可顾虑的了。况且陛下登极十年，坐隆大业，没有一件事情不妥帖，万国安宁。现在需要的是沉稳安静，以无为为法，自然会远继九皇，俯观五帝，没有必要穷边极塞，与戎狄之人争强斗胜。臣素来缺少壮志，又值老迈，固然没有功劳可称，只有竭尽忠心报答。"[1]

到此为止，一阵频繁往来的君臣对答，告一段落，以君臣的互相谅解、互相勉励告终。赵普一连几番章奏，表示了他不计个人安危、忧国忧民，以天下为己任的一片赤诚，也显示了他深谋远虑，过人的远见卓识，凡是读过和听说他的章奏内容的，都佩服他丰富的阅历和先见之明，叹赏他的无私和忠心。同时，也使人们认识到了这位开国元老的价值。这三四封章奏，又为他的第三次入相提供了资本和机会。

---

① 据《续资治通鉴长编》卷二十七。

第五章 老牛夕照

一、三登相位

雍熙四年（987），赵普由于三上奏疏，讨论国事，见解英明，赵光义将他由武胜军节度使改为山南东道节度使，由梁国公改为许国公。武胜军所辖地域小，位置不太重要。而山南东道节度使所辖的范围就很大了。山南东道属京西南路，治所在襄州（今湖北襄樊）。

雍熙四年九月，赵光义下诏，准备在来年正月在东郊举行亲耕仪式。举行这种仪式，就是在郊区某地准备一块地，准备好牛和犁，皇帝亲自扶犁耕一段地，以示重视农业，动员春耕。同时，命翰林学士宋白、贾黄中、苏易简详细制定仪式程序，设置五使。

诏书传到山南东道，赵普觉得应该借机有所请求。于是上表要求入朝觐见。这个奏表虽然找不到原文，但据《宋史·赵普传》说的"辞甚恳切，上恻然"推断，可能主要是写自己年事已高，余年无多，思念圣君，唯求一见，不然，怕是不保朝夕，不知哪一天忽然病亡，再不能见到赵光义等话。赵光义看了后，也很动感情，对宰相李昉、宋琪等说："赵普是开国元臣，我平素也是很尊重他的，应该允许他的请求。"于是，赵普在雍熙四年十月初再次回到京师。自从太平兴国八年（983）十月到这次再见面，中间整整过去了四年，赵普已经六十六岁，与四年之前相比，这位开国元勋头发更白，样子更老。赵光义召他上殿抚慰。赵普一见赵光义，不觉鼻子一酸，流下泪来。赵光义也因光阴荏苒，老之已至，"情随事迁，感慨系之"。

因为赵普到京，开封尹、陈王赵元僖（即赵元佑，雍熙三年七月改名，十月为开封尹兼侍中）上疏说："臣伏见唐太宗有魏徵、房玄龄、杜如晦，唐玄宗有姚崇、宋璟、魏知古，都任以辅弼，委以心腹，才成帝道，康济九区，宗社兴旺，史策称美，这都是因为任用能人的缘故。现在陛下君临万方，兢兢业业，励精图治，处处为民着想，比较前代有名的帝王，都不逊色，但唯有辅佐的宰相，不能与以往的贤臣们相比。况且治国的根本在于用人，用人的关键在于公正，公正之道以赏罚为先，这是为政之柄。如果赏罚不当，就会贤愚不分，朝廷纲纪，渐渐废弛。必须公正之人，掌握相权，耿直敢言，权衡得失，才会纲纪井然，政务修举。赵普是开国元老，早就参与机密，厚重有谋，忠诚言事，不苟求恩惠以全禄位，不私徇人情以邀名望，真是圣明之世的良臣啊！我听说有些险巧之人，拉帮结派，众口嗷嗷，嫉妒和排斥这样忠直的人，恨不能流放得远远的才高兴。这是为什么呢？不过是怕陛下再用他掌权而已。然而正直的人士都希望陛下再起用他，交给他大政，启迪君心，羽翼圣化，国家有大事使他决策，朝廷的纲纪由他提举，不清楚的事情让他理清，听不到的事情请他转达，任人唯贤而没有尸位素餐之人，用道辅君王而没有滥竽充数的官，贤愚分得清清楚楚，这必然会使那些只造声势、不干实事的人垂头，使那些只知讨好谄媚的人丧气。那些埋没的贤才得以进用，名儒德行受到发扬，这样大政怎么会不举，百姓怎么能不康？不过一年半载，可达清净之治。我智虑浅显，发言不加细考虑，还望旁采群议，俯察下情，如果使用此人，实在是国家之幸。"赵光义看了奏疏，觉得写得好，说得有道理。

雍熙四年的第二年改元为端拱元年（988），改元"端拱"，里面透露了一种思想的转变，即从此要稳稳当当地统治，不再随意发兵兴役了。这主要是采用了以赵普为首的反战派的建议。

端拱元年正月，有个翟马周上朝击登闻鼓，告中书侍郎兼工部尚书、平章事李昉身为宰相，当辽兵入侵时，不操心国事，反而只赋诗饮酒欣赏女乐。当时赵光义正在籍田劝农，就将这事放了几天，籍农事一完，就召翰林学士贾黄中起草罢免李昉的制文，并特地嘱咐贾黄中要严厉地在制文中责备李昉。随后，李昉被罢免为右仆射。

李昉前脚罢相，就在同一天，赵普拜为太保兼侍中、中书令、同平章事，又一次东山再起，成为首相。同时拜相的还有吕蒙正，由参知政事拜为中书侍郎兼户部尚书、同平章事。这年赵普六十七岁，第三次入相。

赵普的这次再相，大约是由于以下几个原因：一是赵普在对辽的战争问题上独持反对意见，正确地预言了战争发展进程，显示了丰富的政治阅历和远见卓识，使他在朝议中又一次受到重视，威望大增；二是陈王赵元僖的有力推荐；三是宋琪早在雍熙二年十二月罢相，李昉又使赵光义很失望，罢相之后中书无人，没有了宰相；第四个原因，也是一个很重要的原因是赵光义看中了年轻的吕蒙正，想让他担当相任。但吕蒙正很年轻，缺少经验，需要一个识途老马带一带他，作作表率。吕蒙正虽然年轻，但质厚宽简，很有威望，不结党派，遇事敢发表意见，有原则性。每讨论政事，凡是他认为不妥当的，就坚决反对，赵光义就是看中了他的这些优点，才让他与赵普同日拜相。赵光义对赵普说："卿不要以位高而自我放纵，不要以权势大就自骄自大，只要能赏罚公正，选贤任能，排除个人爱憎，怕什么军国不治？朕如果有错误，你不要迁就，古人总怕自己所辅佐的君王比不上尧舜，你不要忘了这一点。"果然赵普任相之后，提拔后进，对吕蒙正很是爱护和推许。

赵普这次的拜相制文是：

> 养老尊贤，上古格言；念旧录勋，前王令典。而况再登廊庙，三秉节旄，始终不易于纯诚，出入咸赝于大用。爰畴茂德，用降徽章。（具官赵普）大昴储祥，维嵩挺秀。翙天飞之景运，名冠公王；蕴台辅之嘉谟，功书简策。早从黄阁，旋拥高牙，隆中尽偬于仁风，岘首更歌于善政。加以心惟许国，道在安民，封章屡纳于忠言，致理率陈于正道。佐予凉德，繄乃宗臣。朕所以卜在会朝，委之论道。彝伦未叙，将俟于缉熙；庶政阙然，伫期于寅亮，是以辍从藩辅，复践岸廊。加帝保之崇资，冠鸾台之旧列，咨上公而询庶政，弥切倚毗；昌洪业而永丕图，更资光辅。[1]

这篇制文与第二次的制文不同，有一些实在的东西。从行文语气上看，开

---

[1]《宋大诏令集》卷五十一。

头给了他极高的评价和很高的推崇，表示了很大的尊敬，把他比作隆中诸葛亮。从"加以心惟许国"到"繄乃宗臣"一段，主要是针对谏北伐上疏而说的。以下一段，是对他的期望，让他坐而论道，整顿纲纪，处理庶政，"昌洪业而永丕图"。

经过了一番挫折之后，赵光义和赵普之间的关系达到了一种新境界。从赵光义来说，更进一步认识到了赵普的价值和他对赵宋王朝的忠心；作为赵普来说，也认识到了自己以前的一些错误做法。赵光义对赵普说的几句话：不要以位高自我放纵，不要以权势大而自骄，赏罚公平，选贤任能，放弃自己的好恶。这既可以看作是对赵普的希望，也可看作是对赵普的批评，他自己也诚心地希望赵普对自己直言规谏。这都说明，二人的关系更加坦率、开诚布公了。

赵普再入相，没有给自己的儿子要求官职，可是赵光义为示优待，即命他的次子赵承煦从襄州衙内都虞候升为六宅使。赵普告诫自己的儿子说："我本是一介书生，偶然遇上明君，受到的待遇已经过分了，自然应该以身许国。私家的事，我就顾不得了，你们应该各自争气，不要加重我的罪过。"所以，自掌书记升到宰相，三十年间，从没有为亲属要求过官职。

二、坐而论道

赵普入相后，因为年老，所以对于一些细务，一般都由他人去做，而他与赵光义在一起谈论治国治民平天下的道理，则比其他时候都多。试举几例：

端拱元年正月，赵光义下诏：诸道百姓凡是缺粮少食的，让各地开仓赈济。他对赵普说："累年以来，百谷丰登，自京师到四方，没有灾害，若不是上天降福，哪会这样呢？现在郡县极多，人口量大，每听说一方小有凶歉，我立即下令赈给，虽然不能普遍，但也可以聊表勤恤之意。"赵普说："周文王埋枯骨，天下都说他仁。民众就像草一样，草被风一吹必然顺伏，如果帝王用心行道，上合天意，必然万民悦服。臣等每次听陛下发言，总是想为苍生谋长久的利益，这还怕上天不降和气吗？"

端拱元年八月，赵光义车驾到国子监谒见孔子像。礼毕之后，走到西门，左右告诉他李觉博士正在聚徒讲书。赵光义就召李觉坐在对面讲书，李觉不敢坐，赵光义就命令张开帘幕，设下别座，让李觉讲《周易·泰卦》，从臣都一起坐听。李觉讲了一套天地感通、君臣相应的道理，赵光义很高兴，第二天对赵普说："昨天听李觉所讲，文义深奥，足为鉴戒，我当与卿一起照着做。"赵普表示赞同，顿首感谢。

这年年末，赵光义对赵普说："国家的兴衰，只要看它的威柄所在就可以知道了，五代承唐季丧乱之后，权在方镇，征伐不由朝廷，仗着兵力蔑视王室，所以王室软弱，享国不久。太祖扫平天下，力矫此弊，到朕继位，也在逐渐想些法子，想和你们谨守太祖时的法制，务振纲纪，以致太平。"然后又说："大公之道，无党无偏。当君主的如果能遵守执行，太平也不难达到。"赵普说："天发生于春夏，肃杀于秋冬，不对某一种事物有所偏私，这就是它为什么能长久的道理。作为君王的应该效法。"①

有一次赵光义问赵普："听说卿每有事，退朝之后就回到书房里闭门看书，每次从书房出来，事情就想出了解决的办法。你究竟看的是什么书？"赵普说："臣一部《论语》，半部佐太祖平天下，半部佐陛下治天下。"

赵普的话，往往很有深意，给赵光义一些启发，对宋朝朝政起了指导性的作用。

三、嫉恶如仇

大殿之上，百官肃立，赵普也在其中。黄门官立在丹墀之上，正高声宣读麻布上写的制文，这叫作"宣麻拜相"。当读到"具官赵普"时，工部侍郎、同知京朝官考课雷德骧如雷贯耳，脑袋里嗡的一声，不觉手中的笏板掉在地上。他知道赵普的为人。上次赵普罢相，他立即恢复官职，似乎形成了与赵普势不两立的局势。这次赵普重新拜相，对他来说有极大的威胁，于是，他立即上疏请求免除他的官职，放归乡里养老。赵光义不批准，他又请求与皇帝面谈，说出了自己的担心。赵光义表示理解，但又说："你只管做你的官，我总会想法保全你的。不要担心这事。"雷德骧可不敢放心。他坚决请求，一次不行，两次。赵光义没办法，只好免去了他的京朝官考课的官职，仍然奉朝请。

① 据《续资治通鉴长编》卷二十九。

并特赐白金三千两，以安慰他。

雷德骧是看透了赵普的性格，他的想法并非过虑。赵普只要对谁有了成见，总是想方设法把他搞掉。对于一些邪恶的人物更是嫉恶如仇，毫不手软。

当时，朝廷中有个"五人帮"，为首的是枢密副使、工部侍郎赵昌言，其他人是盐铁副使陈象舆、度支副使董俨、知制诰胡旦（时已复职）。赵昌言与陈象舆最为密切，董俨、胡旦都与赵昌言同岁，右正言梁颢也与他们打成一片，四个人无分昼夜，总到赵昌言家聚会，整个京城几乎无人不知。当时流传着一句话，叫作"陈三更，董半夜"，意思是他们总是在赵昌言家待到很晚才回去。另有一个为人抄书的翟颖，品德非常恶劣，奸诈阴险，跟胡旦的关系很好。胡旦知道翟颖敢干事情，于是就为他写了几篇夸张狂怪的文章，让翟颖上书皇帝，甚至把翟颖的名字改成马周，以唐代马周的转世复生者自居。文章中有许多话诽谤当时的政治，自吹自荐可以当天子大臣，又举荐十几个人都可以担当宰相之任。赵昌言在朝中相助，兴风作浪。这几篇文章的风格和语气写法，明眼人一看就知道是胡旦的手笔。赵普此时已在中书省为相，接到这位"马周"的文章，看了后本来就非常生气，又听说作者就是当年写"逆逊南窜，奸普屏外"的《河平颂》的胡旦，内心真是咬牙切齿。不久，开封尹赵元僖（已转封许王）派自己的亲信官吏调查清楚了事情内幕，对赵光义说了，赵光义勃然大怒，立命将马周逮捕下狱，开封府判官张去华亲自穷追猛审，马周服罪。赵光义命令把他流放沙门岛。同时，贬降赵昌言为崇信节度行军司马，陆象舆贬福州团练副使，董俨贬海州，胡旦贬坊州，梁颢贬虢州司户参军。赵光义对赵昌言很好，本来有让他当宰相的意思，快要任命的时候，正赶上赵普以勋旧大臣入秉相权。赵普非常厌恶赵昌言性格刚戾难制，因此请赵光义处他极刑。赵光义不肯，特赦他的罪，已经贬谪之后，赵普又请求将他处死，赵光义还是不同意，也就没办法再加请求。赵普为节度使的时候，往朝廷寄奏表信件，体式都像上诉的申状，一般人得到他的笔迹，都给退回来，只有陆象舆不封还。赵普以为陆象舆有意怠慢自己，所以把他和前几个人一同远远发遣。

太平兴国初年，有个前文提到的侯莫陈利用（侯莫陈是个三字姓，利用才是名。当时人说到他，也有人叫他"陈利用"），此人是一个江湖卖药的，他会变魔术，"多变幻之术"，引得市民们认为有什么大法力，望之如神明。事情传到枢密承旨陈从信那里，陈从信很感兴趣，马上派人把他请到府中演示。侯莫陈利用镇定自若，毫不紧张，把魔术变了个淋漓尽致，也把陈从信看了个五体投地。陈从信不让他走，立即把事情向赵光义汇报，并说了许多不可思议的事情。赵光义一听也很感兴趣，当天传令召见，当面验证。结果这一回不但陈从信更服气，就是见多识广的圣明天子赵光义，也看了个目瞪口呆，连连称奇，当即就任命他为殿直。侯莫陈利用时来运转，一步登天，连连受到皇帝恩赏，一时之间，没有第二个人更比他受青睐，从殿直一直升到郑州团练使、崇仪副使，众人都羡慕得很。真可以套用前代诗人白居易的一句诗："遂令天下士子心，不用工文不必武。君不见侯莫陈利用，杂耍便为崇仪使。"

这位侯莫陈利用小人得志，便露出了暴发户嘴脸，仗着皇帝的恩宠，抖威风，摆排场，架子也大了，脾气也大了，眼眶子也高了，不把许多人看在眼里，甚至地方官吏也让他三分。他也不太懂那些纲常礼仪，家中府第家用器物服饰，许多都模仿皇帝，一帮溜须拍马、舐痈吮痔之徒，围在左右，作威作福，而一些正直的人害怕他的势力，都躲着他走，生怕得罪了他。赵普做了宰相之后，他的末日就到了。赵普派人私下对他调查，查出了他枉法专杀、器用僭越等种种劣迹，将这些一股脑儿地告诉了赵光义。赵光义对他虽然宠信，但听到那么多违法强横的事也不免感到震惊。于是召近臣将他下狱审问，侯莫陈利用一一招认。端拱元年三月，下诏除名，流放商州，并抄检他的家。然而这不过是一时震怒，过了气头，就又把他召回来了。赵普的风格从来都是除恶务尽，怕他再次进用，就进一步搜集他的罪状。正好这时窦仪的儿子窦湜，曾经在郑州监理榷酤（即盐茶酒类的税务），当时是殿中丞，他了解侯莫陈利用的一些事情。窦湜曾对同僚说，侯莫陈利用在郑州时，凡是京中使者来，他常常不下跪拜，向南坐着接待使者，腰间系的犀玉带用红黄罗作装饰。这在封建社会里，是放肆的僭越行为，因为当时礼制极严，古语有南面而王的说法，意思是只有皇帝可以有南向坐的特权，各种官员如果见到京使，就如同见了皇帝，都要向北跪听诏命。另外，黄色是皇家的专用色，陈桥兵变黄袍加身，就象征着成了皇帝，任何其他人不得使用。侯莫陈利用的这些所作所为，明显地犯了僭逆大罪，这种罪名过去属十恶不赦之列，处置非常严厉。窦湜还说，澶州黄河曾经有过一段水清的时候，这是极难得的，过去古书上说："黄河清，出圣人。"因此郑州的主管科举考试的官员就想用这个作为考选举人的试题，侯莫陈利用在审批这份建议书时，出言不逊，多有触犯皇帝尊严和为臣不宜说的话。赵普听说了窦湮的话，立即派人把他叫到中书省，问明确实属实之后，就安排窦湮上奏章告发侯莫陈利用。另外还有一位京西转运使宋沆，当初抄检侯莫陈利用家时查到了几封信，其中许多话都指斥乘舆，冒犯皇帝。赵普也让宋沆把这些事奏报告发。两件事一告发，赵普乘机对赵光义说："侯莫陈利用罪过大，处罚轻，不能让天下人满意，留着他有什么好处？"赵光义则觉得这个人没有什么文化，是个草莽之人，不懂礼仪，没有必要斩尽杀绝，他反问赵普："难道我万乘之主还保不住一个人吗？"他也许是想起了当初赵普就是这样硬生生地将姚恕从他府中调走，他自己没法留住，后来被赵普借故处死的事。然而这一次却不同于上次，赵普与侯莫陈利用并没有私人恩怨，他这么做，完全合乎封建的法制和为臣的职责，因此赵普说："这个大贼犯了十几条死罪，陛下不诛，将破坏天下之法。乱天下法可惜，这一个狂徒有什么值得可惜的？"赵光义终于拗不过赵普，不得已下诏将侯莫陈利用在商州赐死。发下命令之后，转身又反悔，立即使快马传命饶他一死。使者一路疾驰到新安，马一下子踩了泥坑摔在地上，把使者也掀进泥水里，爬起来再骑，马已受伤，不能再跑。另换别的马，耽误了时间，及至商州，侯莫陈利用已被处以磔刑（肢解）了，远近士民听了，都拍手称快。[1]

赵普嫉恶如仇，这样的事也不止一二。也有的人从另一方面看问题，说赵普每次召官员到中书谈话，常听其人议论别人的长短，然后，命手下人记录下来，一旦与这个人有了怨仇，或者这个人犯了什么罪，就拿出这些证据。因此

---

[1] 据《续资治通鉴长编》卷二十九。

百官都谨小慎微，不敢讲话，中书政事越发壅蔽。这话可能是与赵普有矛盾的人说的，实际上未必如此，宋代李焘也怀疑此事是对赵普的诬蔑。

四、以夷制夷

雍熙北伐失败之后，宋辽之间的战争总是断断续续，宋边境上防御薄弱，军士都像惊弓之鸟，没有斗志。赵光义下诏让边防上选民为乡兵守城，这些人没经过训练，不过是些农民，而且精壮不多，未经战阵，所以也只能坚壁自守。辽兵见无人出击，不受阻障，越发嚣张，肆意掳掠蹂躏，如入无人之境。曾长驱直入于深州（今河北深州）、德州（今山东陵县）、邢州（今河北邢台），攻陷易州（今河北易县），北边百姓，灾难深重。

这时一波未平，一波又起，西北地区又有了麻烦。

原来唐时，在今宁夏、甘肃和陕西北部一带，居住着党项族。唐末，党项族首领拓跋思恭曾率军镇压黄巢农民起义，受到唐朝皇帝的赏识，被封为定难军节度使（治所在夏州）、夏国公，并赐姓李氏，管辖夏（今陕西横山）、银（今陕西米脂西北）、绥（今陕西绥德西北）、宥（今陕西靖边县境）、静（今宁夏灵武）五州之地。五代时，由于中原连年混战，李氏偏安西北一方，逐渐发展起来。

北宋统一战争，使李氏集团刮目相看，太平兴国四年（979），宋太宗攻北汉，定难军节度使李继筠也曾派兵渡过黄河，到太原支援宋军。李继筠死后，其弟李继捧为定难军留后，并于太平兴国七年（982）亲自到开封朝谒，表示愿意归顺宋朝，献其所管之地。宋太宗接受了他的请求，授他彰德军节度使，并把李氏家族迁到开封。李继捧的这一行动，具有维护统一的积极意义。

然而李继捧的弟弟李继迁是一个野心勃勃的人物，他曾任都知蕃落使，与西北党项旧部贵族有密切关系。他拒绝随李继捧迁入开封，率少数人马逃到西北与宋朝对抗。宋朝对他实施严厉的镇压措施，一度把他打得大败而逃，并俘获了他的母亲、妻子和大批的牛羊武器。但李继迁利用李氏家族在党项贵族中的威望，拉拢各处豪强势力，使自己的势力又日渐恢复起来。

雍熙三年，正当宋太宗进攻燕云的时候，李继迁乘机与辽交结，辽封他为夏国王，将义成公主嫁给他，结成军事同盟。宋也曾几次去书信招谕李继迁和他的蕃部投降。而李继迁也曾派人到宋朝边境官员知环州程德玄处表示了愿意归顺的意思，但最终还是没有投降。他不断侵扰宋朝边境，掳掠人畜，攻占土地，宋朝对此感到很头痛。

端拱元年四月，宰相赵普建议：应该再把夏的土地委托给李继捧管理，让他利用过去的威信制服李继迁，这样，可以不动用宋朝力量，就平定西北之患。赵光义感到此计很好，以夷制夷，以亲宋的力量管理西夏。于是立即召李继捧赴朝廷。这时李继捧是感德节度使，召见时，赵光义亲自用五色金花笺赐李继捧姓赵，改名赵保忠，随后，即任命他为定难军节度使，所管土地还是过去的五州，五州的钱粮都由他支配，同时给予他大批赏赐。赵保忠辞别的时候，赵光义派了右卫第二军都虞候王杲带兵千人护送，张扬声势。

端拱二年（989）四月，李继捧出兵击败宥州御泥布、啰树两部。一年之后，又与李继迁战于安庆泽，李继迁中流矢败退。这年十月，李继迁派破丑重遇贵到夏州向李继捧诈降，然后里应外合，把李继捧打得大败。991年初，李继迁再攻夏州，并占领银、绥二州。宋朝见李继迁终不可制，于是被迫授给李继迁银州观察使的称号，赐名赵保吉。这一行动实际是等于承认了以夷制夷政策的失败。以后，宋夏之间仍然纠纷不断，到北宋中期，爆发了更大的战争。

五、国防决策

面对边境上屡屡失利的局势，赵光义决心做一次大的讨论，制定对付辽、夏西北二边的国策，因此于端拱二年春节刚过，即下诏让文武百官各自陈述备边御敌的看法。先后上书的有温仲舒，户部郎中张洎，右拾遗、直史馆王禹偁，知制诰田锡等，赵普也写了疏奏，陈述自己的见解。

张洎的奏议说，中国屡败，辽兵猖獗，原因在于失地利、分兵力、将从中御、士不用命。

失地利，是指燕京北部横亘着一片山岭，古代防匈奴、防北方少数民族的侵扰，修建了万里长城，蜿蜒其上，防守北边，有险可守。石晋割燕云十六州，这片天然屏障早已在辽朝境内，南部是一片平原，辽兵进可以直逼汴京，退可以依险防守，对宋朝的国防安全造成了很大威胁，使宋的军事防守处于不利地位。

分兵力，是指宋朝边防上本来没有多少兵力，雍熙战败后采取退守城内的战略，兵士都分别退入各个孤城，不敢出战，所以是"汉家郡县，据坚壁，囚天兵，待敌寇之至也"。所以辽兵毫无顾忌，北方等于完全没有防守，平原之地，尽被蹂躏，如入无人之境。即便城内之兵，各城间也不互相应援，任由敌人各个击破，成了以一城之众，当敌人全国之兵，导致城池也纷纷失陷，这都是因为兵力太分散的缘故。

将从中御，是说将领们像木偶一样，完全受朝廷控制，没有自主权，犯了兵法大忌。张洎举《军志》说："凡临敌，法令不明，赏罚不信，闻鼓不进，闻金不止，虽有百万之师，何益于用。"又有"将从中御，兵无选锋，必败"。涿州之战，元帅不知将校的特长，将校不知军士的勇怯，各不相管辖，没听说赏一个有功的，也没听说斩一个不听号令的。还听说涿州之战，战阵布好之后，有的手中没有兵器而索求兵器，有的随便迁移队伍，万口传叫，嚣声沸腾，兵锋未交，奇正先乱，军政如此，不败才怪！

张洎谈到北方边境州郡的情况说："沿边郡县，久被寇戎，老实的百姓，也都遭杀戮，膏血涂于原野，老弱填于沟壑，生民之苦，莫甚于斯。"因此，他提出他的对策：集中兵力，分屯险要，寇来则防御，敌去则勿追。"请陛下稍屈至尊，举通和之策。"双方息兵罢战，休养人民，等我国势富强，那时大举北伐，扫穴犁庭，"则天下可得而定矣"。

王禹偁的奏疏，认为安定边境的关键，在于外任其人，内修其德。而这内外两方面，又各有五个要点。

外任其人的五个要点：一是原来的兵力错误在于分散，用将错误在于无权。应该集中兵力，分守要害，任命大臣名将，授以重权，任以明责，自然见效；二是加紧边防巡察，用有才干的大员换掉庸庸碌碌的小臣，以安慰百姓，收集敌情；三是多派间谍行离间之计，北方女人执政，肯定会有机可乘；四是以夷狄伐夷狄，挑起西夏与辽的战争，让赵保忠率西夏五州军士攻辽，不必真攻，只做声势即可；五是下哀痛之诏以谢边境之民，收拾民心。

修内德的五个要点是：一是并省官吏，节约经费；二是严肃选拔官吏，加强升官的限制；三是信用大臣，参决机务。外务专任将帅，内部管理在于相臣，让他们各陈帷幄之谋，以决安危国策。王禹偁说：方今君臣相爱，宰执贤明，自古至今，比不上现在。但由于礼节的束缚，朝仪的严肃，下情未必上达，君臣未必互相以心腹相见。希望陛下在退朝之后，听政之余，多召大臣，商议边境军事，定了就推行，不要让小人插手；四是不贵虚名，不要贪图无实利的东西。讨蛮夷则重困生灵，得土地则空标史册，祸败之本，都是由于这个原因；五是厚民力，禁止游手好闲之徒，增加生产。

王禹偁的奏疏上来之后，赵光义看了，深加叹赏。赵普看了，尤其器重。因为其中不务虚名、信用大臣、内修德政的意见，是和赵普的一贯思想完全合拍的，也算是个知音。

最尖锐的批评来自知制诰田锡，田锡说："而今抵御外敌，最重要的是选择将帅。对于将帅，不必给他们阵图，不必面授方案，自然因机制宜，无不成功。而今委任将帅，总是从朝廷发出指示，发给方案。将帅们如按照执行，则不合乎战场形势，若不遵守，又属违反圣旨，这样用将，没见有什么好处。况且近代将帅，各有厅直三五十人作爪牙，选的都是武艺高强的勇士，因此出入敌阵，得以随身护卫。现在则不敢选置，前时杨业陷阵，听说也是没有心腹亲兵，以致为敌人所抓获。请陛下于边防诸郡选择有勇略的，命为刺史，让他自行其是，使人人各展其能，这样谁肯不出死力呢？"

"又听说前年出师北伐，命曹彬以下取幽州，是陈利用、贺令图之辈迷惑圣聪，陈谋划策，宰相李昉等反而不知。又去年招置义军，宰相赵普等也不知道，岂有议边防、发大兵而宰相不参与的事！如果宰相不称职，为什么不罢免？如果宰相称职，为什么不予咨询？现在的宰相赵普三入中书，再出藩镇，重望硕德，元老大臣，人所共仰，事情无不经历，请陛下以军队之事，机密之谋，全都与他筹划，使他发挥他的才智，这才是国家大体，君父至公。请陛下一一与宰相谋议，事事与宰相商量，追悔前边独断的错误，执行今后天下的公理，则事情就会件件允当，臣下也都会尽忠尽力了。"

最后，他请求：任贤相于内，则百职举而纪纲正，委良将于外，则四夷静而边鄙安。

总结以上所谈，不外和、守二途，没有人再谈到战。关于守，如何守，谈得较多。

不久，张洎又上《御戎策》，在《御戎策》中谈了他的看法：御戎之策，不外乎守、和、战三种，"缮修城垒，依凭险阻，训戎聚谷，分屯塞下，来则备戎，去则勿追，策之上也。偃革囊弓，卑辞厚礼，降王姬而通其好，输国货以结其心，虽屈万乘之尊，暂息三边之役，策之次也。选将练兵，长垒深入，拥戈铤而肆战，决胜负于一时，策之下也"。

那么，哪一种策略是当前可以采纳的呢？他指出："国家素失蓟北关塞之险，亡控守之处，是上策不能举也。"这就是说，当时宋朝已无险可守，守边一途，已丧失了基础。那么采取战的下策行不行呢？"顿兵草野，与匈奴转战，劳弊已甚，胜败未分，是下策不足恃也。"战争刚发生过，战争的结果和后果已是很清楚了，"自戎马生郊，边防受敌，兵连祸结，累载于兹，邯郸致蹂践之虞，上谷失藩篱之固，飞刍挽粟，千里而遥，丁壮毙于转输，膏血涂于原野"。战争给国家和人民带来了严重的灾难。看来战是打不过人家的，再战只有败得更惨。那么，剩下来的只有和好一条路。"审观天下之形势，忧患未已，唯与之通好，或可解纷。"[1]

张洎从历史的角度论证了和好的途径和合理性，他指出：有大志的皇帝胸怀天下，决不纠缠于一个地方。拿汉高祖来说，那么雄才大略，只有鲁元一个独生女，但在白登败后，审时度势，采取了和亲的政策，换得了边境的安定。忍些小的屈辱，导致天下太平，利弊之间，是非常明显的。但忍辱只是一个策略，并非总是委曲求全，无所作为，我们要抓住和平环境，发展强大，等到有利时机，再行征讨，现在契丹母后临朝，久后必生内乱，那时发兵攻讨，必然

---

[1]《续资治通鉴长编》卷三十一。

成功。唐初突厥南下，唐太宗亲自前去约和，十几年后，李靖提一旅之师，擒而灭之。我们也可以这样做。

从我们今天来评价张洎的这些话，他似乎是胆小怯战，没有统一中国的雄心壮志。有人以为，宋朝军事上老是失利，是宋朝军事制度上的问题，如果克服了军事制度上的问题，比如不将从中御，不限制将帅，就可以打胜仗。但客观分析，克服了这些弊端，撤除了对将帅的种种制约，固然可以加强战斗力，也可以打些胜仗，但是如果想打败辽军，克服燕云，倒也未必能够。因为当时辽朝并不软弱，还是一个幅员辽阔，上下团结的大国。大国之间的争斗，可能导致两败俱伤，受害最深的还是老百姓。从当时的历史环境去分析，张洎的和亲政策确实是唯一可行的政策。后来真宗时辽兵又大举南下，宋朝和辽在澶渊订了城下之盟，保了一百多年的和平安定，实在是一种明智的做法。

这一次的讨论，张洎的建议虽然未能马上实施，但却给后来真宗时与辽和解的实行铺平了道路，打下了基础。而赵普，应该是基本同意这个策略的。

六、奖掖后进

赵普在前期太祖时独相期间，固然压制了一些人，但总的看来，他还是以国家为重，提拔了大批人才。到了第三次出任宰相期间，他更注意奖掖后进，为国家选拔人才，做了许多工作。

前述吕蒙正和赵普同日拜相，赵普很注意做出表率，对吕蒙正时常加以称许和鼓励，使吕蒙正迅速成熟起来，成为能独挑大梁的人物。

端拱二年（989）七月，他又推荐寇准正直敢言，有大智大勇，赵光义用为虞部郎中、枢密直学士。寇准后来在与辽的战争中力劝真宗御驾亲征，大振士气，临危不惧，又限制曹利用在与辽谈判时的金银钱帛数目，起了巨大作用，成为宋代名相。

端拱二年五月，赵普大病初愈，他又上奏疏举荐工部侍郎张齐贤堪当大任。张齐贤是个奇人，身高体胖，极有胆识，肚量尤大。最愿吃肥猪肉，每顿能吃数斤。吃药也是这样，有家天寿院制一种治中风的药"黑神丸"，一般人一次只服一丸，他则一次吃五七两，掺着胡饼吃下。有一次他知安陆州时，那里的人见他饮食过人，全郡的官吏都很震惊。又有一次与宾客吃饭，厨吏在厅侧放了一只金漆大桶，凡是看见张齐贤吃一样东西或喝一杯酒，他也就往桶里放一样同样的东西，到傍晚，装了满满一桶，酒都溢了出来，官吏们看了，都目瞪口呆。

张齐贤在太祖时期即受到赵匡胤的赏识，以为将来可当大任。后来雍熙北伐，张齐贤也上书反对，不合赵光义的意思。后来曹彬等军战败，赵光义问群臣怎么办，张齐贤慨然请命，以给事中知代州。辽兵自和尔郭入寇，直到代州城下。守城将马正出战，众寡不敌，危急之际，副部署卢汉赟畏懦，只图自保，不敢出战。在这种情况下，张齐贤选两千厢军列于马正右翼，慷慨号召，宋军人人感奋，以一当百，敌兵只好退走。开始，辽兵来犯，张齐贤曾约潘美来夹攻，结果送信人回来时被敌兵捉去，张齐贤怕潘美兵被辽兵伏击，不久接到消息说潘美已接到朝命，兵又退回去了。这时辽兵大军塞满城下。晚间，张齐贤又令两百名军士，每人背一捆柴，执一面旗，在离城三十里处烧柴草，摇旗呐喊。敌兵望见，以为潘美的援兵到来，连忙退走，张齐贤趁机发城中兵追击，大败敌军，擒其北大王之子一人，斩首两千余级，俘获五百余人。

在对辽的战争问题上，张齐贤表现了自己的胆识和才能，深受赵普推许。赵普在奏疏中说，自己久病稍好，恐怕活不久了，深恩未报，敢不竭尽忠诚？当前多事之秋，必须有通机达变的人才，定难扶危，须排斥谄谀之辈。去年辽兵犯边，陛下焦虑的时候，上千的官员没有提出好的解决办法，其中我最是惭愧，同僚之中，也只是清廉谦恭而已。这种官员，危急之时怎能有用？应该寻求那些忠肝义胆的人，缓急之际可以分忧赴难。我见工部侍郎张齐贤，几年前由圣上知遇，选拔在机要之地，凡是认识他的，都认为他很称职，是个人才。不料日子不多，就出外就任。我在邓州的时候，虽然听到消息，但不知什么缘故，近来才知道据说是因为奏对事情时有些过激言辞。自来凡是议论大事，肯定会有过分的话，因为忠臣义士，都不顾自身安危，奸邪与正直，日久才能知人心。张齐贤素有机谋，兼有德义，从来对他的任命，还没有充分发挥出他的作用。我担心埋没了经国之才，他堪当济时之用，如果担当相任，必能建立殊功。

随后，他怕太宗还不能听从他的意见，又上札子说："张齐贤的德义，素为乡里所推重，并且，他深知福业，谨择朋友，中外卿士，没有人能比得上他。我想我整个家族都受皇恩，又半截身子已经入土，没能报答君恩，经常怕有差错。惭无致主之能，只有荐贤之志。如果朝廷真能委任忠贤，国家添了柱石之臣，即使早晨任用了他，我晚上死了也是甘心，这也算是臣报大恩于万一了。"

赵光义采纳了他的意见，随即任命张齐贤为刑部侍郎、枢密副使，但还没有按赵普的愿望任为宰相。

张齐贤后来果然不负赵普所荐，成为继赵普之后的名相。

"老牛自知夕阳短，不须扬鞭自奋蹄"，赵普犹如一头兢兢业业的老牛，对赵宋王朝怀着极大的忠心。在贡献了将近一生之后，自己知道"大限非遥"，余生无多，他要尽自己的所能，将自己最后的智慧贡献出来，他要为自己身后宋朝的事业考虑，选好后继人才，使赵宋王朝后继有人，不断兴旺发达。

七、引咎自责

端拱二年（989）七月，天空出现了彗星（即现在所说的哈雷彗星），青白色，光芒越来越亮，开始是早晨在东北出现，过了十天，又是晚上在西北出现，逐渐转移，过了三十天才消失，这种天文现象在宋朝君臣中引起了极大恐慌。

中国自先秦阴阳家学派就创立了"天人感应"的理论，认为宇宙中有一种超自然的力量在制约着人间社会的各种事情，天象和人间万事是有关联的，凡是人间的事情，都可以在天文现象中反映出来。反之，如果星象出现了什么异常，那人间必定是有什么事情违背了某种规律（如五行的规律），遇到这种情况，皇帝和大臣们就要反躬自责，反省自己在行政方面是否伤了天地和气，是否有什么缺失，是否有什么冤狱。其实，这不过是一种自然现象，只是古人科学不发达，见星象异常常引起气候变化，引发水旱灾害等，就相信星象变化和朝廷行政有关系。星象的变化中，他们认为最严重、最可怕的就是彗星的出现，彗星被称为妖星，它的出现被认为是上天对人间朝政缺失的严重示警，若不赶快补救，就会有大灾难随之而至。

赵光义见彗星出现，立即避开正殿（朝会时不在正殿），减损正常的饮食，据说这是一种禳祈的办法。赵光义对宰相说："长星示变，这是天用来警示君主的过失，就应该惊惧修省。晋武帝见彗星出现，反而举杯庆祝，如此狂妄，怎么会不败亡呢？现在难道不是时政有缺失，物情有壅滞不通畅的吗？百姓有什么罪呢？责任在我，我不敢不畏惧贬损，以答上天的谴责。"

赵普本来对这样的事不太迷信，如以前秋雨连绵，黄河决口，他并没有张皇失措，引咎自责。但这次彗星出现，皇帝如此重视，他也感到事情严重，不能不有所表示。因此，看看到了八月，彗星仍旧没有消失，他就上疏，承担责任，要求予以处罚。疏文说："陛下前些天因为妖星谪见，深深地引咎自责，臣与同僚们手捧御批的札子，惊惶战惧，怕得了不得，其中老臣我，负有最大的罪过。因为我位列三台之长，惭无一日之长，自己知道为政的方法有许多漏洞，怎能怪妖星谪现呢？耽误了陛下的抱负，却是臣下的过失。都是因为使圣上了解不了下情，隐瞒了民间疾苦，被虐者无由申诉，偷安者不敢提出批评。虽然大家都明知道，但皇上却不知情，隐蔽之罪，数臣最多，甘心接受诛戮，深切期望圣上严厉处罚。现在人心惶惶，天象仍然不正常，这样会使狂夫想策划动乱，强敌们也会因为妖星照中国而乘机侵犯（宋人们认为二十八宿都在中国，天文星象只是中国的象征）。天时人事，不比往常，今年最应该加意小心。所幸陛下一见妖异，就宣布德音，就想大发皇恩，伏加赏赐，陛下有这一句善言，就会增百福之祥。全是由于您发惠物之心，现在改变异常的天象有了希望，才过了十天半月，好像已经有了变化。但臣听说司天台内，颇有人妄陈邪妄之言，深深地迷惑圣上，说什么妖异出现，该当契丹灭亡。我恐怕全是讨好的话，使人不辨真假。我听说五星二十八宿，以至于五岳四渎，都在中国，不在四夷。《尚书》说'万方有罪，罪在朕躬'，难道说契丹不在万方之中吗？臣现在是老迈了，哪懂什么阴阳，只是以常理而论，又以前书验证。《三坟》《五典》必定可靠，今录《左传》、汉、晋、梁、唐五事进呈，希望能用古文论证合理的说法。还望皇上恭承天戒，大慰物情，明施旷荡之恩，更保延长国运。总之凡是世事，祸福相依，怎有一定？圣朝开国至今已三十年，国富兵强，近代无比。现在天象异常，百姓未能安泰，战争徭役，没有结束的日子。虽然圣君修仁，本意肯定是没有亏缺，但群生造业，恐怕说不定什么地方就招致了感应。听说陛下自从看见星文，深为担忧，以感动上天的想法，化为施惠于民的行动。从前光听说多难兴王，至今才真正体会到殷忧君圣。这样还有什么福不会生，什么灾不会灭呢？我还有更恳切的话，必须当面和您讲，只恨步履艰难，说话也困难，又怕再犯了风瘫，一句话也说不上来。求您在闲暇之时召唤我，我会把一切心曲向您奏明。现在请依前代策免三公的前例，明加贬责，以激励忠良。"赵光义看了，很受感动。

分析赵普的奏疏，我们会发现，在引咎自责之外，赵普还劝赵光义不要听信那些有关契丹该灭的妖言邪说，而应认认真真、实实在在地给百姓些恩惠。他一面赞扬了赵光义一见灾星就想到老百姓的做法，一面又让赵光义警惕一些无稽之谈。当然，他反对的方法也不是科学的，但总的来看，这篇奏疏主要还是对赵光义起了好的劝勉作用。

最后，奏疏中还说有要紧事，更恳切的话要说，由于没有下文，我们就不知道他要说什么了。估计还是有关对辽的策略问题。

在赵普上疏之后，赵光义下令大赦，第二天，司天台就报告说彗星消失了。赵普、吕蒙正祝贺说："陛下引咎责己，损礼施恩，妖异消失，真是盛德。"赵光义则说："天鉴不远，应该和你们共勉，消除灾祸。"

彗星过后，长时间没有下雨，旱情严重。赵光义又减损饮食，遍走名山祈祷，还是没有效果。这天晚上，亲自写诏书给赵普等，其中说："万方有罪，罪在朕躬。自从星文异变以来，长期没下雨雪，朕为人父母，心绪不宁，真想能用身体作为牺牲，焚于烈火，来答谢天谴。应该与卿等共审刑政缺失，念稼穑之艰难，来恤物安民。"这时因赵普有病，诏书就交给了吕蒙正。吕蒙正说："陛下临御以来，亲理万机，勤恤民政，未有过丝毫错误，都是因为我们调理不得法，以致发生了这样的灾害。中国的惯例是，水旱灾策免三公，我们实在该担负责任，请交回相印，让贤能担当。"赵光义便慰勉了一番。[①]

然而，即使赵光义君臣不断地自责、减膳，雨水就是不下。此后，又做了许多祈雨的活动。然而，旱情一直延续到十月底，尚未见有雨水。这年的大旱，使农业严重歉收，并影响到第二年小麦的产量。

八、老病罢相

赵普再相时已六十七岁。事实上，他为山南东道节度使时就自觉衰老已至，因此上书求回朝觐见，觐见的目的也是为了留在京城。

赵光义对这位元老大臣表示了很大的尊敬和关心。这年（端拱元年，赵普第三次拜相的第一年）夏天天气特别热。赵光义对赵普说："今年酷暑特别厉害。常言说，人生如病疟，在大寒大暑中过一年，寒去暑来，冷热交加，不觉就老了。如果不赶快做些善事，这光阴是很可惜的。"不久又说："卿老年熬热，很不容易，今天自长春殿奏对结束之后，就该回私第颐养，等稍凉再到中书理政。"赵普当即表示感谢。

端拱二年春夏，赵普一直身体不好，卧床不起，他在"上太宗荐张齐贤可用为相"奏疏中说："臣叨受荣宠，招致殃咎，昨萦疾苦，全是困厄。承圣主

---

① 据《续资治通鉴长编》卷三十。

之悯怜，切切救疗，念微臣之衰朽，难以支持。近者虽获朝参，尚无力气，料兹病苦，哪得久长。疑大限以非遥，恨深恩之未报，倘归黄泉，实负穹苍。"看来，这场病实在不轻，差点不起，虽然勉强去朝参，但也气力衰弱。他已经感到自己余日无多，推荐张齐贤实是在推荐接班人。

看来这场病在上了这个奏疏后也并没有太大好转，端拱二年八月，赵普上了《论彗星》札子，这个札子不是他亲自递交的，而是由别人转交的，他在札子中说："臣今诚恳，思达冤旒，仍须面具数呈，不敢形于翰墨。伏恨言词蹇涩，气力衰赢，步履犹难，未任拜跑。自从发动，多有风涎，如或一息不来，便忧一词难措。"

从中可以看出，赵普当时是气力全无，不能拜跪，说话困难，挪步困难，他已成了一个"半身入土"、白发苍苍、不胜行走、说话断断续续、直流口涎的老人，如风中之烛，随时都可能瞑目归天。从他的症状上看，他是由中风引起的老年病。但从他的思路来看还是非常清晰敏捷的。

此后一段时间，赵普一直卧病在床，赵光义因旱灾赐给宰相手诏，他正告病在家，诏书交给了吕蒙正。直到这年底，才有关于他率百官上赵光义尊号的记载。

关于这一段时间赵普的起居活动，李焘的《续资治通鉴长编》中有一段记载：

太保兼侍中赵普，自去秋以病免朝谒，止日赴中书视事，有大政

则召对。及冬，病益甚，乃请告。车驾屡幸其第省问，赐予加等。普
遂称疾笃，三上表致政，上不得已，戊子，以赵普为西京留守兼中书
令。①

这说明这年的秋天，赵普一度病情稍好，重新勉强起来上班，但已免去了
每天上朝向皇帝的跪拜朝谒，只是到中书省去处理一下关键性的事务。只是有
大事的时候，赵光义才召他咨询。到了冬天，气候寒冷，对他这种又老又弱又
有病的人来说更加不利，他的病加重了，不得不请假。赵光义对他的病情还是
非常关心的，屡屡地亲临探视慰问，给赏赐的时候一律加一等。到后来，赵普
觉得自己再也不会起来工作了，就上表提出辞去职务。赵光义开始没有允许，
赵普连上三表，坚决请辞。赵光义只好批准。根据《宋宰辅编年录》的记载，
除了以赵普为西京留守兼中书令之外，还给以河南尹的头衔。

赵普的罢相职，已是第二年的春天，这年改为淳化元年（990）。正月十一
日，宣布了罢相的制文，制文说：

带河之誓，萧相首于群臣，分陕之寄，周公冠于二老。矧乃功宣
缔创，绩著岜廊，恳辞金铉之荣，愿遂安车之志。不加殊礼，曷报茂
勋？（具官赵普）宇量渊深，风规震肃。翊戴先帝，实有佐命之勋，
弼谐冲人，益见匪躬之节。而自再持将钺，三冠鼎司。飖假宣猷，寅

_____
① 《续资治通鉴长编》卷三十。

恭协德，小大之务，知无不为，夙夜之勤，浸以成疾。聿遵赐告之典，恳陈避位之言，喻之再三，终不可夺。巩洛之地，成周旧壤，王畿之广，实切于保厘；京邑之重，允瞻于表则，乃兼八柄之秩，往抚千里之邦。勉荷宠章，式资卧理。[①]

就对大臣的任免表制来看，整个两宋，再没有一个人能与对赵普的评价相比。在所有赵普几上几下的任相、罢相制文来看，没有一篇能比这一篇的评价高。文中不但把赵普比作萧何，而且把赵普比作周公。周公是周朝初年周武王的弟弟姬旦，创建制度，辅佐幼主，内平外讨，功劳为首。千百年来，周公一直是大臣的最高楷模，号为圣人。把赵普比作周公，实在是一种非常的赞誉，为一般臣下不敢想望。

制文高度评价了赵普的一生功业，评价了他"再持将钺，三冠鼎司"的工作经历，赞颂了他鞠躬尽瘁，知无不为的工作态度，并认为他是由于"夙夜之勤"，积劳成疾。并且，明确地说他是主动提出辞职去位，再三挽留，最终还是不能改变他的想法，不得已而同意了他的要求。这说明，君臣之间，关系是好的，是互相体谅的，也体现了赵普为国家着想，老病让位，希望提拔后进，开创新业。这在当时普遍地存在贪权恋位，甚至老死也不辞职的情况下，是以实际行动起了一种表率作用。

赵普第三次任宰相，从端拱元年（988）二月到淳化元年（990）正月，

---

① 《续资治通鉴长编》卷六十五。

共两年。

赵普罢相后，吕蒙正成为首相，辛仲甫和王沔为副相。吕蒙正以宽简作为自己的行政风格，辛仲甫也比较超脱，政事多由王沔处理。王沔精明能干，但为人不厚道，常是当面说得挺好，对人许了愿，而以后又做不到，许多人就开始埋怨他。这样，在淳化二年四月，赵光义又任命了两位参知政事，一位是赵普推荐的张齐贤，一位是原来的给事中陈恕。这宰相和执政五个人中，就有吕蒙正、辛仲甫和张齐贤三人是由赵普推荐和带起来的，他们在太宗朝政治中发挥了重要作用。

九、名相归天

赵普罢相，被任命为西京留守，他再三请求解除一切职务。赵光义亲写手诏说："国家元勋，唯卿一人，不同他等，不要固执地避让。待到你病愈，我会到府上为卿送别。"赵普看了手诏，感激涕零，努力挣扎起来，叫人帮着穿上朝服。家人见他久患重病，不知他要做什么。赵普抚摸着朝服，无限感慨，他对二子承煦说："吾以一介书生，遭际太祖，两出藩镇，三入中书，主上信任，恩宠无二。虽肝脑涂地，也不能报答万一。我现在沉疴缠身，行将就木，今此一去西京，恐怕就是最后永诀，再不能回来了。因久病在床，细思国家大事，还有一些需对主上面陈，说完之后，我死也瞑目。今日朝服，恐怕是最后一次用到它了。"于是吩咐备车马，家人扶了上车，来到朝堂，请求面见皇上。

赵光义听说赵普扶病前来，连忙把他让到偏殿，赵普一定要在家人的挽扶下行跪拜大礼，赵光义让他起来，安排了座位。看着这位为赵宋王朝贡献了毕生精力的老人，心里也是感慨万分。赵普再次表示了自己对两朝圣主的知遇之恩的感激之情后，把自己在病中所想的国事家事，一一对赵光义说了。这次谈话，是赵普对赵光义的最后一次进言，肯定是非常重要的，但历史书上却没有保留下来，只说"颇言及国家事"。赵光义一一表示接受，并一再慰勉。最后，赵普再一次提出辞去一切职务，按宋人的说法，叫作"乞骸骨"，即认为以前大臣的性命身体都属君父的，现在已经剩了一把老骨头，想要回来自己安排。赵光义仍然不许，宣布给赵普以宰相俸禄，回西京洛阳私宅疗养。出发那天，赵光义果然不食前言，亲自来送行。

赵普到西京后，虽然用心调养，遍请名医，病情仍不见好转。赵光义并没忘记这位赵宋王朝的开国老臣，经常派使者去西京慰问。为了安慰他的心情，赵光义还经常派赵普的弟弟赵安易和儿子赵承宗前往探视。

淳化二年，按传统算法，赵普已是七十岁了。为了庆祝赵普的七十大寿，赵光义特地派了赵普的长子——羽林大将军赵承宗带了器币鞍马作为贺礼，赐予赵普。既有皇帝恩典，又有亲子看望，赵普当然非常高兴。然而赵承宗回京向赵光义复命之后不久，却因急病死去，消息传来，赵普精神受到沉重打击。因少年丧母、中年丧妻、老年丧子历来被称为人生三痛，白发人送黑发人，怎能不叫赵普心痛！这更加重了他的病情。

赵普的病情久不见好转，反有每况愈下之势。虽然在病床上度日如年，但光阴仍是照常流逝。转眼间，赵普在西京已到了第三个年头。赵普见自己没有好转之望，不愿再挂着名义上的西京留守，尸位素餐，耽误国事。因此，派西京留守通判刘昌言带了自己的表章进呈太宗，再一次提出辞去留守职务。赵光义的宋朝廷再次给予赵普以更高的荣誉：晋位太师，封魏国公。同时，又派赵安易带来了赵光义的亲笔诏书，其中说："卿前时由于得了些小病，恳求致仕，朕以居守西京的重任，怕要麻烦您这位老臣。关于太师的任命，主要是表示对大贤的尊重，如果一旦病好，就来与朕相见。现赐予些羊酒，就算是额外的俸禄。卿应该蓄养精神，注意医药，尽量多饮食，别辜负我的关心之情。"说得非常亲切，赵普也很感动。

太师是极高的职位，北宋的三师三公，都是封赠宰相、亲王、使相等官以及执政枢使位至仆射致仕退休的官员的。一般依在这些高级职位上的任职年限作为授官的尺度，而且一般是拜太傅的较多，后来王旦、吕夷简都是任相二十年方才得拜太尉。太师北宋只有三人，一是赵普，二是宋仁宗时期的文彦博，三是徽宗时的蔡京。文彦博是因为他老臣硕德，在朝廷上年龄最久，一直到八十多岁才因年龄获赠太师；徽宗时朝政黑暗，蔡京把持朝政，四次入相，获得太师称号；赵普则基本是由于他对缔造宋朝、辅佐两君的贡献获赠。从三公中的司空到太师，还要经过升五级才能达到。所以凡拜太师，就是罕见的不寻常的恩典和荣耀。

转眼间春去夏来，残红凋谢，绿阴浓张。赵普在病榻之上，又多了一桩心病，他有些怀疑，自己的病是不是另有原因？是不是阴间有冤家作祟？从来人们久病之下，如果一般的医药不能奏效，便想借助超自然的力量来挽救，这连叱咤国家政坛风云数十年的铁腕政治家赵普也未能免俗。

有几天晚上，他接连做噩梦，于是，他让自己的亲信捧了他平日最珍视的双鱼犀玉带，到上清太平宫去做醮谢。道士姜道元为他叩求冥都鬼神，请指示赵普患病的因果。得到的答复是："这位赵某是开国元勋，但他为冤债所缠，无法解脱。"道士又问冤主是谁，那位巫师用一面大黑牌子展示给他看，只见上面浓烟笼罩，只能隐约看清下面的一个"火"字。姜道元告诉了赵普，赵普说："我知道了，这肯定是秦王廷美。当时只怪他自己与卢多逊派堂吏赵白交传事情，事发遭祸，岂能怪我？"后人评价说，赵普一听说火字就立即猜到了廷美，说明他有心病，老是为廷美的冤狱所折磨，他又不想承认是自己害了他们，心理上处于一种痛苦矛盾状态。

过了几天，赵普又请道士为他向阴间上章祈求解脱，即请求阴间的鬼神放过他。道士们请赵普指示所请求的内容，赵普想了一想，觉得此事难以言传，于是从枕上奋身坐起，要来笔墨自己写道："情关母子，弟及自出于人谋，计协臣民，子贤难违乎天意。乃凭幽祟，遽逼强阳，瞰臣血气之衰，肆彼魔呵之厉。信周祝霾魂于鸠愿，何晋巫雪魄于雉经。倘合帝心，诛既不诬管蔡；幸原臣死，事堪永谢朱均……"大意是弟及皇位的事，是由太后和太祖母子定的，但即使儿子再贤明，也难违天意的安排。秦王廷美趁我血气衰败，乘机作祟，如果放过了我一死，我将永远感谢，等等。写完之后，他把表文密封起来，不让人看到，但在焚烧的时候，忽然被风刮散，飞落到府外，被人捡到，因此流传开来。[1]

从这些野史的记载来看，人们普遍认为是赵普一手制造了廷美冤狱。如果事情果真如此，那赵普最后的日子里，不但受到病魔的摧残，还受到心理上的折磨。

不久又到了七月，这时赵普已病得很严重。生日快到了，本来宋朝没有生辰赏赐的惯例，但赵普仍属例外。赵光义特遣赵普的侄婿左正言、直昭文馆张秉去执行赏赐生辰礼物的使命。张秉还没到，消息已经传到了赵普耳朵里，使他又想起上年生辰时自己的儿子赵承宗代皇帝赏赐的事。他在病床上找出去年留下的赐物抚摸着，去年爱子，今年侄婿，所谓年年岁岁花相似，岁岁年年人不同，物在人亡，情何以堪！张秉还在路上，这边赵普已经病危。

大限终于到来了，淳化三年（992）七月十四日晚，赵普病逝，相星陨落，哲人归天！按传统的算法，这时他是七十一岁，实际上整七十岁！

据说去世的那天，赵普挣扎着起来，顶冠束带，来到庭院中，涕泪交流，对天空自言自语地说："涪陵（指秦王廷美）自己做事不注意，所以犯了罪，哪能怪我！只愿早死，与他在阴间对质！"这天晚上，即瞑目归天。

七月十八日，讣音传到朝廷，赵光义闻讯悲悼，对近臣说："赵普事先帝和我，最为故旧，能断大事。以前和我之间曾有些不愉快，大家都是知道的。自从我登极以来，总是对他格外礼遇，他也竭力自效，尽忠国家，真是社稷之

---

[1] 据陶宗仪《说郛》卷三十下。

臣。听到他去世，这种凄怆的心情，连我自己也控制不住。"说完，流下泪来。左右也跟着一起伤心。

从即日起，朝廷为他停朝会五天，以示哀悼。右谏议大夫范杲被指派为摄鸿胪卿，持节主持治丧，代表皇帝亲临。朝廷赠赙仪绢布各五百匹、米麦各五百石。下葬那天，鸿胪寺为他布置卤簿鼓吹，极为隆重。赵光义又安排朝廷进一步封赠，赠尚书令，封真定王，赐谥号"忠献"。赵光义亲自为他撰写神道碑文，并以八分书亲自书写赐给。宋代的封王制度，基本上是沿用汉代的办法，不是皇族不封王，皇族也只封皇帝的期亲（即死后要为他服一年丧服的亲属，长辈如祖父叔伯，平辈如兄弟，小辈如侄和嫡孙等），除此之外，近亲最高也只能封为郡王。王爵的赠典，也只用于封赠皇后的祖、父。赵普封王，赠尚书令，是因为赵普为宋朝佐命兴邦、建立宗社，功劳最大。之后，也还有曹彬封秦王、潘美封魏王，都是因为他们的子孙受到重用的缘故（曹彬女是仁宗皇后）。

赵普的子孙在宋代世世显荣。赵普死时，他的两个女儿都已及笄（到了十六岁或超过十六岁，即可以出嫁的年龄），赵普的妻子和氏对赵光义说，这两个女儿愿意出家为尼。赵光义将她们叫来，再三劝谕，到底没能说服她们放弃，于是赐长女名志愿，号智果大师，次女名志英，号智圆大师。[①]

真宗咸平元年（998），赵普被追封为韩王。咸平二年（999）二月，又规定赵普配享太祖庙庭。配享皇帝庙庭就是把这位大臣的神主牌位与这位皇帝放

---

① 据《续资治通鉴长编》卷三十三。

在同一庙堂之中，并受祭祀和瞻仰。当然，配享的都是与皇帝有重要关系或有大功劳的大臣。其诏书是这样写的：

> 故太师、赠尚书令、追封韩王赵普，识冠人彝，才高王佐。翊戴兴运，光启鸿图。虽吕望肆伐之勋，萧何指纵之效，无以过也。自辅弼两朝，周施三纪，茂岸廊之硕望，分屏翰之剧权。正直不回，始终无玷，谋猷可复，风烈如生。宜享于大烝，永同休于宗祐，兹为茂典，以答勋旧。其以普配享太祖庙庭。①

《宋史·赵普传》后面的论说，自古创业之君，没做皇帝时一同创业的旧臣，定策佐命，树事建功，一代有一代之才，并不少见。但说起始终一心，休戚与共，贵为国卿，亲如家相，达到宋太祖和赵普这种程度就难了。陈桥之事，人们都说赵普和太宗先参与策划，理势上讲，大概属实。但事成之后，赵普以一个枢密直学士的身份，立在新朝廷上好几年之久，直到范质、王溥、魏仁浦三人罢相之后才接掌相权，太祖不忙着酬谢他的功，赵普也不急于得到权力。及其当权之后，献策理政，唯义是从，从未因为自己是勋旧就骄傲。偃武修文，慎罚薄敛，三百多年的宏规，竟好像早就胸有成竹，一天之间就实行完毕。伐太原和幽州之役，终身以轻举妄动为戒，后来他的话全部应验。家里人见他决断大事，总是先闭门看书，从中找出解决问题的思路，后来偷看之后，

①《宋史·赵普传》。

才知道是本《论语》。古时傅说对高宗说：学于古训，才能成事，不效法古人，永远得不到高妙的见解。赵普为谋国之臣，还能取法先贤，学习古代圣训，宋朝政治之所以气象醇正，这难道没有帮助吗？晚年赵廷美、卢多逊之大冤狱，真是太宗盛德的大缺憾，赵普在其中起了很大作用，是不是赵普学习得还不够，还有患得患失之心呢？

以上都是古人对赵普的评价。

今天，我们站在现代的立场上评价赵普，他参与缔造了宋朝，创造了宋代政治模式，制止了中唐五代以来成为恶性循环的藩镇割据，使宋代出现了和平发达的局面，成为封建社会的一个文化昌明的朝代，这些赵普功不可没。尤其在宋初，对宋朝的政治施加了巨大的影响，不愧为一代杰出的政治家。但局限于历史，赵普有他自己的缺点，如果求全责备，那就世无完人了。

赵普生平大事年表

922年（后梁龙德二年）1岁

约农历七月初（以下文中都是夏历），生于幽州蓟县（今天津蓟州）。具体
日期不详。后唐时，石敬瑭割据一方，与后唐幽帅赵德均展开连年混战。为避
兵乱，赵普一家在其父赵回带领下于936年之前迁到镇州常山（今河北正定）。
不久，又迁河南洛阳。与镇阳豪族魏氏结婚。

954年（后周显德元年）33岁

为后周永兴军节度使刘词幕府从事。

955年（显德二年）34岁

刘词死，遗表荐赵普为军事判官。赵普离开永兴军，游历淮南，在滁州清
流关下教书。

956年（显德三年）35岁

教书于清流关下。春天，赵匡胤率领后周军攻滁州，访问赵学究。赵普即
指示路径，献攻城之计，并亲自引路袭取滁州，擒南唐大将皇甫晖、姚凤。为

后来二十多年的君臣合作的开端。

攻下滁州之后，赵匡胤兵搜得一百多个"匪盗"，例当斩首。赵普认为不可，叫来一一细问，除了几个真正趁火打劫者外，其余一律放走。

赵匡胤父赵弘殷病于滁州，赵普替赵匡胤伺候床前，请医熬药，与赵匡胤家结下了不同寻常的关系。

淮南平定后，调补为渭州判官。

十月，赵匡胤领同州节度使，赵普被任为节度推官。

958年（显德五年）37岁

赵匡胤改任忠武军节度使，移镇宋州（今河南商丘南），任赵普为掌书记。此后一直在赵匡胤幕府。

959年（显德六年）38岁

随赵匡胤北征，平关南。

960年（北宋建隆元年）39岁

这年春天，赵匡胤借口契丹来攻，率军出陈桥驿，赵普帮助他策划了陈桥兵变，拥立赵匡胤做了皇帝。因为佐命之功，被任为左谏议大夫，充枢密直学士。

六月，随太祖赵匡胤征讨李筠，回来后因功授兵部侍郎，并获得甲第一区的赏赐。

961年（建隆二年）40岁

六月，杜太后病危，召赵匡胤和赵普预闻顾命。赵普书写了太后关于赵匡胤死后须传位二弟的遗命，并作为见证人署名。这就是有名的"金匮誓书"。

此年初，对宋太祖提出了削弱方镇的三条著名建议，这就是"稍夺其权，制其钱谷，收其精兵，则天下安矣"。影响深远。七月，宋太祖即按照赵普的建议，用举行酒宴的方式收回了功臣宿将的兵权。

962 年（建隆三年）41 岁

十月，升任枢密使、检校太保。提议每县置县尉，主持县乡诉讼盗贼事务，剥夺了镇将在乡村的司法权力。

宋太祖雪夜来访，问赵普关于平定天下战略的意见，赵普提出了"先南后北"的方针。

964 年（乾德二年）43 岁

正月，范质、王溥、魏仁浦三人同日罢相。赵普被任命为门下侍郎、平章事、集贤院大学士，开始了为时十年的独相时期。

同月，任监修国史职。

此时太祖待他如同左右手，事无大小，都要由他决定和提出意见。赵普全面主持政务，沉毅果断，决事如流。并开始实施对方镇夺权、收钱谷、收精兵的决策。消除了方镇割据的威胁。

年底，助宋太祖组织伐后蜀。

967 年（乾德五年）46 岁

三月，加左仆射，充昭文馆大学士。

十二月，母亲去世。守丧，不久起复。

劝太祖派遣使者，通知各道统计丁壮送京师，并在各州设置通判官，主持钱粮事务，使宋朝渐渐兵甲精锐，府库充实。

969 年（开宝二年） 48 岁

春天，随宋太祖征太原，不克。

年底，有病，赵匡胤亲自来看病。

970 年（开宝三年） 49 岁

春天，赵匡胤再临家中探病，给以丰厚的赏赐。

九月，帮赵匡胤调兵遣将，开始了平定南汉的战争。

971 年（开宝四年） 50 岁

春天，南汉平定。

972 年（开宝五年） 51 岁

赵普长子赵承宗与枢密使李崇矩的女儿结婚。宋太祖觉得这是大臣交结，很不高兴，命宰相和枢密使今后分别奏对长春殿，又因为雷德骧、赵玭等人弹劾他有买卖木材牟利的行为，因此君臣之间的关系有了裂痕。

973 年（开宝六年） 52 岁

雷有邻告发刘伟、刘侁、赵孚等作弊，都是受赵普的庇护，赵匡胤开始怀疑赵普。下诏让参知政事吕余庆、薛居正升政事堂，与赵普同议政事。随后，又让二人与赵普轮流押班知印，结束了赵普独相的局面。

赵匡胤偶然到赵普家，发现吴越王钱俶送给赵普的贿赂金，君臣之间的关系进一步受到伤害。

八月，罢相，出为河阳三城节度使、检校太傅、同平章事。

974年（开宝七年） 53岁

任河阳三城节度使。

因谣传他私下议论皇弟赵光义，上章自辩。

976年（太平兴国元年） 55岁

太祖召回京师，预闻顾命，提议不要传位皇弟赵光义。

977年（太平兴国二年） 56岁

进京朝见太宗，授太子少保，留京师奉朝请。不久改太子太保。为卢多逊压抑，郁郁不得志。

980年（太平兴国五年） 59岁

妹夫侯仁宝进攻交州阵亡。

981年（太平兴国六年） 60岁

因如京使柴禹锡等向太宗告发秦王廷美骄恣，将有阴谋要爆发。赵普被召入宫，商议对策。自荐愿掌相权，以察奸变。

九月，拜司徒，兼侍中，封梁国公。再当相任，主持办理廷美一案。将廷美贬到房州，卢多逊贬岭南。

983年（太平兴国八年） 62岁

罢相，为武胜军节度使兼侍中。

986年（雍熙三年） 65岁

上《谏太宗伐燕疏》《雍熙三年请班师疏》《谏太宗伐燕札子》及《请谢班

师批答表》等表章，劝太宗稳重行事，见好就收，立即撤兵罢战，休息生民。

改任山南东道节度使，驻节襄州（今湖北襄樊）。

987年（雍熙四年） 66岁

上表请求朝见得到批准。由于陈王赵元僖上疏请留，不再出镇。

988年（端拱元年） 67岁

年初，拜为太保兼侍中，第三次执掌相权。

提出委任李继捧为银夏五州的首领，以与屡为边患的李继迁对抗。后来意见虽被采纳，但李继捧并没战胜李继迁，反为所败，边患仍未结束。

989年（端拱二年） 68岁

力荐张齐贤可以为相。

八月，上《论彗星奏》，引咎自责。

自年初有病，不能上朝，因免朝参，只是每天到中书省处理大事，有大政才召对。

入冬病情更重，因此三上表要求免职。

990年（淳化元年） 69岁

因病情加重，三上表求免职，太宗不得已，于年初免其宰相职务，任为西京留守、河南尹兼中书令。又上三表恳切地请求不要再任西京留守，太宗不许，赐手诏说明理由。

赵普因将赴西京，因此扶病面见太宗，陈述国事。

前往西京，太宗亲临送行。

991 年（淳化二年） 70 岁

卧病西京洛阳，太宗赵光义频频派使者探望抚慰，并赐亲笔诏书。

七月，七十寿辰。太宗派赵普长子赵承宗前来慰安并赐器币鞍马。复命不长时间，赵承宗得急病死。

992 年（淳化三年） 71 岁

病情越重。春天，使留守通判刘昌言奉表再次请求辞去西京留守职务。赵光义派中使驰传抚问。连上三表。朝廷再次封赠，晋位太师，封魏国公。

七月十四日，病逝。太宗亲自为他写神道碑文，并且用八分书书写赐赠。废朝五天为之哀悼。赠尚书令，追封真定王。

998 年，追封韩王。

999 年，配享太祖庙庭。